金蝶ERP实验室
精品教程

# 金蝶 ERP-K/3 (12.X版) 标准财务培训教程

何亮 刘静 编著
金蝶软件（中国）有限公司 审

人民邮电出版社
北京

图书在版编目（CIP）数据

金蝶ERP-K/3标准财务培训教程：12.X版 / 何亮，刘静编著. -- 北京：人民邮电出版社，2014.11（2022.1重印）
ISBN 978-7-115-37119-5

Ⅰ. ①金… Ⅱ. ①何… ②刘… Ⅲ. ①财务软件－教材 Ⅳ. ①F232

中国版本图书馆CIP数据核字(2014)第231744号

## 内 容 提 要

本书对金蝶ERP-K/3（12.X版）标准财务系统各模块进行了详细讲解，从各模块具体功能出发，辅以大量实例，使读者快速、轻松地掌握其应用方法。本书内容包括金蝶ERP-K/3标准财务软件的系统安装、账套管理、初始化设置、总账、应收款管理、应付款管理、固定资产、现金管理、工资管理、报表、财务分析、现金流量表和高级应用等。

本书适合财务人员学习参考，也可作为各类院校相关专业师生的参考书。

◆ 编　著　何亮　刘静
　　审　　　金蝶软件（中国）有限公司
　　责任编辑　张涛
　　责任印制　彭志环　焦志炜

◆ 人民邮电出版社出版发行　北京市丰台区成寿寺路11号
邮编　100164　电子邮件　315@ptpress.com.cn
网址　https://www.ptpress.com.cn
固安县铭成印刷有限公司印刷

◆ 开本：787×1092　1/16
印张：20
字数：485千字
2014年11月第1版
2022年1月河北第13次印刷

定价：39.80元（附光盘）

读者服务热线：(010)81055410　印装质量热线：(010)81055316
反盗版热线：(010)81055315
广告经营许可证：京东市监广登字20170147号

# 前　　言

金蝶 K/3 软件系统是金蝶软件（中国）有限公司开发的一套 ERP 产品，其功能包括财务管理、物流管理、生产制造管理和人力资源管理等几大部分。金蝶 K/3 产品是目前 ERP 市场上的主流产品之一。

金蝶 K/3 标准财务系统包括总账系统、应收款系统、应付款系统、固定资产系统、工资系统、现金管理系统、报表系统、现金流量表系统和财务分析系统。

为帮助广大读者尽快熟悉金蝶 K/3 标准财务系统，作者以"兴旺实业有限公司"的业务数据为例，详细讲述金蝶 K/3 标准财务系统的安装、账套管理、初始化设置和日常业务处理等操作。

第 1 章为金蝶 K/3 概述。

第 2 章讲述账套管理，包括建立账套、备份账套、恢复账套、删除账套和用户管理。

第 3 章讲述系统设置，包括系统参数设置、基础资料设置和初始数据录入方法。

第 4 章讲述总账系统，包括凭证录入、凭证审核、凭证过账和各种账簿查询等。

第 5 章讲述应收款、应付款管理系统，包括合同处理、发票处理、收款单处理、结算处理和各种报表查询等。

第 6 章讲述固定资产管理系统，包括固定资产新增、变动、维修、拆分、计提折旧和各种报表查询等。

第 7 章讲述现金管理系统，包括现金日记账和银行存款日记账的新增、现金日记账与总账的对账和各种报表查询等。

第 8 章讲述工资管理系统，包括工资类别设置、工资项目设置、工资录入和各种报表查询等。

第 9 章讲述报表系统，以资产负债表为例，讲述报表的查看、公式修正、打印及根据需要自定义报表等。

第 10 章讲述财务分析系统，包括报表分析和财务指标分析。

第 11 章讲述现金流量表系统，包括报表方案设置、取数时间设置、指定现金流量项目和报表查询等。

第 12 章讲述高级应用，包括网络版连接测试、引出文件和数据引入引出等。

建议读者先学习操作方法，在对软件有所认识后，进行第二遍学习时再深入理解其中的理论知识和具体功能应用。

**本书在编写过程中得到了金蝶软件（中国）有限公司的大力支持，在此深表感谢！**

由于本人水平有限，书中难免存在不足，请读者批评指正（电子邮件：book_better@sina.com），编辑联系邮箱：zhangtao@ptpress.com.cn）。

编者

# 目 录

## 第1章 金蝶ERP-K/3概述 ............ 1
- 1.1 金蝶K/3 WISE系统构成 ............ 1
- 1.2 金蝶K/3工作原理 ............ 3
- 1.3 金蝶K/3标准财务系统功能 ............ 4
- 1.4 安装金蝶K/3 ............ 5
  - 1.4.1 金蝶ERP-K/3 V12.2.0对硬件和软件环境的要求 ............ 6
  - 1.4.2 安装金蝶K/3 ............ 6
  - 1.4.3 金蝶K/3的修改、修复、删除 ... 14
- 1.5 课后习题 ............ 15

## 第2章 账套管理 ............ 16
- 2.1 金蝶K/3操作流程 ............ 16
- 2.2 账套管理 ............ 16
  - 2.2.1 建立账套 ............ 17
  - 2.2.2 属性设置和启用账套 ............ 20
  - 2.2.3 备份账套 ............ 22
  - 2.2.4 恢复账套 ............ 24
  - 2.2.5 删除账套 ............ 25
- 2.3 用户管理 ............ 25
  - 2.3.1 新增用户组 ............ 26
  - 2.3.2 新增用户 ............ 26
  - 2.3.3 设置权限 ............ 29
  - 2.3.4 修改、删除用户 ............ 30
- 2.4 常用菜单介绍 ............ 31
  - 2.4.1 系统 ............ 31
  - 2.4.2 数据库 ............ 31
  - 2.4.3 账套 ............ 32
- 2.5 课后习题 ............ 33

## 第3章 系统设置 ............ 34
- 3.1 系统设置概述 ............ 34
- 3.2 初始化准备工作 ............ 34
- 3.3 登录K/3系统 ............ 39
  - 3.3.1 系统登录 ............ 39
  - 3.3.2 设置用户登录密码 ............ 41
- 3.4 基础资料设置 ............ 42
  - 3.4.1 币别 ............ 42
  - 3.4.2 汇率体系 ............ 43
  - 3.4.3 计量单位 ............ 44
  - 3.4.4 会计科目设置 ............ 46
  - 3.4.5 凭证字 ............ 52
  - 3.4.6 结算方式 ............ 52
  - 3.4.7 核算项目 ............ 53
- 3.5 系统参数设置 ............ 57
  - 3.5.1 总账系统参数 ............ 57
  - 3.5.2 应收款系统参数 ............ 61
  - 3.5.3 应付款系统参数 ............ 66
  - 3.5.4 固定资产参数 ............ 67
  - 3.5.5 工资管理参数 ............ 68
  - 3.5.6 现金管理参数 ............ 70
- 3.6 初始数据录入 ............ 71
  - 3.6.1 录入总账初始数据 ............ 71
  - 3.6.2 录入应收初始数据 ............ 75
  - 3.6.3 录入应付款初始数据 ............ 81
  - 3.6.4 录入现金管理初始数据 ............ 81
  - 3.6.5 录入固定资产初始数据 ............ 86
- 3.7 课后习题 ............ 94

## 第4章 总账系统 ............ 96
- 4.1 概 述 ............ 96
- 4.2 凭证处理 ............ 97
  - 4.2.1 凭证录入 ............ 98
  - 4.2.2 凭证查询 ............ 113
  - 4.2.3 凭证审核 ............ 115
  - 4.2.4 凭证修改、删除 ............ 117

4.2.5　凭证打印 ................................ 118
　　4.2.6　凭证过账 ................................ 123
　　4.2.7　凭证汇总 ................................ 124
4.3　账簿 ............................................... 124
　　4.3.1　总分类账 ................................ 124
　　4.3.2　明细分类账 ............................. 125
　　4.3.3　数量金额总账 ......................... 126
　　4.3.4　数量金额明细账 ..................... 127
　　4.3.5　多栏账 .................................... 128
　　4.3.6　核算项目分类总账 ................. 129
　　4.3.7　核算项目明细账 ..................... 130
4.4　财务报表 ....................................... 131
　　4.4.1　科目余额表 ............................. 131
　　4.4.2　试算平衡表 ............................. 132
　　4.4.3　日报表 .................................... 132
　　4.4.4　核算项目余额表 ..................... 133
　　4.4.5　核算项目明细表 ..................... 134
4.5　往来 ............................................... 135
　　4.5.1　核销管理 ................................ 135
　　4.5.2　往来对账单 ............................. 136
　　4.5.3　账龄分析表 ............................. 137
4.6　结账 ............................................... 138
　　4.6.1　期末调汇 ................................ 138
　　4.6.2　自动转账 ................................ 141
　　4.6.3　凭证摊销、凭证预提 ............. 142
　　4.6.4　结转损益 ................................ 143
　　4.6.5　期末结账 ................................ 144
4.7　课后习题 ....................................... 145

# 第5章　应收款、应付款管理系统 ........ 146
5.1　系统概述 ....................................... 146
5.2　应收款系统结构 ........................... 146
5.3　应收款管理系统功能 ................... 147
5.4　应收款管理系统操作流程 ........... 148
5.5　初始设置 ....................................... 148
　　5.5.1　收款条件 ................................ 149
　　5.5.2　类型维护 ................................ 150
　　5.5.3　凭证模板维护 ......................... 150
　　5.5.4　信用管理 ................................ 154
　　5.5.5　价格管理 ................................ 155
　　5.5.6　折扣资料 ................................ 158
5.6　日常处理 ....................................... 159
　　5.6.1　合同 ........................................ 160
　　5.6.2　发票处理 ................................ 163
　　5.6.3　其他应收单 ............................. 169
　　5.6.4　收款单 .................................... 170
　　5.6.5　退款单 .................................... 172
　　5.6.6　票据处理 ................................ 174
　　5.6.7　结算 ........................................ 179
　　5.6.8　凭证处理 ................................ 186
　　5.6.9　坏账处理 ................................ 187
　　5.6.10　担保资料 .............................. 190
5.7　账表与分析 ................................... 191
　　5.7.1　账表 ........................................ 191
　　5.7.2　分析 ........................................ 193
5.8　期末处理 ....................................... 195
5.9　课后习题 ....................................... 197

# 第6章　固定资产管理系统 ...................... 198
6.1　系统概述 ....................................... 198
6.2　日常处理 ....................................... 200
　　6.2.1　固定资产新增 ......................... 201
　　6.2.2　固定资产清理 ......................... 203
　　6.2.3　固定资产变动 ......................... 204
　　6.2.4　批量清理、变动 ..................... 206
　　6.2.5　固定资产卡片查看、编辑、删
　　　　　除 ................................................ 206
　　6.2.6　固定资产拆分 ......................... 207
　　6.2.7　固定资产审核、过滤 ............. 208
　　6.2.8　设备维修 ................................ 208
　　6.2.9　凭证管理 ................................ 208
6.3　报　表 ........................................... 211
　　6.3.1　统计报表 ................................ 211
　　6.3.2　管理报表 ................................ 213
6.4　期末处理 ....................................... 214
　　6.4.1　工作量管理 ............................. 214
　　6.4.2　计提折旧 ................................ 214
　　6.4.3　折旧管理 ................................ 215
　　6.4.4　工作总量查询 ......................... 216
　　6.4.5　自动对账 ................................ 216

| | |
|---|---|
| 6.4.6 计提修购基金 ...... 217 | 8.5.3 基金报表 ...... 271 |
| 6.4.7 期末结账 ...... 217 | 8.6 期末结账 ...... 272 |
| 6.5 课后习题 ...... 218 | 8.7 课后习题 ...... 273 |

## 第7章 现金管理系统 ...... 219

- 7.1 系统概述 ...... 219
- 7.2 日常处理 ...... 220
  - 7.2.1 总账数据 ...... 220
  - 7.2.2 现金 ...... 224
  - 7.2.3 银行存款 ...... 229
  - 7.2.4 票据 ...... 234
- 7.3 报表 ...... 241
  - 7.3.1 现金日报表 ...... 241
  - 7.3.2 银行存款日报表 ...... 242
  - 7.3.3 余额调节表 ...... 242
  - 7.3.4 长期未达账 ...... 243
  - 7.3.5 资金头寸表 ...... 244
  - 7.3.6 到期预警表 ...... 244
- 7.4 期末结账 ...... 245
- 7.5 课后习题 ...... 246

## 第8章 工资管理系统 ...... 247

- 8.1 系统概述 ...... 247
- 8.2 初始设置 ...... 248
- 8.3 日常处理 ...... 255
  - 8.3.1 工资业务 ...... 256
  - 8.3.2 人员变动 ...... 262
- 8.4 工资报表 ...... 263
  - 8.4.1 工资条 ...... 263
  - 8.4.2 工资配款表 ...... 266
  - 8.4.3 人员结构分析 ...... 267
- 8.5 基金处理 ...... 267
  - 8.5.1 基金设置 ...... 267
  - 8.5.2 基金计算 ...... 270

## 第9章 报表系统 ...... 274

- 9.1 概述 ...... 274
- 9.2 报表处理 ...... 274
  - 9.2.1 查看报表 ...... 275
  - 9.2.2 公式向导 ...... 276
  - 9.2.3 打印 ...... 277
  - 9.2.4 自定义报表 ...... 280
  - 9.2.5 常用菜单 ...... 283
- 9.3 课后习题 ...... 285

## 第10章 财务分析系统 ...... 286

- 10.1 系统概述 ...... 286
- 10.2 日常处理 ...... 287
  - 10.2.1 报表分析 ...... 287
  - 10.2.2 财务指标 ...... 292
- 10.3 课后习题 ...... 293

## 第11章 现金流量表系统 ...... 294

- 11.1 系统概述 ...... 294
- 11.2 初始设置 ...... 295
- 11.3 日常处理 ...... 295
  - 11.3.1 通过凭证指定现金流量项目 ... 295
  - 11.3.2 T形账户 ...... 297
  - 11.3.3 现金流量查询 ...... 298

## 第12章 高级应用 ...... 300

- 12.1 网络版连接测试 ...... 300
- 12.2 引出文件 ...... 302
- 12.3 数据引入引出 ...... 303

**附录 习题答案** ...... 307

# 第 1 章　金蝶 ERP-K/3 概述

> **学习重点**
> - 金蝶 K/3 WISE 系统构成
> - 金蝶 K/3 WISE 工作原理
> - 金蝶 K/3 WISE 12.2 版标准财务系统功能
> - 安装金蝶 K/3 WISE

## 1.1　金蝶 K/3 WISE 系统构成

随着社会的发展、时代的进步，信息化管理技术已经成为现代企业管理中不可缺少的管理工具之一。作为软件服务提供商的金蝶软件（中国）有限公司，为不同需求类型的客户提供了丰富的产品，如生产管理、进销存管理、财务管理、人力资源管理、客户关系管理和 OA 管理等。

金蝶 K/3 WISE V12.2.0 作为金蝶 ERP 的主打产品之一，为广大用户所使用，集成了财务管理、供应链管理、成本管理、计划管理、生产制造管理、人力资源管理、客户关系管理、移动商务等全面功能，并有效地整合了现有系统以及 PLM、银企互联平台、考勤系统、金税系统、条码系统、实验信息系统等第三方系统。

金蝶 K/3 WISE 创新管理平台 V12.2 共有 90 个子系统和 36 个客户端工具，分别如表 1-1 和表 1-2 所示。

表 1-1　　　　　　　　　　　　子系统列表

| 财务系统（22 个子系统） | | | | |
|---|---|---|---|---|
| 总账 | 报表 | 现金管理 | 固定资产管理 | 应收款管理 |
| 应付款管理 | 现金流量表 | 预算管理 | 网上银行 | 结算中心 |
| e-网上结算 | 合并报表 | 合并账务 | 费用管理 | 网上报销 |
| 业务预算 | 费用预算 | 资金预算 | 工资管理 | 资产购置 |
| 在建工程 | 低值易耗品 | | | |
| **供应链系统（15 个子系统）** | | | | |
| 采购管理 | 销售管理 | 仓存管理 | 存货核算 | 出口管理 |
| 进口管理 | 分销管理 | 零售前台 | 门店管理 | 质量管理 |
| 委外加工 | 供应商管理 | 供应商协同管理 | 客户门户 | VMI |
| **成本管理系统（5 个子系统）** | | | | |
| 实际成本 | 成本分析 | 作业成本管理 | 日成本管理 | 标准成本 |
| **计划管理系统（6 个子系统）** | | | | |
| 生产数据管理 | 主生产计划 | 物料需求计划 | MTO 计划 | 粗能力需求计划 |
| 细能力需求计划 | | | | |

| 生产管理系统（4个子系统） | | | | |
|---|---|---|---|---|
| 生产任务管理 | 重复生产计划 | 车间作业管理 | 设备管理 | |
| 精益管理（1个子系统） | | | | |
| 看板管理 | | | | |
| 人力资源系统（13个子系统） | | | | |
| 人事管理 | 薪酬管理 | 考勤管理 | 社保福利 | 宿舍管理 |
| 能力素质模型 | 绩效管理 | 招聘选拔 | 培训发展 | 查询报表 |
| CEO平台 | 经理人平台 | 员工工作台 | | |
| 企业绩效系统（4个子系统） | | | | |
| 目标管理 | 管理门户 | 商业分析 | 销售与运营计划 | |
| 内控分析（4个子系统） | | | | |
| 风险评估 | 控制活动 | 信息与沟通 | 内控评价 | |
| 移动商务（2个子系统） | | | | |
| 移动ERP | 移动HR | | | |
| 基础系统（3个子系统） | | | | |
| 账套管理 | 基础资料 | 数据清理工具 | | |
| 客户关系管理系统（7个子系统） | | | | |
| 商机管理 | 服务管理 | 客户管理 | 市场管理 | 销售过程管理 |
| 决策分析 | 资源管理 | | | |
| 房地产成本管理系统（4个子系统） | | | | |
| 房地产合同管理 | 房地产动态成本管理 | 房地产项目进度管理 | 房地产测算管理 | |

表1-2　　　　　　　　　　K/3 12.2.0客户端工具包

| 数据交换工具 | | | | |
|---|---|---|---|---|
| 销售发票引入引出 | 科目交换工具 | 固定资产数据 | 报表函数科目转换工具 | |
| 传输工具 | | | | |
| 报表后台自动重算定义 | 分销传输服务管理器 | 分销传输配置工具 | 分销管理单据自动传输 | |
| 辅助工具 | | | | |
| 代理服务 | K/3万能报表 | 单据自定义 | 网络检查工具 | |
| 系统工具 | | | | |
| 远程组件配置工具 | 网络控制工具 | 通讯平台服务器 | 后台服务 | 系统用户配置 |
| 商业分析配置管理 | CRM定时更新设置 | | | |
| 单据套打工具 | | | | |
| 供应链单据套打 | 账务单据套打 | | | |
| 合并报表工具 | | | | |
| 远程登录设置工具 | 项目数据修改工具 | 项目数据备份工具 | 账套升级工具 | 抵销分录取数类型升级工具 |
| Adapter配置器 | | | | |
| K/3 webservice | 企业元数据发现 | 共享项目检查工具 | | |

续表

| K/3 BOS 平台 | | | | |
|---|---|---|---|---|
| 金蝶 K3 BOS 集成开发工具 | K/3 BOS 万能报表工具 | K/3 BOS 数据交换平台 | K/3 BOS 远程数据传输工具 | K/3 BOS 运行平台 |
| K/3 e-BOS 运行平台 | 邮件服务 | | | |

## 1.2 金蝶 K/3 工作原理

在使用金蝶 K/3 之前,需要先了解金蝶 K/3 12.2.0 版的结构以及各常用子系统之间的数据传递关系,如图 1-1 所示。

当公司接到一笔销售订单(也可以是销售预测单)后,把订单资料传递到计划和生产系统中的计划管理系统,计划管理系统根据该订单的产品结构数据(即 BOM 数据)和所需材料的库存情况,生成该笔订单的各种材料需要量、何时下达计划、何时到货、何时开工生产的计划单。

计划单有 3 种——采购计划单、生产计划单和委外计划单。

采购计划单传递到采购管理系统。生产计划单传递到生产任务管理系统。委外计划单传递到委外管理系统。

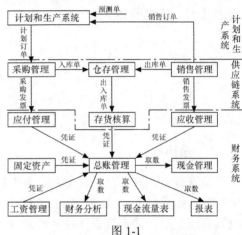

图 1-1

采购部门根据接收的采购计划单下达采购订单,在供应商送货时填写入库单并将其传递到仓存系统进行审核,审核无误后录入采购发票并将其传递到应付系统生成对供应商的应付账款记录。

委外加工系统根据委外计划单生成相应的委外发料和委外入库等单据,并将它们传递到仓存系统进行即时物料的收发处理。

生产部门根据生产计划单,从仓存系统领用材料,生产出成品后入库。

销售部门录入销售发货单并将其传递到仓存系统,仓库经查询能满足该笔发货时,审核后发出货物,销售部门根据该单录入销售发票以生成对客户的应收账款记录。

应收系统中的销售发票生成凭证并传递到总账系统,用做账务处理。当收到客户的货款后,在应收系统中录入收款单据,生成凭证并传递到总账系统。应收系统还进行销售发票和收款单的核销工作,计算客户的欠款余额。应付系统与应收系统类似,但意义相反,是针对供应商的。

仓存系统中的各种出入库单据传递到存货核算系统,存货核算系统根据在材料的基础属性中设置的计价方法(先进先出、后进先出、加权平均等方法)计算出材料的出库成本,所有单据都会生成凭证并传递到总账系统用做账务处理。

固定资产系统进行固定资产管理工作(如固定资产的新增、维修、计提折旧工作),生成凭证传递到总账系统。

工资管理系统核算员工工资,可以生成费用分配凭证并传递到总账系统。

总账系统接收以上系统所传递的凭证数据,进行日常费用凭证录入,核算相应会计账目,生成相关的总分类账、明细分类账等。

现金管理系统可以从总账系统引入现金和银行日记账,也可录入现金和银行存款日记账,随时掌握现金和银行存款的进出情况。

报表系统主要生成资产负债表、利润表和自定义各种报表,它可以从总账、固定资产、工资管理等系统提取数据。

现金流量表系统根据设置为现金类科目(指定现金流量项目)的数据后生成现金流量表。

财务分析系统是根据报表系统的数据进行分析工作。

以上系统可单独使用,也可联合使用,对数据共享。一般先用一部分系统,然后再根据业务需要增加其他系统。报表、现金流量表、财务分析系统需从关联系统(如总账系统)中提取数据,建议不要单独使用。

## 1.3 金蝶 K/3 标准财务系统功能

金蝶 K/3 12.2.0 版标准财务系统包括总账系统、应收款系统、应付款系统、固定资产系统、薪酬系统、现金管理系统、报表系统、现金流量表系统和财务分析系统。

### 1. 总账系统

总账系统功能包括凭证录入、审核和过账。系统根据凭证录入的数据自动生成总分类账、明细分类账等账簿,同时接收业务模块所生成的凭证(如存货核算系统生成的材料凭证、应收款系统生成的销售发票凭证和收款凭证等),实现财务业务一体化管理,保障财务信息与业务信息的高度一致性。单独使用总账系统也可以完成基本账务处理工作。

### 2. 应收款系统

应收款系统主要管理销售发票、应收单、应收票据及销售收款单据的录入和审核,并核销应收款项与收款单,生成相关单据和凭证并传递到总账系统,具有客户信用管理、现金折扣管理、坏账管理、抵销应付款及催收管理等功能,还能生成应收账龄分析、欠款分析、回款分析、资金流入预测等销售业务的统计分析报表。应收款系统与销售系统联用时,能接收销售系统传递的销售发票并进行审核。本系统可单独使用,但建议与总账系统联合使用,确保信息的一致性。

### 3. 应付款系统

应付款系统主要管理采购发票、应付单、应付票据及采购付款单据的录入和审核,并核销应付款项与付款单,生成相关单据和凭证并传递到总账系统。应付款系统生成的各种分析报表(如账龄分析表、付款分析、合同付款情况)能帮助用户合理地进行资金调配,提高资金利用率。应付款系统与采购系统联用时,能接收采购系统传递的采购发票并进行审核。本系统可单独使用,但建议与总账系统联合使用,确保信息的一致性。

### 4. 固定资产系统

固定资产系统对固定资产进行有效管理(如固定资产的增加、减少),每一变动都可以生成凭证并传递到总账系统,月末时根据设定的折旧方法自动计提折旧生成凭证并传递到总账系统。固定资产系统生成的报表有固定资产清单、固定资产明细账、折旧费用分配表和变动资料查询等。本系统可单独使用,但建议与总账系统联合使用,确保信息的一致性。

### 5. 薪酬系统

工资核算是一项工作量大、涉及面广的工作,每月计算工资和编制工资报表都耗费了会计人员大量的时间和精力。工资管理系统可减轻会计人员的工作负担,提高他们的工作效率。系统可根据输入的原始数据自动计算工资和编制报表,并可根据职员类别进行工资费用分配,生成费用分配凭证并传递到总账系统。本系统若单独使用,则总账系统中工资凭证要手工录入。

### 6. 现金管理系统

现金管理系统可同总账系统联合使用,也可单独供出纳人员使用。现金管理系统能处理企业的日常出纳业务(包括现金业务、银行业务、票据管理及相关报表等),该系统中的收付款信息会生成凭证传递到总账系统。

### 7. 报表系统

报表系统主要处理各种自定义报表和常规报表(如资产负债表、利润表等)。报表系统要和总账系统、薪酬系统、固定资产系统和工业供需链系统联用。和总账系统联用时,报表系统可以通过 ACCT、ACCTCASH、ACCTGROUP 和 ACCTEXT 等函数从总账系统中取数;和"薪酬"系统联用时,报表系统可以通过函数 FOG-PA 从薪酬系统中取数;和固定资产系统联用时,报表系统可以通过函数 FOG-PA 从固定资产系统中取数;和工业供需链联用时,报表系统可以从工业供需链系统中取数。报表模块系统与其他系统联合使用。

### 8. 现金流量表系统

现金流量表反映企业在一定期间内现金的流入和流出,表明企业获得现金和现金等价物的能力。现金流量表系统根据设有"现金科目"和"现金等价物"的科目,以及总账系统中所录入的该科目凭证,取数生成现金流量表。

### 9. 财务分析系统

财务分析系统可以进行报表分析、指标分析、因素分析和预算管理,用户可以运用系统提供的各种分析工具,对财务状况进行比较全面的分析,了解公司的财务状况和经营效益情况。

## 1.4 安装金蝶 K/3

金蝶 K/3 有两种使用方式。

(1)在局域网环境下,如果多用户使用金蝶软件,则可以指定一台机器作为数据库服务器和中间层服务器,其他机器作为客户机。服务器兼有计算、保存数据、响应客户端请求等功能,因此配置应该高一些。在服务器上应先安装 SQL Server 2000/2005/2008,然后再安装金蝶软件。客户端计算机只需安装金蝶软件客户端即可。

（2）单机环境下，用户机器大多是 Windows XP 等操作系统，它既是服务器又是客户机，需先安装 SQL Server 2000/2005/2008，然后再安装金蝶软件。

### 1.4.1 金蝶 ERP-K/3 V12.2.0 对硬件和软件环境的要求

金蝶 K/3 的安装和使用对计算机（俗称计算机）的配置有所要求，其中包括硬件配置和软件配置，下面介绍的最低配置，是系统运行的基本条件，为能更好的完成工作任务，金蝶公司会提供一个推荐配置。

**1. 硬件环境**

金蝶 K/3 是三层结构的客户/服务器数据库应用系统，包括服务器端、中间层服务器和客户端。

（1）数据服务器端。

最低配置：P4 CPU2.0、512MB 内存、10GB 硬盘空间，适合单用户使用。

建议配置：采用专业服务器，配置双路或四路 CPU、4GB 内存、40GB 硬盘空间、网卡 1000Mbit/s，适合网络版使用。

（2）中间层服务端。

最低配置：P4 CPU2.0、512MB 内存、10GB 硬盘空间，适合单用户使用。

建议配置：采用专业服务器，配置双路或四路 CPU、4GB 内存、40GB 硬盘空间，网卡 1000Mbit/s，适合网络版使用。

（3）客户端。

最低配置：P4 CPU1.0、256MB 内存、2GB 剩余硬盘空间。

建议配置：P4 CPU2.4、512MB 内存、3GB 剩余硬盘空间。

> 说明：如果使用 K3 网络版，站点数很少时，数据服务器和中间层服务器可以使用高配置的 PC 机，而且数据服务器端与中间层服务器端也可以使用同一台计算机。为保证软件运行速度，建议采用高配置的硬件，并且将数据服务器端、中间层服务器端和客户端安装在不同计算机上。

**2. 软件环境**

（1）数据服务器端。数据服务器端需要安装的软件有数据库系统（SQL Server 2000/2005/2008 标准版/企业版）和 Windows 操作系统（2000/XP/2003）。

（2）中间层服务器端需要安装 Windows 操作系统（2000/XP/2003）。

（3）客户端需要安装 Windows 操作系统（98/2000/XP）。

> 说明：Windows 2000 Professional 和 Windows XP 不属于服务器类操作系统，网络环境下使用金蝶 K/3 系统时，以上两个操作系统不能做为服务器，单机环境下则可以在其上安装软件的各个模块。

### 1.4.2 安装金蝶 K/3

安装金蝶 K/3 分两步，首先要安装数据库软件 SQL Server 2000/2005/2008，然后再安装金蝶 K/3。

金蝶 K/3 的安装方法同其他软件安装方法基本相同，只需按照安装向导安装即可。本书讲述单机 Windows XP 环境下安装金蝶 K/3 的方法，数据库软件选择的是 SQL Server 2000。

在其他操作系统上的安装方法基本类似，可参照本章节。

1. 安装 SQL Server 2000

金蝶 K/3 的后台数据库是 SQL Server 2000，该数据库由 Micrsoft 公司开发，是比较流行的数据库之一，在安装金蝶 K/3 之前需先安装该软件。

（1）将 SQL Server 2000 光盘放入光驱，打开光盘进入文件夹，双击运行"Autorun"应用程序，系统弹出向导窗口，如图 1-2 所示。

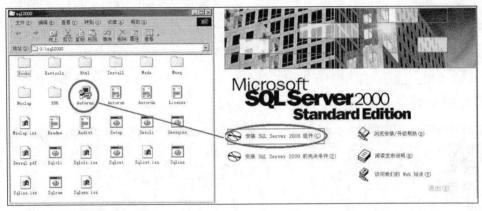

图 1-2

（2）单击"安装 SQL Server 2000 组件"项，系统弹出下一窗口，如图 1-3 所示。

（3）选择"安装数据库服务器"，系统弹出安装向导窗口，如图 1-4 所示。

（4）单击"下一步"按钮，系统弹出"计算机名"窗口，系统提示创建 SQL Server 实例计算机的名称，如图 1-5 所示。

（5）选择"本地计算机"项，单击"下一步"按钮，系统弹出"安装选择"窗口，如图 1-6 所示。

（6）选择"创建新的 SQL Server 实例，或安装客户端工具"项，单击"下一步"按钮，系统弹出"用户信息"设置窗口，如图 1-7 所示。

图 1-3

图 1-4

图 1-5

图 1-6

（7）在"用户信息"窗口中录入用户姓名和公司名，然后单击"下一步"按钮，系统弹出"软件许可协议"窗口，如图 1-8 所示。

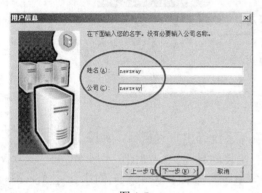
图 1-7

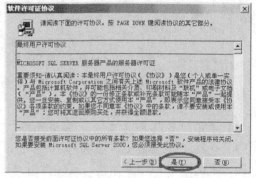
图 1-8

（8）单击"是"按钮接受协议，系统弹出"安装定义"窗口，如图 1-9 所示。
（9）选择"服务器和客户端工具"项，单击"下一步"按钮，系统弹出"实例名"窗口，如图 1-10 所示。

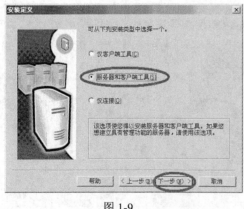
图 1-9

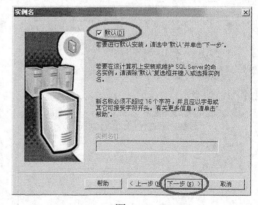
图 1-10

（10）勾选"默认"项，使用由系统提供的默认实例名，单击"下一步"按钮，系统弹出"安装类型"选择窗口，如图 1-11 所示。

（11）选择"典型"项，单击"下一步"按钮，系统弹出"服务账户"设置窗口，如图 1-12 所示。

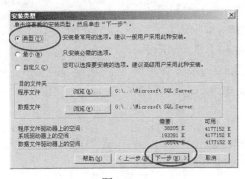
图 1-11

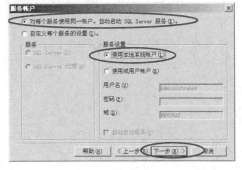
图 1-12

（12）选择"对每个服务使用同一账户。自动启动 SQL Server 服务"项，服务设置选择"使用本地系统账户"项，单击"下一步"按钮，系统弹出"身份验证模式"窗口，如图 1-13 所示。

（13）选择"混合模式（Windows 身份验证和 SQL Server 身份验证）"项，勾选"空密码（不推荐）"项，单击"下一步"按钮，系统弹出"选择许可模式"窗口，如图 1-14 所示。

（14）选择"每客户"项，设置每客户模式的设备数。单击"继续"按钮，系统弹出"开始复制文件"窗口，如图 1-15 所示。

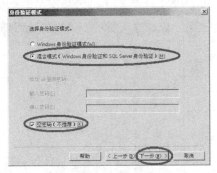
图 1-13

图 1-14

（15）单击"下一步"按钮，系统开始执行安装工作，并出现安装进度指示，如图 1-16 所示。

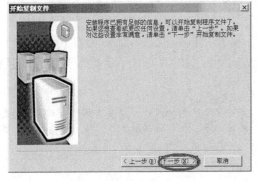
图 1-15

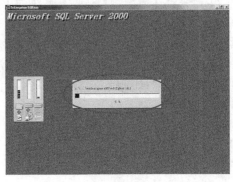
图 1-16

（16）安装完成后，系统进入"安装完毕"窗口，单击"完成"按钮，完成 SQL Server 2000 的安装工作。

安装完成后，建议重启计算机以查看 SQL Server 2000 能否正常启动。重启后，在任务栏右下角有一个""图标，图中显示"绿色"三角形表示安装成功，或单击【开始】→【程序】→【Microsoft SQL Server】→【服务管理器】，系统弹出"SQL Server 服务管理器"窗口，如图 1-17 所示。当圈中标示为"绿色三角形"符号时表示正常启动。

图 1-17

> **注意**
> 1. 使用网络版时，SQL Server 2000 只需安装在服务器上，客户端不用安装。
> 2. 为保证使用性能，建议打上 SQL Server 2000 的 SP4 补丁。

### 2. 安装金蝶 K/3

金蝶 K/3 的安装方法如下。

（1）将随书附带光盘放入光驱，进入光盘目录，选择"Setup.exe"文件，如图 1-18 所示。

> **说明**
> 1. 本书所附赠光盘为"K/3 WISE V12.2 DVD 安装光盘"，必须在 DVD 光驱中才能读取。
> 2. 为确保金蝶 K/3 安装成功，在安装前一定先退出第三方软件，特别是杀毒软件和防火墙，然后再进行 K/3 安装，安装完成后再启用第三方软件。

（2）双击"Setup.exe"文件，系统弹出"金蝶 K/3 安装程序"选择界面，如图 1-19 所示。

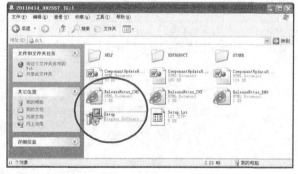

图 1-18

图 1-19

（3）选择"环境检测"选项，系统弹出"金蝶 K/3 环境检测"选择窗口，如图 1-20 所示。用户根据所要安装的内容选择要检测项目，如选中客户端部件、中间层服务部件、数据库服务部件三个项目，单击"检测"按钮开始检测，弹出"问题窗口"如图 1-21 所示。

出现此提示窗口是因为当前操作系统为"Windows XP"。单击"确定"按钮，继续检测进程，系统提示检测到缺少的组件，如图 1-22 所示。

> **说明** 由于附赠光盘中不含"资源盘"，所以无法安装所需的组件。经编者测试，不安装列表中组件并不影响本书内容的练习使用。在正式购买或者条件允许的状况下，建议按照环境检测将系统所需的组件安装完成后再安装 K/3 系统。

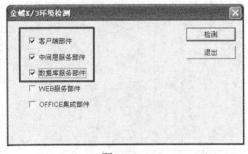 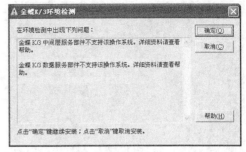

图 1-20　　　　　　　　　　　　　图 1-21

在此单击"取消"按钮不安装所需的组件，并返回"金蝶 K/3 安装程序"选择界面。

（4）在"金蝶 K/3 安装程序"选择界面，如图 1-19 所示，选择"安装金蝶 K/3"，系统经过检测后弹出安装向导窗口，如图 1-23 所示。

图 1-22　　　　　　　　　　　　　图 1-23

（5）单击"下一步"按钮，系统弹出"许可证协议"窗口，如图 1-24 所示。
（6）单击"是"按钮，系统弹出"自述文件"窗口，如图 1-25 所示。

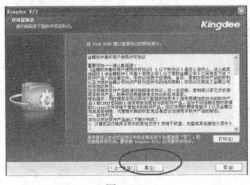 

图 1-24　　　　　　　　　　　　　图 1-25

（7）单击"下一步"按钮，系统弹出"客户信息"窗口，在此窗口录入用户名和公司名称，如图 1-26 所示。
（8）单击"下一步"按钮，系统弹出"选择目的地位置"窗口，如图 1-27 所示。单击"浏览"按钮可以修改"目的地文件夹"。若对计算机知识不熟悉，建议保持默认安装路径。

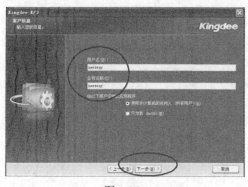
图 1-26

图 1-27

（9）保持默认安装路径，单击"下一步"按钮，系统弹出选择"安装类型"窗口，如图 1-28 所示。

若需要知道每一种安装类型的"描述"，操作方法是：将安装类型选中后，在"描述"窗口下会显示该类型所要安装的内容。

（10）在此选择"自定义安装"类型，单击"下一步"按钮，系统进入"选择功能"窗口，如图 1-29 所示。打"√"表示选中，单击"+"可以展开下级功能后进行选择。

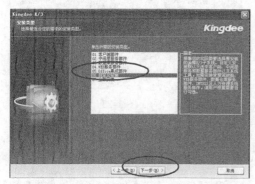
图 1-28

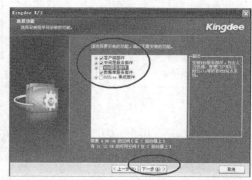
图 1-29

（11）在此选择客户端部件、中间层服务部件、数据库服务部件三个项目，单击"下一步"按钮，系统进入"安装状态"，首先开始"验证"，验证通过后，开始安装程序，安装进度条如图 1-30 所示。

当基本程序文件安装好后，系统弹出安装.NET 1.1 窗口的提示，如图 1-31 所示。

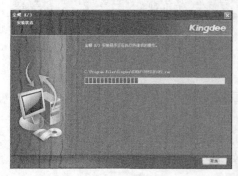
图 1-30

图 1-31

单击"是"安装，.NET 1.1 安装完成后，提示安装 JRE 和 Tomcat，如图 1-32 所示。

（12）以上两个程序安装完成后，系统弹出"中间层组件安装"窗口，如图 1-33 所示。

图 1-32

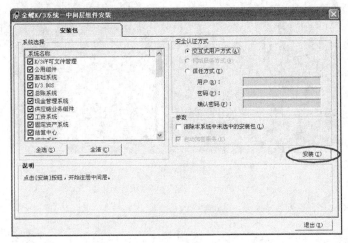

图 1-33

（13）单击"安装"按钮，开始中间层安装工作，中间层安装完成后，自动隐藏进度条，稍后弹出"Web 系统配置工具"窗口，如图 1-34 所示。保持默认选择项目，单击"完成"按钮，系统开始配置，提示窗口如图 1-35 所示。

由于操作系统未安装"IIS 组件"，所以弹出该提示。不安装并不会对本书内容操作有影响，单击"确定"按钮结束配置。

（14）单击"完成"按钮，结束金蝶 K/3 安装工作，安装成功后会在桌面上显示"金蝶 K3WISE 创新管理平台"和"金蝶 K3 WISE HR 客户端管理平台"图标，如图 1-36 所示。

安装完成后请重新启动计算机。

图 1-34

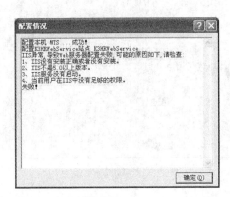

图 1-35

图 1-36

### 1.4.3 金蝶 K/3 的修改、修复、删除

因为某种原因需要修改、修复或删除金蝶 K/3 时，可按以下方法操作。

（1）选择【开始】→【设置】→【控制面板】，双击后系统弹出"控制面板"窗口，如图 1-37 所示。

（2）双击"添加/删除程序"图标，系统弹出"添加/删除程序"窗口，如图 1-38 所示。

（3）选中"修改、修复、删除"的程序名，如"金蝶 K/3"项，再单击"更改/删除"按钮，系统弹出"修改、修复、删除程序"窗口，如图 1-39 所示。

（4）根据实际需要选择"修改""修复"或"删除"项，单击"下一步"按钮，再根据向导窗口提示即可完成操作。

 **注意** 在做修改、修复、删除时，一定先备份好所需的账套，以免造成麻烦。

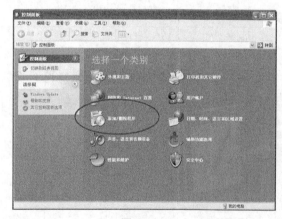

图 1-37

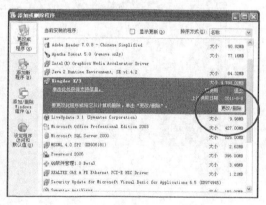

图 1-38

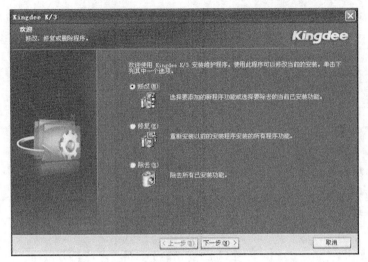

图 1-39

## 1.5 课后习题

（1）安装金蝶 K/3 对硬件和软件要求是什么？
（2）金蝶 K/3 的后台数据库是什么？
（3）使用网络版金蝶 K/3 时，客户端计算机是否需要安装数据库？
（4）金蝶 K/3 的安装顺序是什么？
（5）在对金蝶 K/3 做修改、修复或删除时，需要注意什么？

# 第 2 章 账套管理

---学 习 重 点---

- 金蝶 K/3 操作流程
- 用户管理
- 账套管理
- 常用菜单介绍

## 2.1 金蝶 K/3 操作流程

在使用金蝶 K/3 WISE V12.2.0 之前,用户还需要了解它的操作流程,如图 2-1 所示。

在使用金蝶 K/3 WISE V12.2.0 进行业务处理之前,首先要建立账套,账套建立成功后进行系统设置。系统设置包含系统参数设置、基础资料设置和初始数据录入。系统参数是与账套有关的信息,如账套的公司名称、地址和记账本位币等;基础资料是录入业务单据时要获取的基础数据(如会计科目、客户资料等)。然后录入账套启用会计期间的初始数据,如会计科目的期初数据和累计数据,检查数据是否正确、是否符合启用要求,如果符合,则可以结束初始化并启用账套。然后可以进行日常的业务处理,如凭证录入、应收/应付账款的处理、固定资产的管理等。系统根据已保存的单据数据可生成相

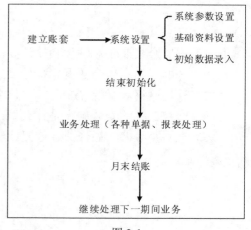

图 2-1

应的报表。月末结账后,进入下一会计期间继续处理业务。

## 2.2 账套管理

账套是指一个数据库文件,用来存放所有的业务数据资料,包含会计科目、凭证、账簿、报表和出入库单据等内容,所有工作都需要登录账套后才能进行。一个账套只能做一个会计主体(公司)的业务,金蝶软件对账套的数量没有限制,也就是说,一套金蝶 K/3 可以做多家公司的账。

账套管理在金蝶 K/3 的应用中很重要,只有正确的建立账套,才能保证其正常使用。

> **注意** 若使用网络版,则账套管理要在安装有"中间层服务器"的计算机上使用。

## 2.2.1 建立账套

建立账套时要录入公司名称、要确定使用哪些模块、要确定启用账套的时间及本位币。

例兴旺实业有限公司是一家印刷企业，该公司于 2013 年 1 月使用金蝶 K/3 系统，主要使用标准财务模块，记账本位币为人民币。下面练习建立该账套。

**操作步骤：**

（1）选择【开始】→【程序】→【金蝶 K3 WISE 创新管理平台】→【金蝶 K3 服务器配置工具】→【账套管理】，如图 2-2 所示。

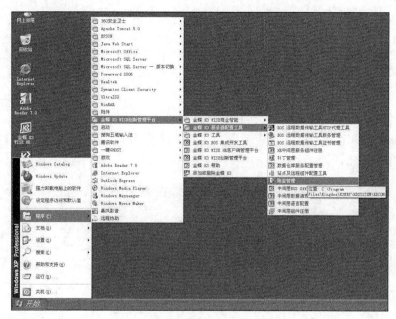

图 2-2

（2）单击后系统弹出提示窗口，如图 2-3 所示。第一次使用"账套管理"功能时，要设置一下数据库的配置情况，配置完成后不再有此提示窗口出现。

图 2-3

（3）单击"确定"按钮，系统弹出"账套管理数据库设置"窗口，如图 2-4 所示。

（4）单击"数据库文件路径"右侧的">"按钮，系统弹出"选择数据库文件路径"指定窗口，如图 2-5 所示。

（5）保持默认目录，单击"确定"按钮返回设置窗口，此时"数据库文件路径"处显示刚才选择的路径，并且"数据库日志文件路径"也同时显示，单击"确定"按钮结束配置，将弹出"登录"窗口，如图 2-6 所示。

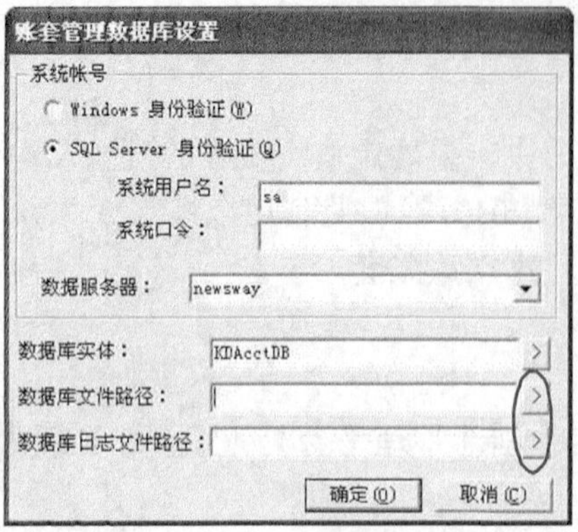

图 2-4 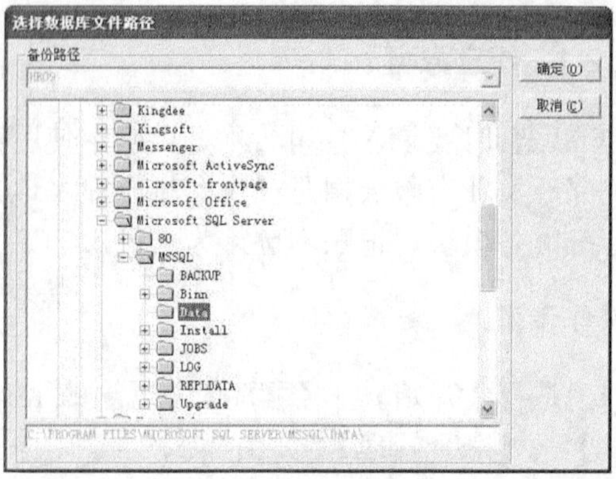　　　　　　　　　　　　　　图 2-5

> **注意**　在图 2-4 中，若安装 SQL 时有设置 Sa 密码，则需要在"系统口令"处录入正确的密码才能通过连接设置。

（6）用户名"Admin"是系统默认的账套管理员，"密码"默认为空，单击"确定"按钮，系统弹出"金蝶 K/3 账套管理"窗口，如图 2-7 所示。

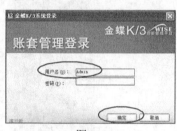

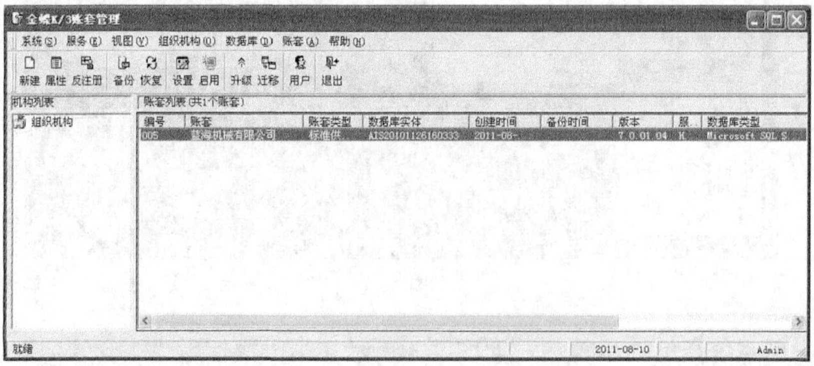

图 2-6

图 2-7

在"金蝶 K/3 账套管理"窗口中有两个列表——机构列表和账套列表。

- **账套列表**：在窗口右侧显示。显示当前计算机中已经建立的账套信息。
- **机构列表**：在窗口左侧显示。很多集团性、连锁性公司下的各分公司既要财务数据独立核算又需要汇总，为便于分类管理可以将其机构分层，然后在相应的组织机构下建立账套，如图 2-8 所示。

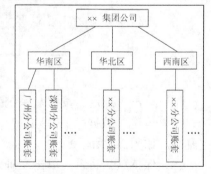

图 2-8

建立组织机构的方法是在"组织机构"图标上单击鼠标右键，系统弹出快捷菜单，如图 2-9 所示。

选择"添加机构"项，系统弹出"添加机构"窗口，如图 2-10 所示。

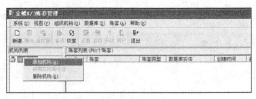

图 2-9                                图 2-10

在窗口中填写相应内容即可。因本例中的"兴旺实业有限公司"没有上级公司,所以暂不设置机构,可自行练习。

(7)单击菜单【数据库】→【新建账套】,或单击工具栏上的"新建"按钮,系统弹出"信息"窗口,如图2-11所示。请充分理解窗口中内容,以便建立账套时选择相应类型。

(8)单击"关闭"按钮,系统弹出"新建账套"窗口,如图2-12所示。

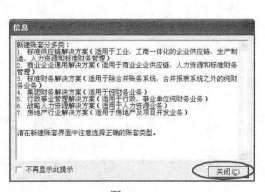

图 2-11                                图 2-12

"新建账套"各项说明如表 2-1 所示。

表 2-1    "新建账套"窗口各项目解释

| 项 目 | 说 明 | 是否为必填项 |
| --- | --- | --- |
| 账套号 | 账套在系统中的编号,手动录入,不能有重号 | 是 |
| 账套名称 | 账套的名称 | 是 |
| 账套类型 | 系统提供 7 种账套类型,系统类型会自动建立相关内容 | 是 |
| 数据库实体 | 账套在 SQL Server 数据库服务器中的唯一标识。新建账套时,系统会自动产生一个数据库实体,可以手工修改 | 是 |
| 数据库文件路径 | 账套保存的路径 | 是 |
| 数据库日志文件路径 | 账套操作日志保存的路径 | 是 |
| 系统账号 | 新建账套所要登录的数据服务器名称、登录数据服务器方式、登录用户名和密码 | 是 |

(9)录入账套号"001",账套名称录入"兴旺实业有限公司",在账套类型处选择"标准供应链解决方案",数据库实体保持不变,如图2-13所示。

(10)设置"数据库文件路径"。单击"数据库文件路径"右侧">"按钮(浏览),系统弹出"选择数据库文件路径"窗口,如图2-14所示。

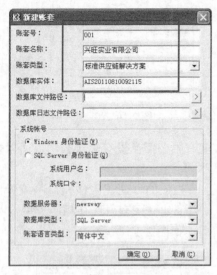
图 2-13

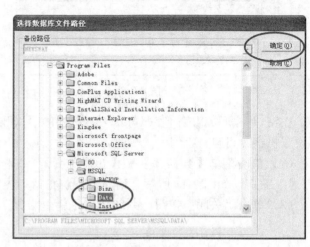
图 2-14

采用系统默认的保存路径,单击"确定"按钮保存设置。用同样方法设置"数据库日志文件路径"。

> 注意　如果对计算机的维护不熟练,建议这两项都采用系统默认值,以便日后维护。

(11) 设置完成后的窗口如图 2-15 所示。单击"确定"按钮,系统开始建账,这可能需要几分钟的时间,视计算机配置高低而定。

(12) 账套建立成功后,账套信息会显示在"账套列表"中,如图 2-16 所示。

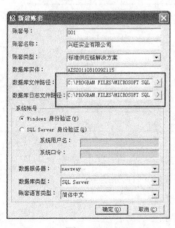
图 2-15

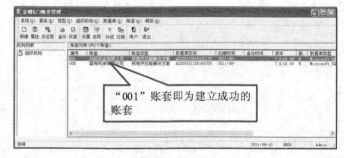
图 2-16

### 2.2.2　属性设置和启用账套

属性包括账套的机构名称、记账本位币和启用会计期间等内容,属性设置完成后才可以启用账套,设置步骤如下。

(1) 在"账套列表"中选中"001 兴旺实业有限公司"账套,单击菜单【账套】→【属性设置】,或单击工具栏上的"设置"按钮,系统弹出"属性设置"窗口,如图 2-17 所示。

- 在"系统"选项卡中可以设置账套的基本信息。录入"兴旺实业有限公司"、"广州越秀区"、"020-22222222"等信息。
- 在"总账"选项卡中可以设置记账时的基本信息。录入"RMB"、"人民币"等信息,其他选项采用默认值,如图 2-18 所示。

图 2-17

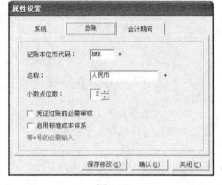

图 2-18

- 在"会计期间"选项卡单击"更改"按钮,系统弹出"会计期间"设置窗口,启用会计年度录入"2013",启用会计期间录入"1",如图 2-19 所示。

> **注意**
> 1. 启用会计年度为"2013 年",启用会计期间为"1 月",表示初始设置中的期初数据是 2012 年 12 月的期末数。读者在启用账套时一定要注意账套的启用期间,以便准备期初数据。
> 2. 如果会计期间需要特殊设置,可以将勾选的"自然年度会计期间"的取消,这样可以设置"12"或"13"个会计期间,并且期间的"开始日期"可以自由修改。

图 2-19

(2)单击"确认"按钮保存会计期间设置,并返回"属性设置"窗口。单击"确认"按钮,系统会弹出"确认启用当前账套吗?"窗口,如图 2-20 所示。

（3）如果属性设置完成，单击"是"按钮；如果还需要修改，单击"否"按钮。在此单击"是"按钮，稍后系统弹出成功启用提示窗口，如图2-21所示。

图 2-20

图 2-21

（4）单击"确定"按钮，完成属性设置和账套启用工作。

> 注意　此处的账套启用是指建立账套文件工作完成，并不是启用后可以录入业务单据。因初始数据尚未录入，所以录入单据后的结果会与实际数据有出入。

### 2.2.3 备份账套

操作软件时，为预防数据出错或发生意外（如硬盘损坏、计算机中毒），需要随时备份数据，以便恢复时使用。

备份工作可以随时进行，编者建议每周备份一次。在下列情况下必须做备份。

（1）每月结账前和账务处理结束后。

（2）更新软件版本前。

（3）进行会计年度结账时。

金蝶K/3提供两种备份方法——单次备份和自动批量备份（即一次备份多个账套，而且备份工作在后台定时执行，不用人工操作）。

**1．单次备份**

下面以备份"兴旺实业有限公司"账套为例，介绍单次备份的具体步骤。

（1）在"账套列表"中选中"兴旺实业有限公司"账套，单击菜单【数据库】→【备份账套】，或单击工具栏中"备份"按钮，系统弹出"账套备份"窗口，如图2-22所示。

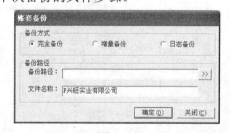

图 2-22

- **完全备份**：执行完整数据库的备份，也就是为账套中的所有数据建立一个副本。备份后，生成完全备份文件。
- **增量备份**：记录自上次完整数据库备份后对数据库所做的更改，也就是为上次完整数据库备份后发生变动的数据建立一个副本。备份后，生成增量备份文件。
  增量备份比完全备份工作量小而且备份速度快，因此可以经常操作，以减少丢失数据的风险。
- **日志备份**：事务日志是自上次备份事务日志后，对数据库执行的所有操作的记录。一般情况下，事务日志备份比数据库备份使用的资源少，因此可以经常操作，减少丢失数据的风险。
- **备份路径**：生成的*.DBB和*.BAK备份文件的保存位置，应尽量采用默认值。

- **文件名称**：生成的备份文件名称可更改。

> **注意** 第一次备份一定用完全备份；备份生成的*.DBB 和*.BAK 文件，要定期复制到外部储存设备上。

（2）单击"备份路径"右侧的"》"按钮（浏览），系统弹出"选择数据库文件路径"窗口，如图 2-23 所示。

（3）采用默认保存路径，单击"确定"按钮返回"账套备份"窗口。

（4）单击"确定"按钮，系统开始备份数据，稍后系统弹出提示窗口，如图 2-24 所示。

图 2-23

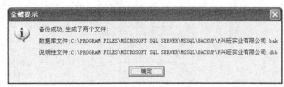

图 2-24

（5）单击"确定"按钮，备份工作完成。

> **注意** 一定要记住如图 2-24 所示"金蝶提示"的文件名和保存位置，这是要复制到外部存储设备上的文件。

### 2．自动批量备份

当系统中有多个账套时，一次备份一个账套会比较麻烦。金蝶 K/3 提供账套自动批量备份工具。账套自动批量备份的设置步骤如下。

（1）单击菜单【数据库】→【账套自动批量备份】，系统弹出"账套自动批量备份工具"窗口，如图 2-25 所示。

图 2-25

（2）单击菜单【方案】→【新建】，设置"备份开始时间"为当前计算机系统时间，"备份结束时间"设置为"无限期"，"完全备份时间间隔"设为"100"，勾选"是否备份"，设置"备份路径"时单击右侧的"…"按钮，系统弹出"选择数据库文件路径"窗口，保存路径采用系统默认值，单击"确定"按钮返回工具窗口，设置完成后的窗口如图2-26所示。

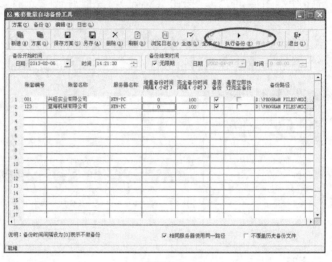

图 2-26

（3）单击菜单【方案】→【保存方案】，系统弹出"方案保存"窗口，录入"兴旺"，如图2-27所示，单击"确定"按钮，保存方案。

（4）单击"执行备份"按钮执行当前自动备份计划，单击"退出"按钮，系统弹出提示窗口，如图2-28所示，单击"是"按钮退出设置。

图 2-27

图 2-28

（5）至此自动备份方案设置完成，重新启动计算机，则会在任务栏右下角显示"账套批量自动备份工具"图标，如图2-29所示。

账套自动批量备份方案启动后，如果系统检测到系统时间已经符合间隔时间，则会自动在后台备份数据。

### 2.2.4 恢复账套

图 2-29

如果账套出错，可利用"恢复账套"功能将备份文件恢复成账套文件，再继续进行账务处理。

下面以恢复"兴旺实业有限公司"账套为例，讲述"恢复账套"的方法，操作步骤如下。

（1）单击菜单【数据库】→【恢复账套】，或单击工具栏上"恢复"按钮，系统弹出"选择数据库服务器"窗口，选择正确的身份验证、服务器及数据库类型，在此采用默认值，单击"确定"按钮进入"恢复账套"窗口，如图 2-30 所示。

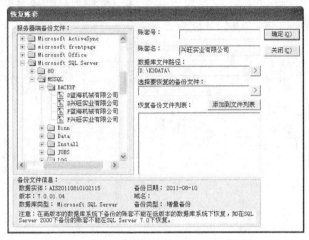

图 2-30

（2）在"服务器端备份文件"列表下选择备份文件所保存的位置，例如选中刚才所备份的"兴旺实业有限公司"文件，录入账套号"002"，将"账套名"改为"兴旺实业有限公司2"，单击"确定"按钮，稍后系统弹出"提示"窗口，单击"否"按钮完成恢复工作。这时在"账套列表"窗口中可以看到已经恢复成功的"兴旺实业有限公司 2"账套。

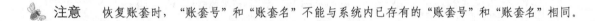

**注意** 恢复账套时，"账套号"和"账套名"不能与系统内已存有的"账套号"和"账套名"相同。

### 2.2.5 删除账套

可以将不再使用的账套从系统中删除，以节约硬盘空间。下面以删除"002"账套为例，讲述删除账套的操作步骤。

（1）选中"002"账套，单击菜单【数据库】→【删除账套】，系统弹出信息提示窗口，如图 2-31 所示。

（2）单击"是"按钮，系统弹出提示是否备份的窗口，如图 2-32 所示。

图 2-31

图 2-32

（3）根据实际情况选择提示窗口上的按钮。单击"否"按钮，不备份该账套。如果稍后在"账套列表"窗口未显示"002"账套，则表示删除成功。

## 2.3 用户管理

用户管理是指对使用该账套的操作员进行管理，对用户使用账套的权限进行设置，设置哪些用户可以登录到指定的账套。使用账套中的哪些子系统或哪些模块等。

系统中预设有部分用户和用户组，可以在系统中增加用户并进行相应的授权。下面以表2-2中数据为例，讲述如何进行用户管理。

表 2-2　　　　　　　　　　　　　　　本账套的用户

| 用 户 名 | 用 户 组 | 权 限 |
|---|---|---|
| 张　春 | 出纳组 | 基础资料、现金管理使用 |
| 王　丽 | 核算组 | 基础资料、应收账、应付账使用 |
| 吴晓英 | 核算组 | 基础资料、总账、固定资产、工资 |
| 陈　静 | Administrators | 所有权限 |

### 2.3.1　新增用户组

为方便管理用户信息，可以按具有类似权限的用户分组。以新增表2-2中数据"出纳组"为例，操作步骤如下。

（1）选中"兴旺实业有限公司"账套，单击菜单【账套】→【用户管理】，或单击工具栏上的"用户"按钮，系统弹出"用户管理"窗口，如图2-33所示。

（2）单击菜单【用户管理】→【新建用户组】，系统弹出"新增用户组"窗口，录入"出纳组"、"现金管理"，如图2-34所示。

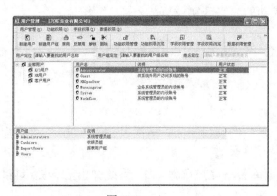

图 2-33

图 2-34

（3）设置完成后单击"确定"按钮，进行保存，这时在"用户管理"窗口下部可以看到已经新增好的"出纳组"内容。"核算组"请自行添加。

### 2.3.2　新增用户

下面以新增用户"张春"为例，讲述新增用户操作步骤。

（1）单击菜单【用户管理】→【新建用户】，或单击工具栏上"新建用户"按钮，系统弹出"新增用户"窗口，如图2-35所示。

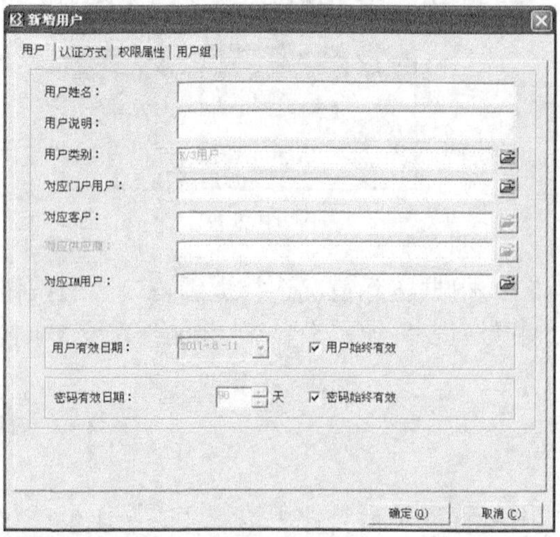

● "用户"选项卡各项目说明

图 2-35

- 用户名称：是指登录账套时的用户名称，用户名称在同一个账套中应该是唯一的。
- 用户类别：选择用户所属的用户类别。
- 对应门户用户：选择用户所关联门户用户的用户名，实现用户与门户用户的关联操作。关联门户用户后，可以在主控台登录界面采用单点登录方式登录该账套。使用该项目的前提是"先在系统参数设置中设置门户站点"。
- 对应客户：当"用户类别"选择"客户用户"时，可以在此设置该用户对应的客户以形成关联。
- 对应 IM：在此处选择对应的"IM 用户"，这样系统进行"IM 信息"交流时，信息会直接发送到相应 IM 用户。
- 用户有效期：设置用户有效日期范围，超期用户无法登录 K/3 系统。
- 密码有效期：当采用密码登录日期与前次修改密码日期间隔超过密码有效期（天）时，系统提示登录用户必须修改用户密码，以加大数据的安全性保障。
- "认证方式"选项卡各项目说明，认证方式窗口如图 2-36 所示。
- NT 安全认证：当选择 NT 安全认证时，需要填写完整的域用户账号。
- 密码认证：密码认证方式具体分为四种。传统认证：密码是在密码框中输入的内容，这个密码是固定的。动态密码锁认证：密码由用户手中持有的动态密码卡动态产生。智能钥匙认证：密码为用户手中持有的智能钥匙的密码。自定义认证：密码为用户手中持有的动态密码卡动态产生或者持有的智能钥匙的密码。
- "权限属性"选项卡窗口如图 2-37 所示。

图 2-36

图 2-37

在权限属性选项卡窗口可以对该用户的"权限的授予"进行详细控制。

- "用户组"选项卡窗口如图 2-38 所示。

设置用户具体属于哪一个用户组，默认为"Users 组"，没有任何权限。如果用户属于多个用户组，那么用户的默认权限是这些用户组权限的集合。

（2）在"用户姓名"中录入"张春"，其他项目保持默认值，如图 2-39 所示。

（3）切换到"认证方式"选项卡，选择"密码认证"中的"传统认证方式"，密码为空值，由用户自行修改，如图 2-40 所示。

（4）权限属性保持默认值，单击"用户组"选项卡，选中"隶属于"下的"出纳组"，单击"添加"按钮，"张春"即隶属于"出纳组"，如图 2-41 所示。

图 2-38　　　　　　　　　　　图 2-39

 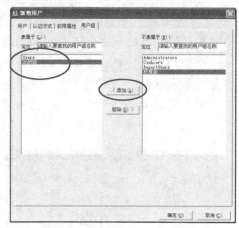

图 2-40　　　　　　　　　　　图 2-41

（5）单击"确定"按钮，保存新增用户设置，这时新增的用户信息会显示在"用户管理"窗口中。请自行增加其他用户。新增完成的"用户管理"窗口如图 2-42 所示。

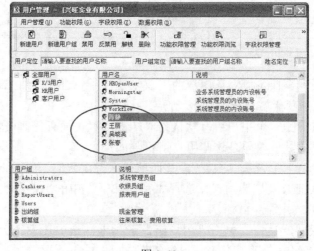

图 2-42

## 2.3.3 设置权限

权限设置在金蝶 K/3 系统中很重要,系统管理员通过权限控制可以有效控制 ERP 资料的保密,例如管理现金银行账的用户不能查看往来业务资料。金蝶 K/3 系统为用户提供三个权限设置菜单:功能权限、字段权限和数据权限。

- **功能权限**:是对各子系统中功能模块的管理权和查询权,用户拥有该权限时,才能进行对应模块的功能操作。
- **字段权限**:字段权限是指对各子系统中某数据类别字段的操作权限,只有当用户拥有该权限时,才能对该字段进行对应的操作。例如对应收管理中的"金额"进行字段权限控制,用户具有该字段权限时,则可以进行对应操作,可查询到金额数据,反之,则查询不到金额,可以看到其他信息。
- **数据权限**:数据权限是指对系统中具体数据的操作权限。例如对"客户"数据进行权限控制,A 业务员只能看到 A 本人的客户资料,B 业务员只能看到 B 本人的客户资料,业务经理则可以设置为可以看到所有业务员的客户资料。

下面以设置"张春"的"功能权限"为例,介绍用户权限设置的具体步骤。

(1)选中用户"张春",单击菜单【功能权限】→【功能权限管理】,或单击工具栏上"功能权限管理"按钮,系统弹出"权限管理"窗口,如图 2-43 所示。

- **权限组**:系统中所涉及的权限内容列表,在方框中打勾表示选中。查询权表示只能查看,管理权表示可以修改、删除等。
- **授权**:选中相应权限,单击"授权"按钮表示授予所选中的权限。
- **关闭**:退出"权限管理"窗口。
- **高级**:详细设置用户的权限。单击"高级"按钮,系统弹出"用户权限"窗口,如图 2-44 所示。

图 2-43

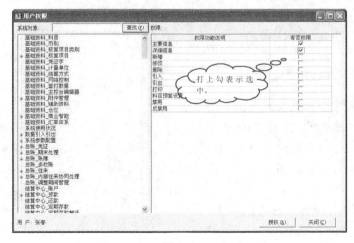

图 2-44

在"用户权限"窗口可以详细设置用户的权限，打上勾表示选中。单击"授权"按钮对所选中的功能进行授权，单击"关闭"按钮返回"权限管理"窗口。

- **全选**：选中"权限组"的所有内容。
- **全清**：不选择"权限组"的任一内容。
- **禁止使用工资数据授权检查和工资数据授权**：选中"禁止使用工资数据授权检查"项，不能使用"工资数据授权"按钮；取消选中，单击"工资数据授权"按钮，系统弹出"项目授权"窗口，如图2-45所示。打勾选中相应的查看权和修改权，单击"授权"按钮表示授权保存。

（2）在"权限管理"窗口选中"基础资料"和"现金管理"项，如图2-46所示，单击"授权"按钮，保存权限功能。

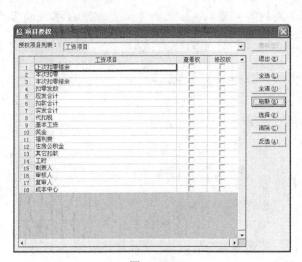

图 2-45

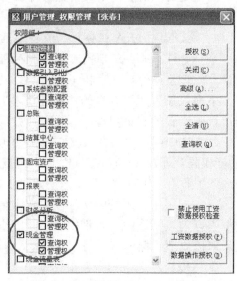

图 2-46

（3）其余用户的权限请自行设置。

> 注意：为不影响本书的演示进程，权限练习完成后，建议将所有操作员都加入"Administrators"组，以授予所有权限进行本书中实例练习。

### 2.3.4 修改、删除用户

可以在用户属性中修改用户信息。用户删除是指将未使用本账套的用户从系统中删除，进行过业务操作的用户不能删除，但可利用"用户属性"的"此账号禁止使用"项，使用户不能登录该账套。

单击菜单【用户管理】→【属性】，系统弹出"用户属性"窗口，如图2-47所示。

图 2-47

在"用户属性"窗口,可以修改该用户的名称、密码和隶属的组别,及是否禁用。

当某些用户未使用该账套时,为便于管理,可以将该用户删除,方法是在"用户管理"窗口选中要删除的用户,单击菜单【用户管理】→【删除】。

## 2.4 常用菜单介绍

### 2.4.1 系统

系统菜单用于设置"账套管理"中的一些系统参数,例如是否检测账套的有效性等。系统菜单如图 2-48 所示。

**1. 预设连接**

在使用新建账套、备份账套、恢复账套和注册账套等功能时,需要指定连接数据服务器信息(需要选择登录方式,输入连接用户名、密码)。如果每次都手工设置,比较繁琐,系统提供默认"连接"设置功能,以自动进入账套。

图 2-48

**2. 修改密码**

单击系统菜单下的"修改密码"项,系统弹出"更改密码"窗口,输入旧密码、新密码和确认密码,单击"确定"按钮保存所做的密码修改,下次登录"账套管理"时"Admin"用户就必须以新密码登录。

 **注意** 旧密码为空时不用输入。

**3. 系统参数设置**

单击"系统"菜单下"系统参数设置"项,系统弹出"系统参数设置"窗口,可以对日志管理、门户服务器和人力资源站点等进行管理。

**4. 系统用户管理**

是针对"账套管理"功能的用户进行管理,操作方法类似前面的"用户管理"。

**5. 账套使用状况**

账套使用状况用来监控本机加密狗的使用情况。

### 2.4.2 数据库

账套在系统中是非常重要的,它是存放各种数据的载体,财务数据和业务数据都存放在账套中,账套本身就是一个数据库文件。数据库菜单如图 2-49 所示,各项含义解释如下。

图 2-49

1. 新建账套。建立一个新的账套文件。
2. 账套属性。管理账套的属性信息。

3．删除账套。从系统中删除账套。

4．恢复账套。将所备份账套恢复。

5．备份账套。备份账套数据，生成备份文件，以供恢复之用。

6．账套批量删除。如果一次性要删除多个账套，则可以使用账套批量删除功能。单击"账套批量删除"选项，系统弹出"账套批量删除工具"窗口，选择需要删除的账套，在该账套的"是否删除"处打勾。如果被删除的账套还需要进行备份，则在该账套的"是否备份"处打勾，并选择备份路径。单击【删除】按钮，系统将删除选中的账套。

7．账套自动批量备份。设置账套自动批量备份方案，系统会根据已设的方案，自动在后台进行账套备份。

8．优化账套。账套使用时间较长，数据量会很大，系统就会变慢。系统提供了优化账套的功能，可以帮助用户解决这种性能下降的问题。

9．执行命令。为系统管理员提供一个管理数据库的工具，其语法请参考相关数据库 SQL 的书籍。

10．注册账套。注册账套的功能是将其他数据服务器上的金蝶账套，加入到当前的账套管理环境中，以实现中间层对多个数据服务器、多个账套的管理。可以通过此功能连接网络内的其他机器上的金蝶账套，从而方便用户操作。

11．取消账套注册。取消注册账套与注册账套的功能相反，它是将当前账套从账套管理工具中去除。

### 2.4.3 账套

账套菜单提供账套文件管理命令，账套菜单如图 2-50 所示。

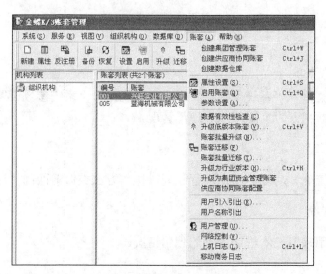

图 2-50

1．属性设置。对选中的账套进行属性管理。

2．启用账套。启用已经完成属性设置的账套。

3．参数设置。设置用户认证方式和离线查询。

4．数据有效性检查。在进行账套升级或结转账套前，使用该功能对账套数据的有效性进行检查，确保账套中数据的正确。

5．升级低版本账套。将账套从低版本升级到高版本。

6．升级为行业版本。将所选中账套升级为行业账套。

7．用户引入引出。当系统中存在多个账套的用户名称相同时，如果逐一对账套进行授权，费时费力。用户引入引出功能允许将一个账套的用户组、用户及其权限复制到另一个或多个账套中。

8．用户名称引出。将账套中的所有用户信息引出为一个文本文件。

9．用户管理。对选中账套的用户信息进行管理。

10．上机日志。查看选中账套的用户操作信息，如登录时间、从哪台机器上登录、做了哪些操作等。这样便于对系统的运行情况进行监控，确保数据的安全。

11．网络控制。为保证最大限度的网络并发控制和数据一致性，金蝶 K/3 提供了强大的网络控制功能，例如，账套备份、年度独占、月份独占和一般互斥等。正常情况下，网络并发控制是由程序自动进行的，可以通过网络控制看到正在执行的任务。

## 2.5 课后习题

（1）什么是账套文件？金蝶 K/3 系统对账套数量有没有限制？

（2）建立账套之前需要确定哪些内容？

（3）备份的方法有几种？备份的方式有几种？

（4）将自己的姓名新增到"核算组"中并自行设置权限。

# 第 3 章　系统设置

> **学习重点**
> - 初始化准备工作
> - 登录 K/3 系统
> - 系统参数设置
> - 基础资料设置
> - 初始数据录入

## 3.1　系统设置概述

系统设置在 K/3 系统中十分重要，它是整个系统的基础。系统设置的好坏将影响到会计电算化的运作质量。清晰的科目结构和明了准确的数据对应关系，会使用户在账套启用后的日常处理和财务核算工作中思路顺畅、问题处理简捷。

在主控台界面中单击【系统设置】，可以看到系统设置包含基础资料、初始化、系统设置、用户管理和日志信息 5 大部分（登录后才能查看，请参照后面小节进行登录）。

- **基础资料**：对各个系统的基础资料进行设置和管理，如科目、客户和供应商等。
- **初始化**：录入各系统的初始化数据。
- **系统设置**：对各个系统的参数进行集中设置和管理。
- **用户管理**：对使用该账套的用户信息进行管理。
- **日志信息**：查看各用户在当前账套中的操作记录。

系统设置流程如下：

初始化准备→基础资料设置→系统参数设置→初始数据录入→结束初始化。

## 3.2　初始化准备工作

充分的准备是初始化设置顺利进行的基础。下面以"兴旺实业有限公司"账套的初始化数据为例，讲述初始化准备工作。初始化设置的重点是截止 2012 年 12 月 31 日该账套中应该设置哪些会计科目、明细科目并取得各会计科目的期初余额、本年累计借方金额和本年累计贷方金额，还需设置币别、客户和供应商等信息。

表 3-1 至表 3-22 为"兴旺实业有限公司"账套的初始化设置数据。

**表 3-1**　　　　　　　　　　　　　　币别

| 币别代码 | 币别名称 | 记账汇率 |
| --- | --- | --- |
| HKD | 港币 | 0.811 |

表 3-2  计量单位

| 组　别 | 代　码 | 名　称 | 系　数 |
|---|---|---|---|
| 重量组 | 01 | 公斤 | 1 |
|  | 02 | 克 | 0.001 |
| 数量组 | 11 | 张 | 1 |
| 固定资产 | 21 | 台 | 1 |
|  | 22 | 辆 | 1 |

表 3-3  现金和银行存款科目

| 科目代码 | 科目名称 | 币别核算 | 期末调汇 |
|---|---|---|---|
| 1 001.01 | 人民币 | 否 | 否 |
| 1 001.02 | 港币 | 单一外币（港币） | 是 |
| 1 002.01 | 工行东桥支行 125 | 否 | 否 |
| 1 002.02 | 中行东桥支行 128 | 单一外币（港币） | 是 |

表 3-4  挂核算项目科目

| 科目代码 | 科目名称 | 受　控 | 核算项目 |
|---|---|---|---|
| 1 122 | 应收账款 | 应收应付 | 客户 |
| 1 123 | 预付账款 | 应收应付 | 供应商 |
| 2 202 | 应付账款 | 应收应付 | 供应商 |
| 2 203 | 预收账款 | 应收应付 | 客户 |
| 6 601.01 | 差旅费 |  | 职员 |

表 3-5  存货科目

| 科目代码 | 科目名称 | 核算项目 | 单　位 |
|---|---|---|---|
| 1 403.01 | 不干胶纸 | 核算数量金额 | 张 |
| 1 403.02 | 油墨 | 核算数量金额 | 公斤 |
| 1 405.01 | 不干胶贴 | 核算数量金额 | 张 |

表 3-6  其他科目

| 科目代码 | 科目名称 | 科目代码 | 科目名称 | 科目代码 | 科目名称 |
|---|---|---|---|---|---|
| 1 601.01 | 办公设备 | 5 101.02 | 房租 | 6 602.01 | 房租 |
| 1 601.02 | 机械设备 | 5 101.03 | 水电费 | 6 602.02 | 水电费 |
| 1 601.03 | 运输类 | 5 101.04 | 折旧费 | 6 602.03 | 差旅费 |
| 2 221.01 | 应交增值税 | 5 101.05 | 机物料消耗 | 6 602.04 | 业务招待费 |
| 2 221.01.01 | 进项税额 | 5 101.06 | 菲林费 | 6 602.05 | 办公费 |
| 2 221.01.02 | 销项税额 | 5 101.07 | 员工福利费 | 6 602.06 | 工资 |
| 2 221.01.04 | 进项税额转出 | 5 101.08 | 员工工资 | 6 602.07 | 折旧费 |
| 2 221.01.05 | 已交税金 | 6 601.02 | 运输费 | 6 602.08 | 社会保险费 |
| 4 001.01 | 何陈钰 | 6 601.03 | 业务招待费 | 6 602.09 | 福利费 |
| 4 001.02 | 王成明 | 6 601.04 | 折旧费 | 6 602.10 | 坏账损失 |
| 5 001.01 | 直接材料 | 6 601.05 | 员工工资 | 6 603.01 | 利息 |
| 5 001.02 | 直接人工 | 6 601.06 | 伙食费 | 6 603.02 | 银行手续费 |
| 5 001.03 | 制造费用转入 | 6 601.07 | 水电费 | 6 603.03 | 调汇 |
| 5 101.01 | 伙食费 | 6 601.08 | 房租 |  |  |

表 3-7　　　　　　　　　　　凭证字

| 凭证字 | 记 |
|---|---|

表 3-8　　　　　　　　　　　结算方式

| 代　码 | 名　称 |
|---|---|
| JF06 | 支票 |

表 3-9　　　　　　　　　　　客户

| 代　码 | 名　称 | 信用管理 | 应收科目 | 预收科目 | 应交税金 |
|---|---|---|---|---|---|
| 01 | 深圳科林 | 是 | 1 122 | 2 203 | 2 221.01.02 |
| 02 | 东莞丽明 | 否 | 1 122 | 2 203 | 2 221.01.02 |
| 03 | 深圳爱克 | 否 | 1 122 | 2 203 | 2 221.01.02 |
| 04 | 深圳永昌 | 否 | 1 122 | 2 203 | 2 221.01.02 |

表 3-10　　　　　　　　　　　供应商

| 代　码 | 名　称 | 应付科目 | 预付科目 | 应交税金 |
|---|---|---|---|---|
| 01 | 深圳南丰纸业 | 2 202 | 1 123 | 2 221.01.01 |
| 02 | 专一菲林 | 2 202 | 1 123 | 2 221.01.01 |
| 03 | 飞达模具 | 2 202 | 1 123 | 2 221.01.01 |
| 04 | 深圳东方货运 | 2 202 | 1 123 | 2 221.01.01 |

表 3-11　　　　　　　　　　　部门、职员

| 部　门 | | 职　员 | | |
|---|---|---|---|---|
| 代码 | 名称 | 代码 | 姓名 | 部门 |
| 01 | 总经办 | 01 | 何陈钰 | 总经办 |
| 02 | 财务部 | 02 | 陈静 | 财务部 |
| 03 | 销售部 | 03 | 张春 | 财务部 |
| 04 | 采购部 | 04 | 王丽 | 财务部 |
| 05 | 仓库 | 05 | 吴晓英 | 财务部 |
| 06 | 丝印部 | 06 | 郝达 | 销售部 |
| 07 | 品管部 | 07 | 张琴 | 采购部 |
| 08 | 运输部 | 08 | 王平 | 仓库 |
| | | 09 | 李小明 | 丝印部 |
| | | 10 | 李大明 | 丝印部 |
| | | 11 | 王长明 | 品管部 |
| | | 12 | 李闻 | 运输部 |

表 3-12　　　　　　　　　　　物料

| 类别 | 物料代码 | 物料名称 | 单位 | 计价方法 | 存货科目代码 | 销售收入科目 | 销售成本科目 |
|---|---|---|---|---|---|---|---|
| 1-原材料 | 1.01 | 不干胶纸 | 张 | 加权平均 | 1 403.01 | 6 001 | 6 401 |
| | 1.02 | 油墨 | 公斤 | 加权平均 | 1 403.02 | 6 001 | 6 401 |
| 3-成品 | 3.01 | 不干胶贴 | 张 | 加权平均 | 1 405.01 | 6 001 | 6 401 |

表 3-13　　　　　　　　　　　　科目初始数据

| 科目代码 | 科目名称 | 方向 | 期初余额 |
|---|---|---|---|
| 1 001.01 | 人民币 | 借 | 4 923.00 |
| 1 002.01 | 工行东桥支行 125 | 借 | 774 813.00 |
| 1 122 | 应收账款 | 借 | 62 400.00 |
| 1 601.01 | 办公设备 | 借 | 184 800.00 |
| 1 601.02 | 机械设备 | 借 | 105 800.00 |
| 1 602 | 累计折旧 | 贷 | 44 736.00 |
| 2 202 | 应付账款 | 贷 | 16 000.00 |
| 2 211 | 应付职工薪酬 | 贷 | 60 000.00 |
| 4 001.01 | 何陈钰 | 贷 | 500 000.00 |
| 4 001.02 | 王成明 | 贷 | 500 000.00 |
| 4 103 | 本年利润 | 贷 | 20 000.00 |

表 3-14　　　　　应收账款科目初始数据（初始销售增值税发票）

| 客户 | 日期 | 摘要 | 期初余额 |
|---|---|---|---|
| 深圳科林 | 2012-12-31 | 销售产品 | 28 600.00 |
| 东莞丽明 | 2012-12-31 | 销售产品 | 8 800.00 |
| 深圳爱克 | 2012-12-31 | 销售产品 | 25 000.00 |

表 3-15　　　　　应付账款科目初始数据（初始采购增值税发票）

| 供应商 | 日期 | 摘要 | 期初余额 |
|---|---|---|---|
| 深圳南丰纸业 | 2012-12-31 | 采购材料 | 11 000.00 |
| 专一菲林 | 2012-12-31 | | 5 000.00 |

表 3-16　　　　　　　　　　　数量金额账初始数据

| 科目代码 | 科目名称 | 数量余额 | 金额余额 |
|---|---|---|---|
| 1 403.01 | 不干胶纸 | 340 | 6 000.00 |
| 1 403.02 | 丝印油墨 | 50 | 2 000.00 |

表 3-17　　　　　　　　　　　固定资产卡片类别

| 代码 | 类别 | 净残值率 | 预设折旧方法 | 固定资产科目 | 累计折旧科目 | 减值准备科目 |
|---|---|---|---|---|---|---|
| 01 | 办公设备 | 10% | 平均年限法 | 1 601.01 | 1 602 | 1 603 |
| 02 | 机械设备 | 10% | 工作量法 | 1 601.02 | 1 602 | 1 603 |
| 03 | 运输设备 | 10% | 平均年限法 | 1 601.03 | 1 602 | 1 603 |

表 3-18　　　　　　　　　　　　　存放地点

| 代码 | 名称 |
|---|---|
| 01 | 办公室 |
| 02 | 生产车间 |
| 03 | 车库 |

表 3-19　　　　　　　　　　　　　　　固定资产 1

| 基本信息 | | 部门及其他 | | 原值与折旧 | |
|---|---|---|---|---|---|
| 资产类别 | 办公设备 | 固定资产科目 | 1 601.01 | 币别 | 人民币 |
| 资产编码 | B001 | 累计折旧科目 | 1 602 | 原币金额 | 180 000 |
| 名称 | 瑞风商务车 | 使用部门 | 总经办 | 开始使用日期 | 2012-2-1 |
| 计量单位 | 辆 | 折旧费用科目 | 6 602.07 | 预计使用期间数 | 60 |
| 数量 | 1 | | | 已使用期间数 | 10 |
| 入账日期 | 2012-2-1 | | | 累计折旧 | 27 000 |
| 存放地点 | 车库 | | | 预计净残值 | 18 000 |
| 使用状况 | 正常使用 | | | 折旧方法 | 平均年限法 |
| 变动方式 | 购入 | | | | |

表 3-20　　　　　　　　　　　　　　　固定资产 2

| 基本信息 | | 部门及其他 | | 原值与折旧 | |
|---|---|---|---|---|---|
| 资产类别 | 办公设备 | 固定资产科目 | 1 601.01 | 币别 | 人民币 |
| 资产编码 | B002 | 累计折旧科目 | 1 602 | 原币金额 | 4 800 |
| 名称 | 办公电脑 | 使用部门 | 总经办 | 开始使用日期 | 2012-2-6 |
| 计量单位 | 台 | 折旧费用科目 | 6 602.07 | 预计使用期间数 | 60 |
| 数量 | 1 | | | 已使用期间数 | 10 |
| 入账日期 | 2012-2-6 | | | 累计折旧 | 720 |
| 存放地点 | 办公室 | | | 预计净残值 | 480 |
| 使用状况 | 正常使用 | | | 折旧方法 | 平均年限法 |
| 变动方式 | 购入 | | | | |

表 3-21　　　　　　　　　　　　　　　固定资产 3

| 基本信息 | | 部门及其他 | | 原值与折旧 | |
|---|---|---|---|---|---|
| 资产类别 | 机械设备 | 固定资产科目 | 1 601.02 | 币别 | 人民币 |
| 资产编码 | J001 | 累计折旧科目 | 1 602 | 原币金额 | 9 800 |
| 名称 | 丝印机 | 使用部门 | 丝印部 | 开始使用日期 | 2012-1-10 |
| 计量单位 | 台 | 折旧费用科目 | 5 101.04 | 预计工作量 | 11 250 |
| 数量 | 1 | | | 已使工作量 | 1 500 |
| 入账日期 | 2012-1-10 | | | 累计折旧 | 1 176 |
| 存放地点 | 生产车间 | | | 预计净残值 | 980 |
| 使用状况 | 正常使用 | | | 折旧方法 | 工作量法 |
| 变动方式 | 购入 | | | 工作量计量单位 | 小时 |

表 3-22　　　　　　　　　　　　　　　固定资产 4

| 基本信息 | | 部门及其他 | | 原值与折旧 | |
|---|---|---|---|---|---|
| 资产类别 | 运输设备 | 固定资产科目 | 1 601.03 | 币别 | 人民币 |
| 资产编码 | Y001 | 累计折旧科目 | 1 602 | 原币金额 | 96 000 |
| 名称 | 五十铃人货车 | 使用部门 | 运输部 | 开始使用日期 | 2012-1-15 |
| 计量单位 | 辆 | 折旧费用科目 | 6 601.04 | 预计使用期间数 | 60 |
| 数量 | 1 | | | 已使用期间数 | 11 |

续表

| 基 本 信 息 | | 部门及其他 | 原值与折旧 | |
|---|---|---|---|---|
| 入账日期 | 2012-1-15 | | 累计折旧 | 15 840 |
| 存放地点 | 车库 | | 预计净残值 | 9 600 |
| 使用状况 | 正常使用 | | 折旧方法 | 平均年限法 |
| 变动方式 | 购入 | | | |

## 3.3 登录 K/3 系统

用户建立账套后，必须登录 K/3 系统才能进行业务操作处理。系统确认用户身份的合法性后，用户才能进入系统处理相关业务。

### 3.3.1 系统登录

以"陈静"的身份登录"兴旺实业有限公司"账套，操作步骤如下。

（1）双击桌面上的"金蝶 K/3 主控台"图标（如图 3-1 所示）或单击【开始】→【程序】→【金蝶 K3 WISE 创新管理平台】→【金蝶 K3 WISE 创新管理平台】，系统弹出"金蝶 K/3 系统登录"窗口，如图 3-2 所示。

图 3-1

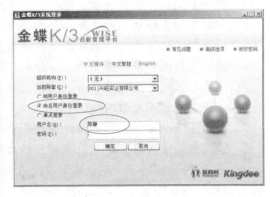

图 3-2

（2）在登录窗口中单击"中文简体"，选择"组织机构"为"无"，选择"当前账套"为"兴旺实业有限公司"。

> **注意** 本书以后的所有练习都是在字体为"中文简体"，"组织机构"为"无"，"当前账套"为"兴旺实业有限公司"下进行操作。

（3）登录方式有三种："域用户身份登录""命名用户身份登录"和"单点登录"。在该例中，以"命名用户身份登录"方式登录。选中该项，在"用户名"处输入"陈静"，"密码"为空。

（4）单击"确定"按钮，系统弹出提示"您使用的是 K/3 演示版"，这是由于没有在服务器上安装加密锁的原因。在此单击"确定"按钮忽略该提示，用户身份通过系统检测进入"主控台界面"窗口，如图 3-3 所示。

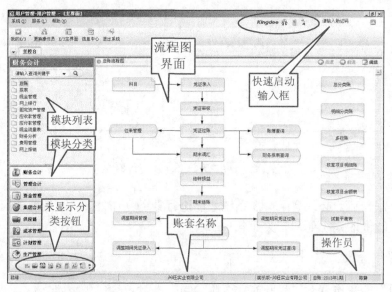

图 3-3

- **模块列表**：列出模块分类下的模块，例如选择"供应链"分类时，则只会显示采购管理和销售管理等模块。
- **模块分类**：单击模块分类按钮，系统会显示该类的模块。
- **未显示分类按钮**：由于显示界面高度有限，部分模块分类条形按钮未显示时，则以小图标按钮显示，切换方法是：单击对应的小按钮即可。
- **流程图界面**：流程图界面为个性化设置，K/3 系统实施人员可以将正确的操作流程以图形化的方式设置在当前登录窗口，以达到操作员直观、快速、轻松选择的目的。流程图界面可自由编辑。
- **手机短信**：发送手机短信，前提是要与短信运营商合作。
- **快速启动输入框**：输入所要操作的功能代码，达到快速启动操作界面的目的。例如进行"凭证录入"，不使用"快速启动输入"的情况下需要先选择"功能列表"中的"财务会计"大项，再选择"总账"，再选择"凭证处理"，然后双击"凭证录入"，系统调出凭证录入界面；使用"快速启动输入"的情况下直接在输入框中录入"01001"，单击"进入"按钮即可调出"凭证录入"界面，这样提高了操作速度。此方法的难点是要熟记所需操作的功能代码，该功能代码位于功能列中每一个明细功能的前面。
- **账套名称**：显示当前所处理的账套名称。
- **操作员**：显示当前进入账套的操作员名称。

若曾用过旧版的金蝶 K/3 系统，对当前界面不习惯，可以单击工具栏上的"K/3 主界面"按钮，系统会切换到"主界面"窗口模式，如图 3-4 所示。

本书所讲述的操作都将在"流程图"窗口模式下操作，单击菜单【系统】→【K/3 流程图】，系统切换到流程图窗口。

图 3-4

### 3.3.2 设置用户登录密码

为防止他人盗用自己的用户身份登录系统，造成麻烦，可以设置登录密码。下面以修改用户"陈静"的密码为例讲述设置登录密码的步骤。

（1）单击菜单【系统】→【更换操作员】，系统弹出登录窗口，单击窗口左上角的"修改密码"选项，系统弹出"修改密码"窗口，如图 3-5 所示。

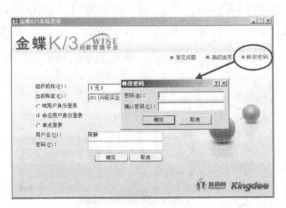

图 3-5

（2）录入新密码，在"确认密码"对话框中重复录入一次，单击"确定"按钮完成设置。以后用"陈静"身份登录时，就必须录入正确的密码，才能进入系统。修改密码以同样的方法操作。

**注意**
1. 修改用户的密码时，一定要以该用户身份登录。也可以利用上一章的"用户管理"所讲的方法进行密码修改。
2. 一定要保存好密码，以免因忘记密码造成麻烦。

## 3.4 基础资料设置

在会计电算化中,所有单据基本上都借助于基础资料生成。例如录入凭证时,会计科目、币别、客户信息可以从基础资料中获取。从基础资料中获取数据,提高了工作效率,并且能保证数据的准确性。基础资料录入完成后,可以在多个系统中使用。例如在仓存管理系统中录入销售出库单时、在应收款管理系统中录入发票时,都可以从基础资料中获取客户信息。这体现了数据共享的优势:一次录入,多个系统调用。

金蝶 K/3 系统多,囊括的范围广,基础资料可细分为两大部分——公共资料和各个系统的基础数据。公共资料是多个系统都会使用的公共基础数据(如会计科目、客户和职员等);各个系统的基础数据是公共资料不能满足业务需求时还要进行设置的资料(如应收款下的信用管理、价格和折扣等资料)。

### 3.4.1 币别

币别项对企业经营活动中涉及的币种进行管理,具有新增、修改、删除、币别管理、禁用、禁用管理、相关属性、引出、打印和预览等功能。

**1. 新增**

以新增"表 3-1"中数据为例,介绍币别的新增方法。

(1)在流程图界面,单击"未显示分类按钮"下的"系统设置",切换到系统设置模块窗口,双击【系统设置】→【基础资料】→【公共资料】→【币别】,或双击"公共基础资料流程图"下的"币别"按钮,系统弹出"币别"管理窗口,如图 3-6 所示。

(2)单击工具栏上"新增"按钮,系统弹出"新增"窗口,如图 3-7 所示。

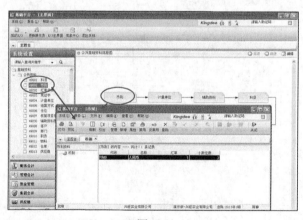

图 3-6

- **币别代码**:货币币别的代码,使用 3 个字符表示。建议使用惯例编码,如 RMB、HKD 等。货币代码不要使用"$"符号,因该符号在自定义报表中已有特定含义,以免在自定义报表中定义取数公式时遇到麻烦。
- **币别名称**:货币的名称,如人民币、港币等。
- **记账汇率**:在经济业务发生时的记账汇率,期末调整汇兑损益时,系统自动按相应期间的记账汇率折算,并调整汇兑损益。

- **折算方式**：系统提供两种折算方式。
- **金额小数位数**：指定币别的精确小数位数，范围为 0 至 4。
- **固定/浮动汇率**：指定币别是固定汇率还是浮动汇率。

（3）金额小数位数设置为"3"位，录入币别代码"HKD"、币别名称"港币"、记账汇率"0.811"，如图 3-8 所示。

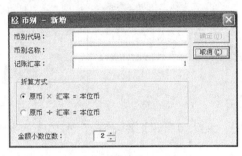

图 3-7

图 3-8

（4）单击"确定"按钮保存设置，这时在"币别"管理窗口可以看到新增的"港币"。

2．工具栏按钮功能介绍

（1）打印：打印当前币别资料。

（2）预览：预览币别资料打印效果。

（3）刷新：刷新系统参数。

（4）引出：将币别资料引出为 Excel 文件或其他格式文件。

（5）管理：对币别资料进行新增、修改或删除等操作。

（6）新增：新增一种币别。

（7）属性：对选中的币别弹出"修改"窗口，在窗口中可以修改该币别的属性。

（8）禁用：某一币别在以后的业务中不再使用，可以禁用它。

（9）反禁用：解除已经禁用的币别。

（10）删除：删除选中的币别。

（11）关闭：退出窗口，返回"主界面"窗口。

### 3.4.2 汇率体系

汇率体系是对外币在不同时间段的汇率管理，分为公司汇率和预算汇率两种类型。

（1）在流程图界面，单击"未显示分类按钮"下的"系统设置"，切换到系统设置模块窗口，双击【系统设置】→【基础资料】→【公共资料】→【汇率体系】，调出"汇率体系"窗口，如图 3-9 所示。

在汇率体系窗口，可以进行汇率的新增、修改和删除等操作。单击"公司汇率"，在窗口右侧显示该类型下币别的汇率情况。生效日期与失效日期之间有段时间范围，在外币业务处理时，如果单据时间在此时间范围内，则系统会自动引用所属汇率；如果单据时间在此范围外，系统会要求提供符合时间范围的汇率后再继续进行业务处理。

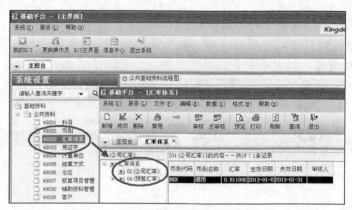

图 3-9

（2）选中左侧的汇率记录，单击"修改"按钮，系统弹出"汇率-修改"窗口，如图 3-10 所示。

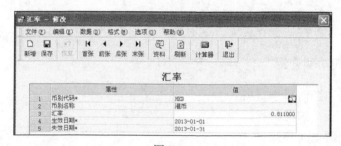

图 3-10

若要新增时间范围及汇率，则单击"新增"按钮，系统弹出"汇率–新增"窗口，如图 3-11 所示。

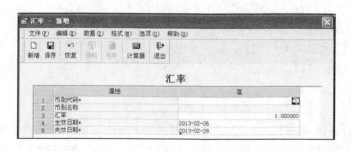

图 3-11

### 3.4.3 计量单位

计量单位是在系统进行存货核算和固定资产资料录入时，为不同的存货、固定资产设置的计量标准（如公斤、台、张等）。

**新增**

以新增"表 3-2"中数据为例，介绍新增方法。

（1）选择【系统设置】→【基础资料】→【公共资料】→【计量单位】，双击"计量单位"，系统弹出"计量单位"窗口，如图 3-12 所示。

（2）先新增一个组别。选中左侧"计量单位资料"下的"计量单位"，单击"新增"按钮，系统弹出"新增计量单位组"窗口，录入"重量组"，如图 3-13 所示。

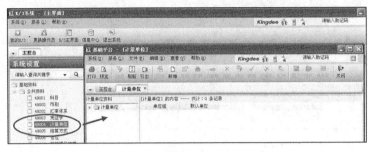

图 3-12　　　　　　　　　　　　　　　　图 3-13

（3）单击"确定"按钮，保存设置并返回"计量单位"窗口，这时可以看到左侧新增的"计量单位组"资料。

（4）用步骤（2）相同的方法新增"数量组"和"固定资产"组。

（5）选中左侧窗口"计量单位"下的"重量组"，然后到右侧窗口任意空白处单击鼠标，再单击工具栏上"新增"按钮，系统弹出"计量单位-新增"窗口，录入代码"01"、名称"公斤"，换算率"1"，如图 3-14 所示。

（6）单击"确定"按钮，保存设置并返回"计量单位"窗口，这时可以看到新增的"计量单位"资料。

> **注意**
> 1. 换算率是计量单位与默认计量单位的换算系数。非默认计量单位与默认计量单位的系数换算关系为乘的关系，即非默认计量单位为 1（默认计量单位系数）×非默认计量单位系数。一个单位组中只能有一个默认计量单位。
> 2. 英文名称和英文复数可以视管理要求确定是否录入。

（7）用步骤（5）的方法新增表中其他数据，新增成功后的窗口如图 3-15 所示。

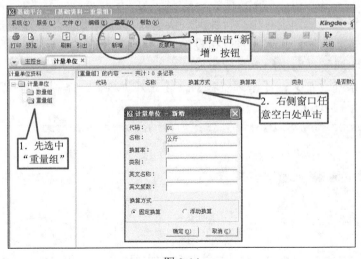

图 3-14

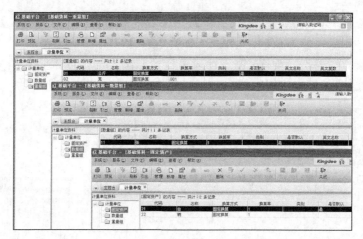

图 3-15

> **注意** 新增"克"时注意系数,新增"张"时注意选择的单位组是"数量组"。

### 3.4.4 会计科目设置

会计科目是填制会计凭证、登记会计账簿、编制会计报表的依据,是对会计要素具体内容分门别类进行核算而规定的项目。会计科目是一个完整的体系,是复式记账和分类核算的基础。

会计科目设置的完整与否影响着会计电算化的顺利实施,会计科目设置的层次深度影响会计核算的精确程度。会计科目的设置还是用户应用系统的基础,它是实施各个会计处理的前提。

会计科目的一级科目设置必须符合会计制度的规定。在明细科目设置上,核算单位可以根据实际情况,在满足核算和管理要求的基础上进行设置。会计科目设置的重点是明细科目和属性的设置。

#### 1. 引入会计科目

金蝶 K/3 系统为用户预设有相关行业的一级会计科目和部分二级明细科目,有企业会计制度科目、新会计准则科目、工业企业和股份制企业各行业的会计科目,需要用户先引入账套,更加详细的明细科目则由用户自行增加。

(1) 双击【系统设置】→【基础资料】→【公共资料】→【科目】,或双击流程图下的"科目"按钮,如图 3-16 所示。

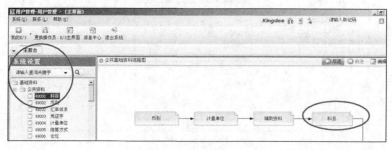

图 3-16

（2）双击"科目"子功能，系统弹出"会计科目"的设置窗口，如图 3-17 所示。

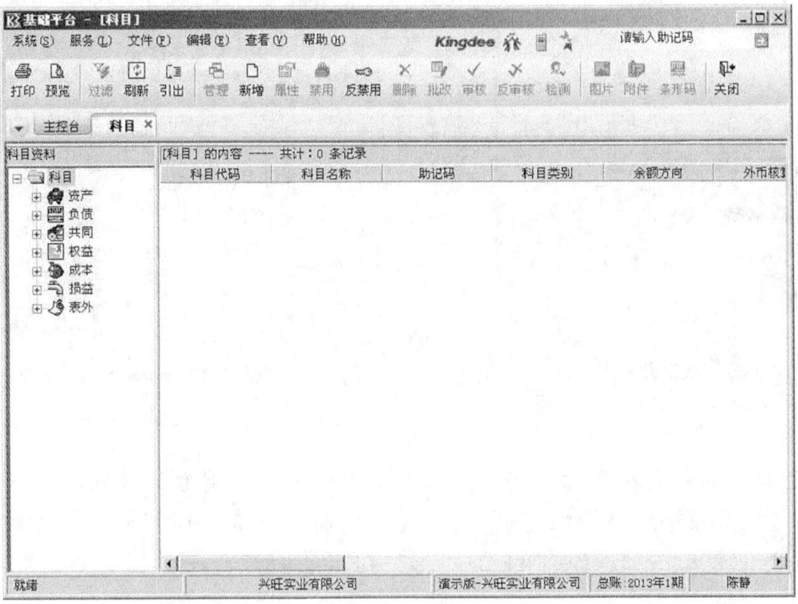

图 3-17

（3）单击菜单【文件】→【从模板引入科目】，系统弹出"科目模板"选择窗口，如图 3-18 所示。

（4）单击"行业"下的下拉菜单，可以自由选择所需要的行业科目，单击"查看科目"按钮可以查看该行业下预设的会计科目，如图 3-19 所示。

（5）选择"企业会计制度科目"，单击"引入"按钮，系统弹出"引入科目"窗口，如图 3-20 所示。

（6）单击"全选"按钮，再单击"确定"按钮，引入所有会计科目。稍后系统弹出"引入成功"的提示，单击"确定"按钮返回"会计科目"窗口，引入科目后的窗口如图 3-21 所示。

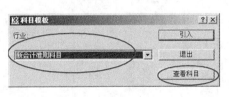

图 3-18

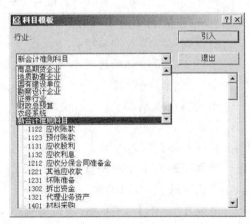

图 3-19

图 3-20

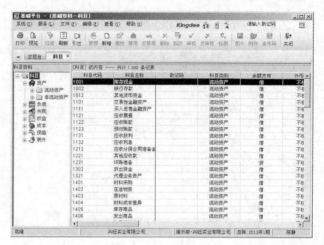

图 3-21

若屏幕上未显示所引入的会计科目，单击工具栏上的"刷新"按钮即可显示。

系统已将会计科目分为资产、负债、共同、权益、成本、损益和表外 7 大类，查看相应类别下科目的方法是单击该类别前的"+"号，可层层展开查看。

>  注意　在图 3-20 所示窗口中如果不需要引入所有科目，可以单独选择所需的科目，勾选代码前的方框再单击"确定"按钮即可。

### 2．现金、银行类科目设置

下面以表 3-3 中数据为例，介绍新增会计科目的方法和属性设置。

（1）在"会计科目"窗口，单击窗口左侧的【科目】→【资产】→【流动资产】，系统将"流动资产"下的所有会计科目都会显示出来，在窗口右侧选中"现金"科目，单击工具栏上"新增"按钮，系统弹出"会计科目-新增"窗口，如图 3-22 所示。

- **科目代码**：会计科目的代码在系统中必须唯一。首先增加上级科目代码，才能增加下级科目代码。科目代码由"上级科目代码+本级科目代码"组成，中间用"."（小数点）分隔。
- **助记码**：在录入凭证时，为提高凭证录入速度，可以用助记码进行科目录入。例如"现金"的助记码设置为"xj"，录入凭证时在科目代码处输入"xj"，系统会自动获取"现金"科目。
- **科目名称**：录入会计科目的名称。
- **科目类别**：用于对科目的属性进行定义。系统已预设。
- **余额方向**：科目的默认余额方向对账簿或报表

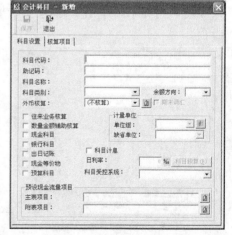

图 3-22

的输出数据有直接影响，系统将根据科目的默认余额方向来反映输出的数值。例如将"现金"科目的余额方向设为"贷方"，则其借方余额在自定义报表中就会反映为负数。

- **外币核算**：指定该科目外币核算的类型。有三种方式。
① 不核算外币：不进行外币核算，只核算本位币。
② 核算所有外币：对本账套中设定的所有外币进行核算。
③ 核算单一外币：只对本账套中某一种外币进行核算，要求选择进行核算的外币的名称。系统在处理核算外币的科目时，会自动默认以"币别"中输入的汇率计算。
- **期末调汇**：科目进行外币核算时，确定是否在期末进行汇率调整。
- **往来业务核算**：勾选此选项，核算往来业务时，凭证录入会要求录入往来业务编号，方便进行往来业务数据的核销处理。此项选择将影响到"往来对账单"和"账龄分析表"的输出。此项适合在总账系统单独使用时设置。
- **数量金额辅助核算**：勾选此选项，会要求选定核算的计量单位。此项适合在标准财务模块单独使用时设置。如与物流模块进行数据共享，在存货模块已经有数量和单价时，可以不设定为数量金额辅助核算。
- **现金科目**：出现金日记账和现金流量表时使用。
- **银行科目**：出银行日记账和现金流量表时使用。
- **出日记账**：勾选此选项，则在明细分类账中按日统计金额。
- **现金等价物**：供现金流量表取数使用。
- **科目计息、日利率**：设定科目参与利息的计算，并同时设定日利率。
- **预算科目**：勾选此选项，同时单击"科目预算"按钮，进行该科目的本年、本期、本笔的最高借方、贷方的控制，当录入凭证时，系统会检测录入的金额是否超过预算并进行提示。
- **科目受控系统**：针对应收应付系统的控制。在应收应付模块中用户录入收付款等单据时，系统将只允许使用那些被指定为受控于应收应付系统的科目。同时该受控科目不能在总账系统中录入凭证，只能从受控模块接收该科目的凭证。
- **核算项目**：多项目核算，可全方位、多角度地反映企业的财务信息，科目设置多项目核算比设置明细科目更直观、简洁，处理速度更快。假如企业的客户有1 000 个以上，如果按往来客户设置成明细科目，则应收账款的二级科目同样多；若将往来客户设置成应收账款的核算项目，只要应收账款一级科目就可以。每个科目最多可设置1 024 个核算项目。

（2）科目代码录入"1001.01"，科目名称录入"人民币"，如图3-23 所示。

图3-23

（3）单击"保存"按钮保存当前设置。表中其他会计科目请自行录入，一定要注意"外币核算"的选择。

> **注意**　会计科目新增完成，想知道是否新增成功，方法是单击【科目】→【资产】→【流动资产】→【现金】。单击菜单【查看】→【选项】，系统弹出"选项"设置窗口，如图3-24 所示，选中"显示级次"下的"显示所有明细"选项，这样系统将显示所有明细。

### 3. 挂核算项目科目设置

挂核算项目科目是指该科目属性有设置"核算项目",以达到简化业务处理的目的,使用该设置最多的科目是应收类和应付类科目。采用核算项目的方式,不用在科目下增加明细科目,直接设置属性"核算项目",在录入凭证涉及该科目时,系统将提示录入"核算项目"信息,这样起到明细核算的作用,简化了基础设置的工作量。

下面以表 3-4 中"应收账款"科目设置为例,介绍挂核算项目科目的设置方法。

往来类会计科目可以有不同的设置。

方式一:总账系统单独使用,采用增加二级明细科目的方式。如有客户 A,设置科目代码为"1122.01",

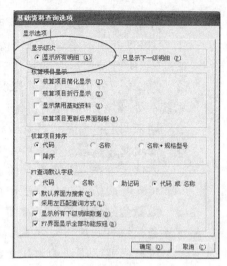

图 3-24

科目名称录入"A",当录入凭证涉及 A 客户的业务时,在凭证录入界面录入"1122.01"即可。

方式二:总账系统单独使用,采用核算项目的方式。不用在应收账款下增加明细科目,直接设置应收账款具有属性"核算项目",在录入"应收账款"科目后,系统将提示录入"核算项目"信息,这样也能起到明细核算的作用。

方式三:总账系统与应收、应付系统连接使用。在会计科目中可以不用设置明细科目,这样在总账系统中只能看到"应收账款"的总账数据,明细账是在应收、应付系统中查询。应收、应付系统提供了各种业务处理功能,每一笔业务都能查询得到。本方式需要将科目设置为"受控"模式。

(1)在会计科目管理窗口中双击"1122—应收账款"科目或单击工具栏上的"属性"按钮,系统弹出"会计科目修改"窗口,"科目受控"选择"应收应付",如图 3-25 所示。

(2)切换到"核算项目"选项卡,单击"增加核算项目类别"按钮,系统弹出"核算项目类别"选择窗口,如图 3-26 所示。

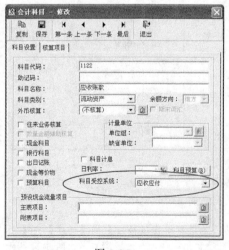

图 3-25

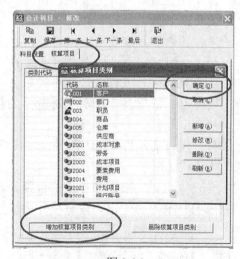

图 3-26

（3）在"核算项目类别"窗口中选中"客户"选项，单击"确定"按钮，再单击"会计科目–修改"窗口中的"保存"按钮保存设置。请自行设置其他往来科目。

> **注意**
> 1. 若需知道某笔业务是哪个客户的、哪个销售人员经手的，可以再增加一个核算项目（即"职员"）。这样在录入凭证涉及该科目时，系统会提示录入客户、职员信息，这样就起到了多项目核算的作用。
> 2. 若用户单独使用"总账"系统，则不能选择"科目受控系统"，否则修改该科目时系统会弹出提示窗口，不允许使用。
> 3. 若用户单独使用"总账"系统，建议勾选"核算往来业务"条目，这样在录入凭证涉及该科目时，系统会提示录入往来业务的编号，并且在"往来对账单"和"账龄分析表"时能使用该业务号。
> 4. 该科目使用后，则不能再为该科目新增核算项目类别。

### 4．存货科目

存货类科目的设置重点是将科目属性设为"数量金额辅助核算"。下面以表 3-5 中数据为例，介绍存货类科目的新增和属性设置方法。

（1）在"会计科目"窗口中单击工具栏上"新增"按钮，系统弹出"新增"窗口。

（2）在"新增"窗口中录入科目代码"1211.01"、科目名称"不干胶纸"，勾选"数量金额辅助核算"，单位组选"数量组"，缺省单位选"张"，如图 3-27 所示。

（3）单击"保存"按钮保存当前设置。请自行新增其余存货科目数据。

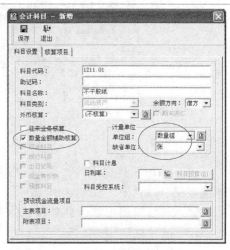

图 3-27

> **注意**　若总账系统与"供应链管理"系统同时使用，可以不用设置为"数量金额辅助核算"，对于数量金额账在"核算管理"系统中查询，以简化 ERP 的操作流程，提高工作效率。

### 5．其他科目

请自行设置表 3-6 其他科目，当前录入的"科目名称"若与系统内已有的"科目名称"相同，系统会弹出"提示"窗口，如图 3-28 所示，根据实际情况选择即可。

图 3-28

> **注意**
> 1. 启用账套后，可随时增加新的科目。
> 2. 在已发生业务的科目下再增加一个子科目，系统会自动将父级科目的全部内容转移到新增的子科目，该项操作不可逆。例如以前账套没有涉及外币，"现金"科目下的数据就是"本位币"数据，当企业由于业务需要增加外币账户，在"现金"科目新增"人民币"子科目时，系统会自动将"现金"科目下已有的数据（所有发生额）转移到"人民币"下。

### 3.4.5 凭证字

凭证字项设置凭证处理时使用的凭证字（如收、付、转、记等字）。本账套中只使用"记"作为凭证字。

**1. 新增**

以新增"表3-7"中数据为例，介绍新增方法。

（1）选择【系统设置】→【基础资料】→【公共资料】→【凭证字】，双击"凭证字"，系统弹出"凭证字"管理窗口，如图3-29所示。

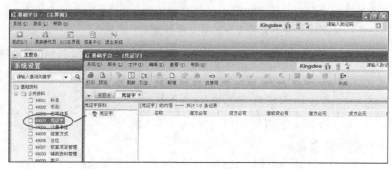

图 3-29

（2）单击工具栏上的"新增"按钮，系统弹出"新增"窗口，凭证字处录入"记"，其他选项保持默认值，如图3-30所示。单击"确定"保存设置。

- **科目范围**：可以设置该凭证字使用的会计科目范围，如借方有某个科目时才能使用该凭证字。
- **限制多借多贷凭证**：勾选后如是多借多贷凭证，则不允许保存该凭证，但可以保存一借一贷、一借多贷或多借一贷的凭证。

**2. 常用菜单和工具栏按钮功能介绍**

（1）"编辑"菜单下的"设为默认值"。在账套中有多个凭证字时，可以将使用频率高的凭证字设为默认值，这样在录入凭证时系统默认使用该凭证字。选中凭证字，单击"编辑"菜单下的"设为默认值"即可。

（2）工具栏按钮功能同"币别"设置工具按钮。

### 3.4.6 结算方式

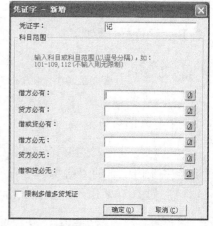

图 3-30

结算方式是指管理往来业务中的结款方式，如现金结算、支票结算等。

下面以新增"表3-8"中数据为例介绍新增方法。

（1）选择【系统设置】→【基础资料】→【公共资料】→【结算方式】，双击"结算方式"，系统弹出"结算方式"窗口，如图3-31所示。

（2）单击工具栏上"新增"按钮，系统弹出"新增"窗口，录入代码"JF06"，名称"支票"，如图3-32所示。

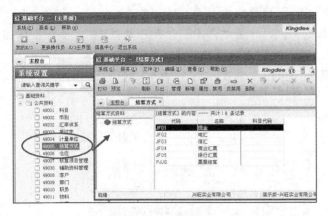

图 3-31　　　　　　　　　　　　　　　　图 3-32

（3）单击"确定"按钮，保存设置并返回"结算方式"管理窗口，这时可以看到窗口中新增的结算方式。

> **注意**　"新增"窗口中的"科目代码"可设置只有某个银行科目才能使用该种结算方式，空值为任意银行科目都可以使用。

### 3.4.7　核算项目

在金蝶 K/3 中，核算项目是指操作相同、作用相类似的一类基础数据的统称。具有这些特征的数据把它们统一归到核算项目中进行管理比较方便，操作也比较容易。

核算项目的特点如下：

- 具有相同的操作（如新增、删改、禁用、条形码管理、保存附件和审核等），并可以在单据中通过按 F7 键进行调用；
- 核算项目是构成单据的必要信息，例如录入单据时需要录入客户、供应商、商品、部门和职员等信息；
- 本身可以包含多个数据，并且这些数据需要以层级关系保存和显示。

系统中预设了多种核算项目类型，如客户、部门、职员、物料、仓库、供应商、成本对象、劳务、成本项目、要素费用、分支机构、工作中心和现金流量项目等。用户也可以根据自身需要定义核算项目类型。

选择【系统设置】→【基础资料】→【公共资料】→【核算项目】，双击"核算项目"，系统弹出"核算项目"窗口，如图 3-33 所示。

单击"核算项目"前的"+"号可以层层查看相应类别下的内容。

#### 1．客户

准确地设置客户信息对往来账务管理非常有利。客户管理是销售管理的

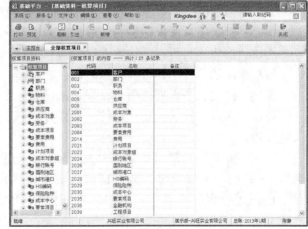

图 3-33

重要组成部分，同时也是应收款管理、信用管理和价格管理的组成部分。

（1）新增。以新增"表3-9"中数据为例，介绍"客户"资料的新增方法，操作步骤如下：

① 在核算项目管理窗口中单击【核算项目】→【客户】，在右侧"内容"窗口的任意位置单击鼠标，再单击工具栏上的"新增"按钮，系统弹出"新增"窗口，如图3-34所示。

在"新增"窗口中有项目属性、参数设置两个选项卡，在项目属性下有基本资料、应收应付资料、进出口资料、图片和条形码5个选项卡。

"基本资料"是客户的一些基本信息，如公司名、地址、电话和联系人等。

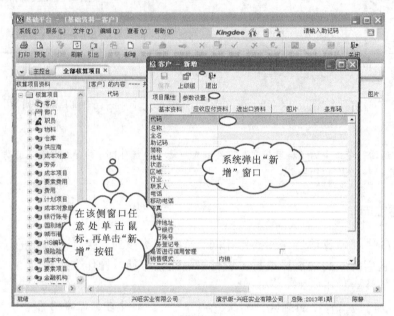

图 3-34

- **代码**：客户编号，金蝶K/3系统中一个代码只能标识一个客户。
- **名称和全名**：都是客户名称，前者是本客户的具体名称（类似短代码），由用户手工录入；后者是包括上级名称在内的客户名称（类似长代码），由系统自动给出。
- **状态**：有使用、未使用和冻结三种状态选择。对于未使用和冻结状态的客户，系统禁止业务处理；但如果改变了状态，之前的发生额可以显示在相关查询报表中。
- **是否进行信用管理**：是销售系统和应收款管理系统需要用到的属性，勾选该选项后，还需到【基础资料】→【应收款管理】→【信用管理】下进行信用资料的设置。

通过"应收应付资料"选项卡设置客户资料，如该客户发生业务时的应收账款科目是什么，预收账款的科目是什么等信息。

通过"进出口资料"选项卡设置进出口系统中需要使用的客户信息。

通过"图片"选项卡将客户的一些图片信息引入系统，如公司照片、为该客户生产的产品照片等。

② 在基本资料窗口中录入代码"01"、名称"深圳科林"，勾选"是否进行信用管理"，切换到"应收应付资料"窗口，根据表3-5选择正确的科目。设置完成后单击"保存"按钮进行保存。单击"退出"按钮返回"核算项目"窗口，这时可以看到新增的客户资料。

**注意**
1. 若客户还需要分类（如分为大客户、一般客户之类）则在"新增"窗口中单击工具栏上的"上级组"按钮，先建立分类后，再在相应类别中进行客户的新增。
2. 若用户只使用总账系统，则只需输入代码和名称即可。

③ 请自行新增其他客户资料，新增完成后的窗口如图 3-35 所示。

（2）修改。客户资料录入完成后，当客户属性中的某个项目内容需要修改时，在"核算项目"窗口中选中需要修改的客户记录，单击工具栏上的"属性"按钮，系统弹出该客户的资料"修改"窗口，修改所需要的项目内容，再单击"保存"按钮。

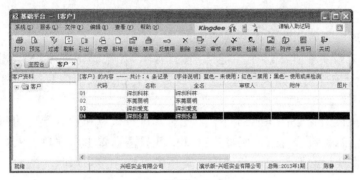

图 3-35

（3）审核。为了防止资料被意外或恶意更改、删除，金蝶 K/3 提供了审核功能，当审核后的项目需要修改时必须经过"审核人"反审核后才能进行。审核方法是在"核算项目"窗口中选中要审核的记录，单击"审核"按钮。

（4）反审核。当审核后的项目需要修改时，必须经过反审核才能进行。

（5）检测。检测该客户是否处于"使用"状态。

（6）图片。对档案进行图片管理。单击工具栏上按钮，系统弹出"浏览图片"窗口，如图 3-36 所示。

（7）附件。附件是金蝶 K/3 的一大特色，当项目中的基本属性不能满足该项目的要求时，可以通过附件进行解释，如客户属性中没有"联系人照片"，我们可以通过附件形式将该照片文件附在该客户信息上供查看。它的功能类似 E-mail 中的"附件"功能，操作方法如下。

图 3-36

① 在"核算项目"窗口中选中需要增加附件的客户（如"深圳科林"），单击工具栏上的"附件"按钮，系统弹出"附件管理-编辑"窗口，如图 3-37 所示。

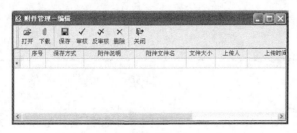

图 3-37

② 单击"附件说明",系统会自动增加一条项目,并且序号自动增加,在附件说明中录入"照片",再单击"附件文件名"旁的"获取"按钮,系统弹出"请选择附件文件"窗口,选择附件的正确"存放位置"和"文件名"即可。

③ 附件文件设置完成,在"附件管理-编辑"窗口中选中要打开的附件记录,单击"打开"按钮,即可查看附件内容;若不需要设置,则选中后单击"删除"按钮,单击"确定"按钮保存设置。

### 2. 供应商、部门和职员

准确地设置供应商信息对往来账务管理非常有利。供应商管理是采购管理的重要组成部分,在应付款管理中录入相关单据时必须录入。

部门条目用来设置企业中各个职能部门的信息,如果该部门不进行财务核算,则没有必要在系统中设置该部门。如果使用工资系统,需完整录入部门资料,工资系统将引入部门信息。

职员条目用来设置企业各职能部门中需要对其进行核算和业务管理的职员信息,不需将公司所有的职员信息都设置进来,例如生产部门就只需设置生产部负责人和各生产部文员,一般的生产人员在此没必要设置。若使用工资系统,需完整录入职员资料,工资系统将引入职员信息。

供应商、部门和职员的设置方法与客户资料的设置方法类似,请自行将表 3-10 和表 3-11 中资料录入系统。

### 3. 物料

物料管理具有增加、修改、删除、复制、自定义属性、查询、引入引出和打印等功能,对企业所使用的物料档案进行集中管理。同其他核算项目一样,物料可以分级设置,用户可以从第 1 级到最明细级逐级设置。

物料设置窗口含有 10 个选项卡——基本资料、物流资料、计划资料、设计资料、标准数据、质量资料、进出口资料、图片、条形码和附件,如图 3-38 所示。

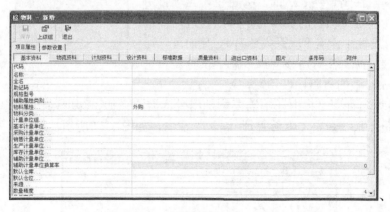

图 3-38

 **说明** 若"总账"系统单独使用,则可以不设置商品资料。物料设置的详细信息可按 F1 键查看帮助。

（1）新增。以新增"表 3-12"中数据为例，介绍"物料"资料的新增方法。

① 在核算项目窗口中单击【核算项目】→【物料】，在右侧"内容"窗口任意位置单击鼠标，再单击工具栏上的"新增"按钮，系统弹出"新增"窗口。

② 先进行大类的设置。单击"新增"窗口工具栏上的"上级组"按钮，录入代码"1"、名称"原材料"，单击"保存"按钮保存设置，如图 3-39 所示。用同样方法增加"3-成品"。

③ 增加原材料类下的"1.01 不干胶纸"。单击"新增"窗口上的"上级组"按钮，取消组别的设置状态，单击"参数设置"标签页，选中"隐含非必录项"，再单击"项目属性"标签，这时可以看到不是必须录入的选项已经隐藏起来。按表 3-12 中数据将"不干胶纸"的信息录入窗口，如图 3-40 所示。

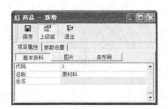

图 3-39

图 3-40

④ 录入完成后单击"保存"按钮，再录入其他资料。

> **注意** 明细资料与上级资料的代码联系是以"."（小数点）连接，例"不干胶纸"下还有明细资料，则它的代码是"1.01.××"。各级数字没有位数限制，例如不干胶纸的代码也可设为"1.000001"，但是一定要注意与上层级的联系。

（2）修改。如果对物料的属性设置不满意，可以随时进行修改。在"核算项目"管理窗口中选中需要修改的物料，双击鼠标左键或单击工具栏上的"属性"按钮，系统弹出"修改"窗口，录入所需修改的内容后单击"保存"即可。

（3）常用功能。禁用、反禁用、删除和审核等功能的操作方法与前面核算项目的操作方法相同。

## 3.5 系统参数设置

系统参数设置很重要，正确地设置系统参数才能对业务处理进行有效地控制（例如设置凭证需要审核后才能过账）。用户应对需要使用的模块进行设置，有些参数也可以在使用过程中随时设置。例如用户使用总账模块和报表模块，则只需要设置总账的参数即可。因本账套涉及总账、应收、应付、固定资产、工资和现金等模块，所以需要对相关模块都进行设置。

### 3.5.1 总账系统参数

总账系统参数包括凭证过账前是否要求审核和出现现金赤字后是否要求提示等设置。选择【系统设置】→【系统设置】→【总账】→【系统参数】，双击"系统参数"，系统弹出"系统参数"窗口，如图3-41所示。

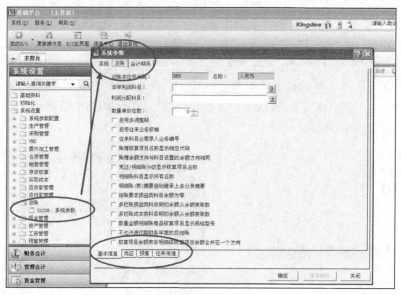

图3-41

"系统参数"窗口中有系统、总账和会计期间三个选项卡。系统选项卡用于设置当前账套的基本信息（包括公司名称、地址和电话）；总账选项卡用于设置整个总账系统的参数；会计期间选项卡可查看当前账套的会计期间及已经处理完成的会计期间。

"总账"选项卡包含有基本信息、凭证、预算和往来传递4个选项卡，各选项释义如下。

1. 基本信息

- **本年利润科目**：如果要生成自动结转损益凭证，则必须设置该项。当软件自动结转损益时会自动将"损益"类科目的发生额结转到"本年利润"科目。若不设置，则结转损益凭证要手工录入。单击"■（获取）"按钮，系统弹出"会计科目"窗口，选择"本年利润"科目，单击"确定"按钮。
- **利润分配科目**："以前年度损益调整"结转到该科目。
- **数量单价位数**：涉及物料类凭证以"数量金额式"进行核算时，数量和单价的小数位数。
- **启用多调整期**：选中，则启用多调整期，否则调整期业务处理将不能使用。选中后，会显示"调整期间"的页签，在调整期间全部为关闭状态且没有使用的情况下，此勾选可以取消。如果存在已打开的调整期间或者存在已有调整期间录入凭证的情况，则不可再取消此勾选（即变成不可编辑状态）。在集团管理账套应用背景下，此选项受集团账套的控制。
- **启用往来业务核销**：设置往来会计科目是否进行往来业务核销。勾选此选项，录入相关科目凭证时将录入业务编号，核销时系统会根据同一业务编号进行核销处理。该选项适用于单独使用总账系统的用户。
- **往来科目必须录入业务编号**：设置往来业务核算的会计科目，在凭证录入时必须录入业务编号。该选项适用于单独使用总账系统的用户。
- **账簿核算项目名称显示相应代码**：设置预览、打印账簿时是否显示核算项目的名称及相应代码。
- **账簿余额方向与科目设置的余额方向相同**：勾选此选项，在账簿显示时，账簿的余额方向始终与科目设置的余额方向一致，有时金额会出现负数显示。若不勾选，则余额方向有时会与科目设置的余额方向相反，金额始终为正数。
- **凭证/明细账分级显示核算项目名称**：勾选此选项，查看凭证/明细账时会分级显示核算项目名称。
- **明细账科目显示所有名称**：勾选此选项，在预览、打印明细账时显示该明细科目的全部内容，反之只显示末级科目。
- **结账要求损益类科目余额为零**：勾选此选项，当总账结账时，如果损益类科有余额，则不能结账。
- **多栏账损益类科目期初余额从余额表取数**：勾选此选项，多栏账查询涉及损益类科目时，期初余额从余额表中取数。
- **多栏账成本类科目期初余额从余额表取数**：勾选此选项，多栏账查询涉及成本类科目时，期初余额从余额表中取数。
- **数量金额明细账商品核算项目显示规格型号**：科目设置为数量金额核算时，勾选此选项，则在数量金额明细账商品核算项目显示规格型号。
- **不允许跨财务年度的反结账**：勾选此选项。不能进行跨年度的反结账。
- **核算项目余额表非明细级核算项目余额合并在一个方向**：勾选此选项，明细级核算项目的余额汇总后，如果既有借方余额又有贷方余额，将以借贷方的差额填列核算项目余额表，填列方向选取差额的正数方向。如果已勾选了系统选项"账簿余额方向与科目设置的余额方向相同"，则此选项的功能无效。

### 2. 凭证

单击"凭证"选项卡，如图 3-42 所示。

- **凭证分账制**：外币的处理有统账制和分账制两种。统账制的每笔外币业务都必须折合为本位币进行记录；分账制在录入外币业务时，不需要进行外币折算，直接记录外币原币的金额即可。分账制一般应用于外币业务量较大的企业，外币业务量较小的单位一般采用统账制。

统账制和分账制处理的不同具体体现在凭证录入中。如果是统账制，凭证中的分录可以是不同的币别；如果是分账制，则分录必须是相同的币别。

- **凭证过账前必须审核**：为了保证凭证的正确性，凭证需要审核后方能过账，若不勾选此选项，则未审核

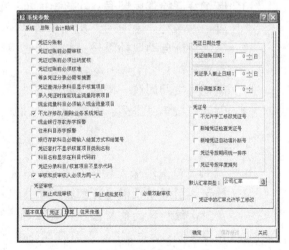

图 3-42

的凭证也可以过账。建议勾选。
- 凭证过账前必须出纳复核：凭证需要出纳复核后方能过账，若不勾选此选项，则未复核的凭证也可以过账。
- 凭证过账前必须核准：凭证需要核准后方能过账，若不勾选此选项，则未核准的凭证也可以过账。
- 每条凭证分录必须有摘要：录入凭证时每条分录必须有摘要，否则系统不予保存。
- 凭证查询分录科目显示核算项目：勾选此选项，则在凭证分录序时簿的"科目名称"列中同时显示科目的核算项目。反之，则不显示。
- 录入凭证时指定现金流量附表项目：勾选此选项，则在凭证录入时，系统会提示录入"现金流量附表项目"，反之可以不录入附表项目。
- 现金流量科目必须输入现金流量项目：勾选此选项，当录入凭证时的会计科目有设置现金流量属性时，必须录入会计科目所属的现金流量项目。
- 不允许修改/删除业务系统凭证：勾选此选项，如果有非总账系统录入的凭证，在总账系统中只能查看不能修改。
- 现金银行存款赤字报警：勾选此选项，在录入凭证时，如果现金或银行类科目余额将出现负数，系统会自动发出警告。
- 往来科目赤字报警：勾选此选项，在录入凭证时，如果往来类科目余额将出现负数，系统会自动发出警告。
- 银行存款科目必须输入结算方式和结算号：勾选此选项，在凭证录入时，如果涉及银行科目，则必须录入该业务的结算方式和结算号。
- 凭证套打不显示核算项目类别名称：使用套打功能打印凭证时，如果有设置核算项目的会计科目，则不打印核算项目的类别名称。
- 科目名称显示在科目代码前：在凭证显示时，一般是科目代码在前，名称在后。勾选此选项，则名称在前，代码在后。
- 禁止成批审核：勾选此选项，在凭证审核时必须单张审核。
- 必须双敲审核：勾选此选项，在凭证审核时必须双敲才能审核。
- 不允许手工修改凭证号：勾选此选项，将不允许操作员手工修改凭证号。
- 新增凭证检查凭证号：勾选此选项，在网络应用时不需要使用系统所分配的凭证号，自己录入凭证号即可；反之，新增的凭证号由系统自动分配。
- 新增凭证自动填补断号：勾选此选项，在录入凭证时，如果凭证号出现断号的情况，该张凭证会自动填补到断号位置。
- 凭证号按期间统一排序：勾选此选项，凭证号将在同一会计期间统一排序。
- 凭证号按年度排列：勾选此选项，凭证号按年度排列，否则按会计期间排列。

3. 预算

单击"预算"选项卡，如图 3-43 所示。
- 显示科目最新余额、预算额：勾选此选项，在凭证录入时，会在新增凭证窗口左上角显示该科目的最新余额和发生额。
- 预算控制：选中该项，则科目属性中有"预算"，科目余额或发生额不符合预算时（大于最高预算或小于最低预算），可以有 3 种选择——不检查、警告（可继续录入）和禁止使用。

**4．往来传递**

单击"往来传递"选项卡，如图 3-44 所示。

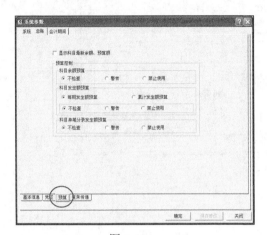 

图 3-43　　　　　　　　　　　　　图 3-44

- **启用内部往来凭证协同处理**：勾选此选项，则启用总账系统的"内部往来协同处理"功能。
- **往来对账信息未完成确认，不允许结账**：只有勾选"启用内部往来协同处理"后，参数"往来对账信息未完成确认，不允许结账"才可以勾选。本期我方或对方的往来对账信息处于"未确认"或"未完全确认"状态时，期末不允许结账。

**5．总账参数设置**

在本账套中进行如下设置：本年利润科目按 F7 键获取"4103-本年利润"科目，利润分配科目获取"4104-利润分配"科目，数量单价位数设置为"4"。勾选"结账要求损益类科目余额为零""凭证过账前必须审核""现金银行存款赤字报警""往来科目赤字报警""银行存款科目必须输入结算方式和结算号""凭证号按期间统一排序"和"显示科目最新余额、预算额"。

### 3.5.2　应收款系统参数

应收款系统参数包括启用会计期间设置和客户是否需要进行信用控制等。选择【系统设置】→【系统设置】→【应收款管理】→【系统参数】，双击"系统参数"，系统弹出"系统参数"窗口，如图 3-45 所示。

**1．基本信息**

- **公司信息**：录入公司的基本信息，可采用默认值，也可以完整录入。
- **会计期间**：启用年份和启用会计期间这两项很重要，当前年份和当前会计期间是随着结账时间自动更新的。

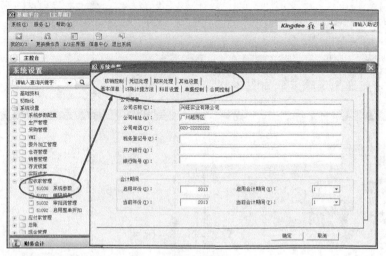

图 3-45

### 2. 坏账计提方法

单击"坏账计提方法"选项卡，如图 3-46 所示。

设置计提坏账准备的方法，系统会自动根据设置的方法计提坏账准备，并生成相关凭证。

（1）**直接转销法**：选择该项时，设置坏账损失科目代码即可，其他选项不用设置。

（2）**备抵法**：系统提供了 3 种方法，如图 3-47 所示。

- **销货百分比法**：选中该项，系统提示录入销售收入科目代码和坏账损失百分比（%）。计提坏账时，系统按已过账销售收入科目余额乘以坏账损失百分比（%）计算坏账准备。

- **应收账款百分比法**：选中该项，系统提示录入计提坏账科目、科目的借贷方向和计提比率（%）。借贷方向可选择借或贷，如果不选，则取计提坏账科目的余额数；如果选择借，则表示取应收账款科目所有余额方向为借方的明细汇总数；如果选择贷，则表示取应收账款科目所有余额方向为贷方的明细汇总数。如果计提坏账的科目存在明细科目并且存在借方余额和贷方余额时，会将存在贷方余额的明细科目剔除，只对有借方余额的明细科目计提坏账。

图 3-46

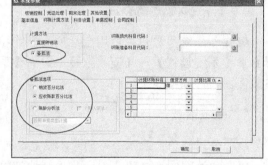

图 3-47

- **账龄分析法**：选中该项，系统提示输入相应的账龄分组，在此不用输入计提比例，在计提坏账准备时再录入相应的计提比例计算坏账准备。

3．科目设置

单击"科目设置"选项卡，如图 3-48 所示。

该窗口主要用于设置生成凭证所需的会计科目和核算项目，如果不采用凭证模板的方式生成凭证，则系统会根据设置的会计科目生成凭证。

单击"获取"按钮或按 F7 功能键可选择会计科目代码，在此处所设置的科目必须为"应收应付"受控科目。

系统预设了 4 种进行往来核算的项目，分别是客户、供应商、部门和职员，如果还要对其他核算项目进行往来业务核算，可以单击"增加"按钮添加。

4．单据控制

单击"单据控制"选项卡，如图 3-49 所示。

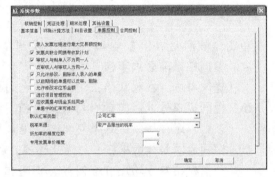

图 3-48　　　　　　　　　　　图 3-49

- **录入发票过程进行最大交易额控制**：勾选此选项，当客户属性中设有最大交易额时，如果录入发票额超过"最大交易额"，系统不允许保存。
- **发票关联合同携带收款计划**：选中该项，新增发票和其他应收单关联合同时，不管是否整体关联，均将合同上的收款计划明细表全部携带到发票和其他应收单相应的内容上，并且允许用户手工修改收款计划的内容。反之，新增时不携带合同的收款计划到发票和其他应收单的收款计划上。
- **审核人与制单人不为同一人**：制单人不能审核自己录入的单据。
- **反审核人与审核人为同一人**：反审核人与原审核人必须为同一人，也就是单据的审核人才可以执行反审核操作。
- **只允许修改、删除本人录入的单据**：只能修改、删除制单人为本人的单据。
- **以前期间的单据可以反审、删除**：勾选此选项，当前账套以前期间的应收款系统单据已经审核但未生成凭证、未核销的单据的可以反审；未审核的可以删除。
- **允许修改本位币金额**：勾选此选项，涉及外币单据的各本位币金额字段可以修改，修改后不再反算原币或汇率。当单据币别为账套本位币时，不论选项是否勾选，单据上的本位币金额均不能修改。
- **进行项目管理控制**：不勾选，应收单据上与项目管理相关的各字段项目资源、项目任务、项目订单、项目订单金额和概算金额为不可见。
- **应收票据与现金系统同步**：勾选此选项后，应收款管理系统的应收票据与现金系统的应收票据可以互相传递、同步更新。
- **默认汇率类型**：单击下拉列表选择。
- **税率来源**：单击下拉列表选择。
- **折扣率的精度位数**：设置折扣率的小数位数。
- **专用发票单价精度**：设置增值税专用发票单价小数位。该选项与供应链系统的对应参数取数一致，在任意模块进行修改，相关模块将同步更新。

### 5．合同控制

单击"合同控制"选项卡，如图 3-50 所示。

设置在合同执行时的金额或数量可否超出合同单据上的金额或数量，勾选，可以超出，反之不能超出。

### 6．核销控制

单击"核销控制"选项卡，窗口切换到"核销控制"界面，如图 3-51 所示。
- **单据核销前必须审核**：核销时只显示已审核的单据，没有审核的单据不能进行核销。建议勾选。在收款单上进行核销也同样受该参数控制。
- **相同订单号才能核销**：勾选此选项，核销时发票与收退款单必须有相同的订单号，否则不允许核销。如果发票与收退款单均没有订单号，视同相同订单号进行处理。
- **相同合同号才能核销**：勾选此选项，则核销双方单据的合同号必须相同才允许核销；如果核销双方均没有合同号，视同相同合同号进行处理，该控制只适用于收款结算和预收冲应收的核销类型。

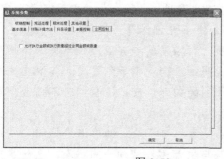
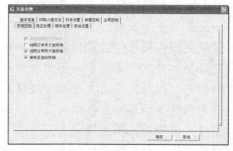

图 3-50                 图 3-51

- **审核后自动核销**：勾选此选项，收款单关联发票或其他应收单、退款单关联收款单或预收单时，在单据审核的同时，系统自动按照关联关系完成核销操作，提高效率。

### 7．凭证处理

单击"凭证处理"选项卡，窗口切换到"凭证处理"界面，如图 3-52 所示。
- **凭证处理前单据必须审核**：凭证处理时只显示已审核的单据，没有审核的单据不能进行凭证处理。
- **使用凭证模板**：勾选此选项，则采用凭证模板的方式生成凭证，在单据序时簿和单据上生成凭证也采用凭证模板；反之，按应收系统设置的会计科目生成凭证。采用凭证模板方式生成凭证，需首先定义凭证模板，由于模板类型较多，初次使用时工作量可能较大，但模板设置好后生成凭证很方便。按应收系统设置的会计科目生成凭证，可以保留老用户的习惯，不需定义模板，在生成凭证时可以灵活处理，同时凭证摘要的内容可以根据单据的单据号、商品明细自动填充。

- **预收冲应收需要生成转账凭证**：预收与应收采用同一个会计科目时，可不选择该项；如果预收和应收不采用同一会计科目，需选择该项，否则总账与应收款系统存在差异。勾选此项而没有进行预收冲应收的凭证处理，则在期末处理时，系统会因为预收冲应收没有生成凭证而不许结账。

8．期末处理

单击"期末处理"选项卡，窗口切换到"期末处理"界面，如图3-53所示。

- **结账与总账期间同步**：与总账系统联用时，勾选此选项，必须在应收款管理系统结账后，总账系统才能结账。这样能保证应收款管理系统的数据资料及时准确地传入总账系统。
- **期末处理前凭证处理应该完成**：在期末处理之前，当前会计期间的所有单据必须已生成记账凭证，否则不予结账。建议勾选此选项，否则总账系统与应收款系统数据可能不一致。
- **期末处理前单据必须全部审核**：结账前当前会计期间的所有单据必须已经审核，否则不予结账。

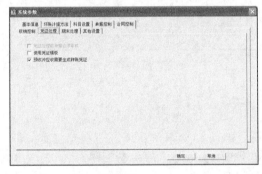

图3-52

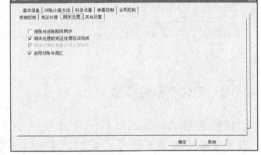

图3-53

- **启用对账与调汇**：勾选此选项，则（1）单据审核时将校验：录入的往来科目必须受控于应收应付系统；（2）生成凭证时使用科目来源必须为"单据上的往来科目"；（3）生成凭证后，"往来科目"行除凭证摘要外均不得修改，以保证单证相符；（4）明细表、汇总表、账龄分析表可以按科目查询；（5）期末可以按科目对账；（6）该选项取消后将不能重新启用。

9．应收系统参数设置

（1）将启用会计年份、期间设置为2013年1月。
（2）坏账计提方法设置为备抵法中的"应收账款百分比法"，并设置相应的科目代码和计提比率，如图3-54所示。

（3）单据会计科目设置。其他应收单、销售发票、收款单和退款单科目为"1122"，预收单科目为"2203"，应收票据科目代码为"1121"，应交税金为"2221.01.02"，如图3-55所示。

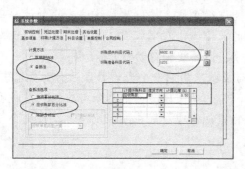
图3-54

图3-55

（4）在"核销控制"设置窗口中取消"审核后自动核算"勾选。凭证处理设置窗口中勾选"使用凭证模板"和"预收冲应收需要生成转账凭证"，如图3-56所示。

（5）期末处理设置中勾选"结账与总账期间同步"，其他项目保持默认设置，如图3-57所示。单击"确定"按钮保存参数设置。

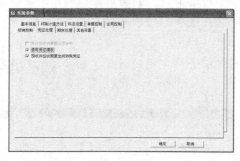
图3-56

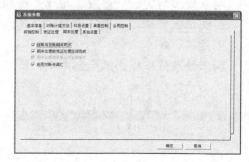
图3-57

### 3.5.3 应付款系统参数

应付账款系统参数包括启用会计期间等设置。

选择【系统设置】→【系统设置】→【应付款管理】→【系统参数】，双击"系统参数"，系统弹出"系统参数"设置窗口，如图3-58所示。

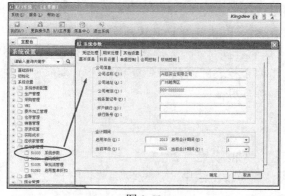
图3-58

应付账款系统参数与应收账款系统参数的设置方法基本相同，请读者参考 3.4 节，在"科目设置"选项卡中科目选择涉及应付类的会计科目。

### 3.5.4 固定资产参数

固定资产参数包括启用会计期间、在日常业务处理中录入的卡片和固定资产变动是否生成凭证以及是否计提折旧等内容。

选择【系统设置】→【系统设置】→【资产管理】→【固定资产-系统参数】，双击"系统参数"，系统弹出"系统选项"设置窗口，如图 3-59 所示。

1. 固定资产

- **账套启用会计期间**：设置账套启用的会计期间，可以不同于总账系统启用期间，或早或晚。
- **与总账系统相连**：勾选此选项，固定资产系统生成的凭证可以传递到总账系统，而不必在总账录入该凭证。

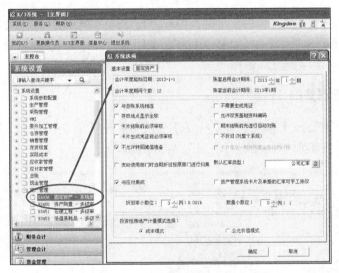

图 3-59

- **存放地点显示全称**：勾选此选项，查询报表时显示存放地点全称。
- **卡片结账前必须审核**：勾选此选项，当期固定资产卡片必须审核后才能结账。
- **卡片生成凭证前必须审核**：勾选此选项，固定资产卡片业务必须审核后才能生成凭证。
- **不允许转回减值准备**：勾选此选项，执行减值准备计提操作生成对应的计提减值准备卡片记录时，若减值准备记录表中的"本期计提减值准备"栏中的数据有小于零的，系统会提示"当前系统参数已设置为不允许转回减值准备，但在当前计提减值准备记录中已发现需转回减值准备的卡片记录，系统将不会对这些卡片计提减值准备，请确认是否继续？"。若用户选择"是"，则将本期计提减值准备金额大于零的记录生成减值准备记录；若用户选择"否"，则系统不生成任何计提减值准备的记录。
- **变动使用部门时当期折旧按原部门进行归集**：勾选此选项，则固定资产卡片上的使用部门变动后,当期仍继续按照原部门进行折旧费用的归集;否则将按变动后的使用部门进行折旧费用的归集。

- **不需要生成凭证**:勾选此选项,涉及固定资产的所有业务都不会生成凭证。适合于固定资产模块单独使用的用户。
- **允许改变基础资料编码**:勾选此选项,可以修改固定资产的编码。
- **期末结账前先进行自动对账**:为了预防固定资产账与总账数据不符,需要固定资产账与总账数据随时核对。勾选此选项,在固定资产模块结账前需与总账进行对账;反之,可不用对账就结账或手工执行"自行对账"功能。
- **不折旧(对整个系统)**:勾选此选项,所有固定资产都不用计提折旧。
- **折旧率小数位、数量小数位**:用户自定义设置折旧率的小数位和数量的小数位。
- **投资性房地产计量模式选择**:选中成本模式,对于投资性房地产的业务处理与其他类别的固定资产一致,并且允许计量模式转为公允价值模式;选中公允价值模式,不允许对投资性房地产计提折旧和减值准备,并且不允许计量模式转为成本模式。

2. 固定资产参数设置

将账套启用期间设置为 2013 年 1 期,勾选"与总账系统相连""卡片结账前必须审核""卡片生成凭证前必须审核"和"期末结账前先进行自动对账",其他项目保持默认设置,单击"确定"按钮保存参数设置。

### 3.5.5 工资管理参数

选择【系统设置】→【系统设置】→【工资管理】→【系统参数】,双击"系统参数",系统弹出"打开工资类别"选择窗口,如图 3-60 所示。

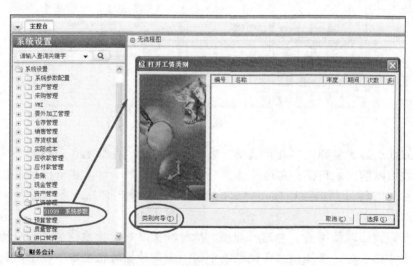

图 3-60

由于系统中还未有工资类别,需要新增工资类别后才能进行系统参数设置。新增"类别 1:管理人员工资"和"类别 2:计件员工工资"供练习。工资类别建立步骤如下:

(1)单击"打开工资类别"窗口左下角的"类别向导"按钮,系统弹出"新建工资类别"窗口,录入类别名称"管理人员工资",如图 3-61 所示。

(2)单击"下一步"按钮,选择币别"人民币",如图 3-62 所示。

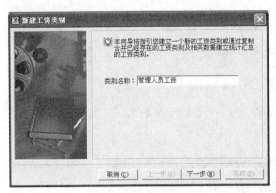

图 3-61

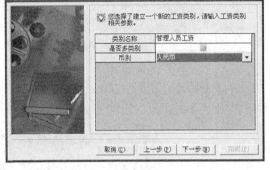

图 3-62

> **注意** 选中"是否多类别"选项,则当前类别为汇总工资类别,反之为单一工资类别。

(3)单击"下一步"按钮,单击"完成"按钮保存当前类别。
(4)再次单击"类别向导"新增"计件员工工资",新增完成如图 3-63 所示。

单击"关闭"按钮退出"打开工资类别"窗口,双击"工资管理"下的"系统参数"功能,系统弹出"系统参数"设置窗口,如图 3-64 所示。

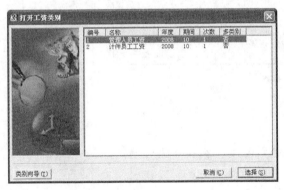

图 3-63

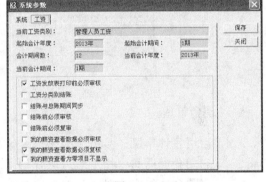

图 3-64

## 1. 工资

- **工资发放表打印前必须审核**:勾选此选项,打印、预览工资报表之前必须审核,未审核不能打印预览或打印工资报表。
- **工资分类别结账**:勾选此选项,当账套中有几个工资类别时,需分类别进行结账。
- **结账与总账期间同步**:由于工资管理系统既可以单独使用,也可与总账系统联用,所以是否需要与总账系统同步可以选择。如果勾选此选项,当工资系统未进行期末结账时,总账系统在期末结账时会提示(还有子系统未结账)。
- **结账前必须审核**:勾选此选项,在工资系统结账前必须对工资进行审核。若未审核,则不能结账。
- **结账前必须复审**:勾选此选项,在工资系统结账前必须对工资进行复审。若未复审,则不能结账。

## 2. 系统参数设置

勾选"结账与总账期间同步"和"结账前必须审核",单击"确定"按钮保存设置。

### 3.5.6 现金管理参数

选择【系统设置】→【系统设置】→【现金管理】→【系统参数】,双击"系统参数",系统弹出"系统参数"设置窗口,如图3-65所示。

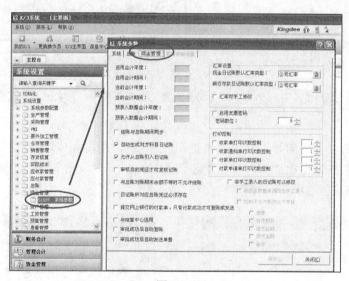

图 3-65

## 1. 现金管理

- **启用会计年度**:启用现金管理系统的会计年度。在初始化时确定。
- **启用会计期间**:指定启用会计期间。在初始化时确定。
- **当前会计年度**:现金管理系统目前的会计年度。
- **当前会计期间**:现金管理系统目前所在的会计期间。
- **预录入数据会计年度**:现金管理系统预录入数据的会计年度。
- **预录入数据会计期间**:现金管理系统预录入数据的会计期间。
- **结账与总账期间同步**:总账系统必须在现金管理系统结账后方可结账。
- **自动生成对方科目日记账**:勾选此选项,在现金日记账中对方科目有现金、银行存款科目时,自动生成该现金、银行存款科目的日记账;同样,在银行存款日记账中对方科目有现金或银行存款科目时,也自动生成该现金或银行存款科目的日记账。
- **允许从总账引入日记账**:不勾选此选项,双击"总账数据-引入日记账"按钮时提示"没有选择'允许从总账引入日记账'参数,禁止从总账引入日记账"不可操作,同时现金日记账和银行存款日记账的引入按钮和文件菜单中从总账引入日记账都为不可用状态。勾选此选项,则可以从总账引入现金日记账和银行存款日记账。
- **审核后的凭证才可复核记账**:勾选此选项,总账凭证经审核后才可复核记账。

- **与总账对账期末余额不等时不允许结账**：勾选此选项，在结账时系统核对银行日记账与现金日记账所有科目及币别的余额与总账的对应科目和币别的余额是否相等，相等可以结账，反之不能结账。
- **日记账所对应总账凭证必须存在**：勾选此选项，录入日记账所对应凭证字号在总账中必须存在；否则系统不判断录入日记账凭证字号在总账中是否存在。
- **提交网上银行的付款单，只有付款成功才可登账或发送**：勾选此选项，提交网上银行的付款单只有提交银行付款成功后才可登账或发送；否则系统不判断银行处理状态就可以登账或发送。
- **现金日记账汇率设置**：进行固定汇率和浮动汇率选择，并设置汇率的小数位。
- **银行存款日记账汇率设置**：进行固定汇率和浮动汇率选择，并设置汇率的小数位。
- **启用支票密码**：勾选此选项，当支票核销时要求录入密码。

2．现金管理参数设置

勾选"结账与总账期间同步"和"审核后的凭证才可复核记账"，单击"保存"按钮保存设置。

注意 　财务工作的主要任务就是凭证处理，若应收、应付、固定资产等系统单独使用，则只能在总账系统中自行录入应收、应付等的业务凭证。这样数据不仅不能共享，而且费时费力，所以建议各系统都与总账系统相连。

## 3.6 初始数据录入

公共资料设置完成后，录入初始数据。初始数据根据用户使用的系统进行录入。若购买了总账和报表系统，则只需录入各会计科目的期初余额、本年累计借方发生额和本年累计贷方发生额。若是在年初启用账套，则只需录入年初余额。因本教程要使用标准财务系统的所有模块，所以要分别录入总账、应收款、应付款、现金管理和固定资产的所有初始数据。

### 3.6.1 录入总账初始数据

总账初始数据包含科目初始数据和现金流量初始数据。科目初始数据是录入各会计科目的本年累计借方发生额、本年累计贷方发生额和期初余额，涉及外币的要录入本位币、原币金额，涉及数量金额辅助核算的科目要录入数量、金额，涉及核算项目的科目要录入各明细核算项目的数据。现金流量初始数据是指年中启用的账套，需要对启用前的现金流量数据进行录入，系统才能计算全年的现金流量；若不使用现金流量表，可以不录入"现金流量初始数据"。

1．科目初始数据录入

下面以表 3-13 至表 3-16 中数据为例，介绍科目初始数据的录入方法。

（1）选择【系统设置】→【初始化】→【总账】→【科目初始数据录入】，双击"科目初始数据录入"，系统调出"科目初始余额录入"窗口，如图 3-66 所示。

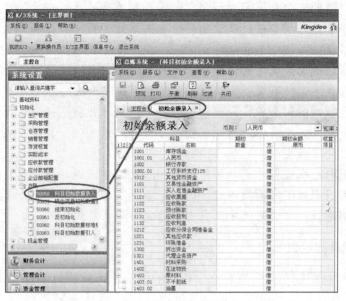

图 3-66

> **说明**
> 1. 录入数据时选择正确的"币别",选择外币时系统会自动切换到外币录入窗口。
> 2. 白色框表示可以录入数据,黄色框表示由明细数据汇总而得。
> 3. 核算项目上打勾的,单击将切换到"核算项目初始余额录入"窗口。
> 4. 有数量金额辅助核算的科目,选中时系统会自动切换到数量、金额录入状态。
> 5. 若是年中启用账套,则必须录入本年累计借方金额和本年累计贷方金额。
> 6. 年初金额由以下公式计算得出:借方年初余额=期初余额+本年累计贷方发生额−本年累计借方发生额;贷方年初余额=期初余额+本年累计借方发生额−本年累计贷方发生额。

(2) 将表 3-13 数据录入到"人民币"和"工行东桥支行 125"科目。双击"1001.01 人民币"的期初余额栏,使该栏呈录入状态,录入"4923",按"回车(Enter)"键,同样方法录入 1002.01 科目金额,录入成功后如图 3-67 所示。

(3) 单击"应收账款"科目下"核算项目"栏的打勾位置,系统弹出"核算项目初始余额录入"窗口,如图 3-68 所示。

(4) 单击"获取"按钮,系统弹出"客户"窗口,单击"浏览"按钮,切换到客户档案浏览模式如图 3-69 所示。在该窗口中可以随时进行客户的新增、修改等操作。双击"深圳科林"项目,系统会将该客户添加到"核算项目初始余额录入"窗口。

图 3-67

(5) 请按表 3-14 中数据录入期初余额。录入下一条记录时单击"插入"按钮,单击"还原"按钮恢复原始状态,单击"保存"按钮保存设置。其余客户数据按步骤(4)方法录入。录入完成的窗口如图 3-70 所示。

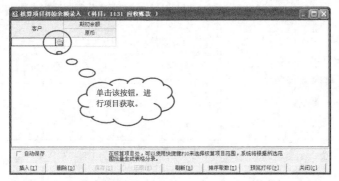

图 3-68

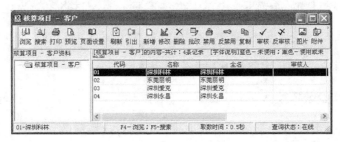

图 3-69

（6）单击"保存"按钮保存设置的数据，单击"关闭"按钮返回"科目初始余额录入"窗口。这时系统会将核算项目下的明细数据汇总到相应的科目下。请自行录入表 3-15"应付账款"数据。

（7）单击"1403.01"科目的录入框，这时系统会自动将窗口切换为"数量、金额"录入状态。按表 3-16 录入数据，录入数据完成的窗口如图 3-71 所示。

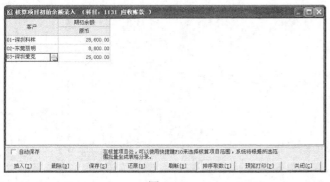

图 3-70

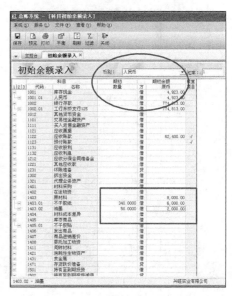

图 3-71

（8）请自行录入其他数据。录入完成后需查看数据是否平衡，单击工具栏上"平衡"按钮，系统弹出"提示"窗口，如图 3-72 所示。

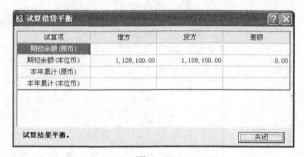

图 3-72　　　　　　　　　　　图 3-73

（9）单击"是"按钮，稍后系统会弹出"试算借贷平衡"窗口，如图 3-73 所示。若试算不平衡，则返回"科目初始余额录入"窗口检查数据，直至试算平衡为止。

 **注意**　外币科目有初始数据时，试算平衡一定要选择"综合本位币"。

（10）只有试算平衡后，才能结束初始化启用账套。

### 2．现金流量初始数据录入

现金流量初始数据是指账套为年中启用时，需要对启用前的现金流量的数据进行录入，系统才能计算全年的现金流量。由于本账套的启用会计期间为年初，所以不用录入现金流量初始数据。年中启用时现金流量初始数据录入方法如下：

选择【系统设置】→【初始化】→【总账】→【现金流量初始数据录入】，双击"现金流量初始数据录入"，系统弹出"现金流量初始数据录入"窗口，如图 3-74 所示。

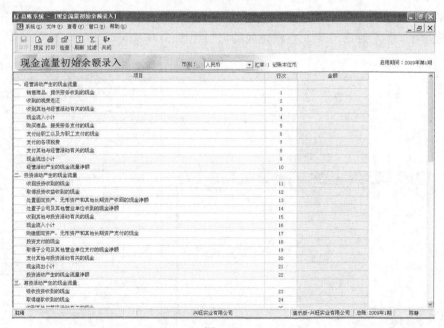

图 3-74

在录入窗口中输入正确的数据后，单击"保存"按钮即可保存现金流量初始数据。

## 3. 结束初始化

当科目初始数据和现金流量初始数据录入完成并且试算平衡后，可以结束初始化工作，进行日常业务处理。结束初始化的操作方法是选择【系统设置】→【初始化】→【总账】→【结束初始化】，双击"结束初始化"，系统调出"结束初始化"窗口，如图 3-75 所示。

单击"开始"按钮，系统开始检查初始数据是否有误，检查通过后弹出提示窗口，如图 3-76 所示。

单击"确定"按钮完成结束初始化工作。

> **注意** 因本教程中总账系统与应收、应付及固定资产系统联合使用，并在同期间启用，建议在其他系统初始化结束后，再结束总账系统的初始化。所以，暂时进行"反初始化"操作。

图 3-75

图 3-76

### 3.6.2 录入应收款初始数据

应收初始数据主要有以下几项：

- **应收款期初数据**：包括应收账款科目的期初余额、本年借方累计发生数和本年贷方累计发生数。主要期初单据有：普通发票、增值税发票和应收单。
- **预收款期初数据**：包括预收账款科目的期初贷方余额和本年贷方累计发生数。如果预收账款的期初余额为借方余额，建议进行调账处理，把预收账款转入应收账款科目中。
- **应收票据期初数据**：不包括已经背书、贴现、转出或已收款的应收票据。
- **期初坏账数据**：以后有可能收回的坏账。

选择【系统设置】→【初始化】→【应收款管理】，可以看到应收的初始数据包含初始销售发票、初始预收单和初始应收合同等，在录入期初时选择相应选项。

## 1．新增

下面以表 3-14 中数据为例，介绍初始销售增值税发票数据的新增方法。具体步骤如下。
（1）选择【系统设置】→【初始化】→【应收款管理】→【初始销售增值税发票——新增】，双击调出"初始化——销售增值税发票"窗口，如图 3-77 所示。

- **录入产品明细**：勾选此选项，可以录入本张发票所涉及的存货资料。如果您想按存货进行往来账款的核销，此处必须录入存货资料。
- **单据日期、财务日期**：分别录入发票的单据日期和财务日期，只能用于当前模块的启用期间。
- **币别、汇率**：选择发生业务时的币别和汇率。
- **核算项目类别**：选择客户或供应商类别。

- **核算项目**：指定该单据属于某个客户或供应商。
- **年利率**：应收款到期时应计利息的利率（以百分比表示），应收计息表将根据应收款余额、账龄及相应的计息利率进行计算。
- **往来科目**：不需要将初始数据传入总账时，此处不用录入，否则必须录入对应的往来会计科目。科目必须是末级科目，如果该科目下挂核算项目，则不用录入相应的核算项目代码，系统会根据该发票的核算项目名称、部门、职员等自动填充。系统会把相应的应收款初始资料传递至总账系统，总账系统初始化往来资料不要重复录入。

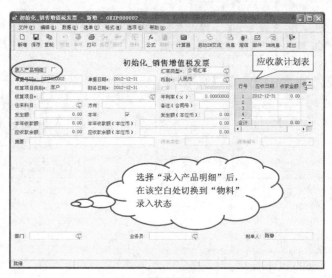

图 3-77

- **发生额**：指单据的发生数（即应收款金额）。可以按客户汇总输入所有销售发票的汇总金额，也可以按单据进行明细录入。如果是本年发生额，则选择本年；如果同一个单位的往来款既有去年金额又有今年发生额，则汇总录入时去年与今年的数据应分开录入。一般反映的是应收账款科目的借方发生数，如果初始化发票与合同进行关联，则查看合同金额执行明细表和汇总表时，初始化单据的开票金额指此处的发生额，必须正确填写。
- **本年收款额**：指当前会计年度的收款金额，以前会计年度收款的金额不包括在内。反映的是应收账款科目的本年累计贷方发生数。
- **应收款计划表**：录入应收款余额的收款计划日期和应收款金额。
- **部门**：在查询账表时，可按部门进行统计，如查询某个部门的销售收入是多少、已收回多少货款等。
- **业务员**：在查询账表时，可按业务员进行统计，如查询某个业务员的赊销收入是多少、已收回多少货款等，方便对业务员进行业绩考核。

为快速完成初始化，可以把每个往来单位所有未结算完成的初始化单据资料汇总成一张单据录入，可以提高工作效率，但不利于对初始化的明细数据管理。

单据资料不是很多时，可以按明细单据逐笔录入，虽然工作量大，但结束初始化后便于对初始化明细数据进行跟踪处理。

（2）选择核算项目类别"客户"，核算项目名称处单击" （查询按钮）"或按 F7 功能键选择"深圳科林"客户,往来科目选择"1122-应收账款",录入摘要"销售产品",录入发生额"28 600",取消"本年"勾选,应收款计划表明细1为"2013-1-15、20 000元",应收款明细2为"2013-1-31、8 600元",选择部门"销售部",选择业务员"郝达",其他项目采用默认值,录入完成的窗口如图3-78所示。

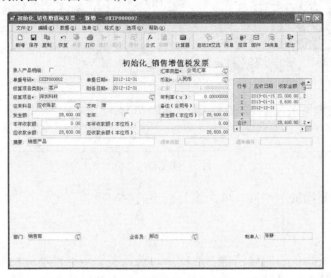

图3-78

> **注意** 应收款余额是由"应收款计划明细账"汇总生成。"应收款明细"提供余额的分段录入,在统计账龄时,系统将按录入的应收日期来统计应收款金额的账龄。

(3)单击"新增"按钮,系统弹出"是否保存"对话框,单击"是"按钮保存单据,保存成功后系统弹出1张空白单据,请根据表3-14中内容自行录入其他初始发票("应收日期"暂定为"2013-1-31")。

### 2.修改、删除

当单据录入错误时,可以进行修改或删除。方法是选择【系统设置】→【初始化】→【应收款管理】→【初始应收单据-维护】,双击后系统弹出"过滤"窗口,如图3-79所示。

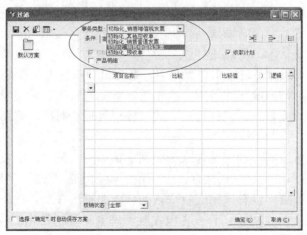

图3-79

在过滤窗口中选择要处理的单据类型和过滤条件。在此选择"初始化销售增值税发票"，单击"确定"按钮，调出"初始化销售增值税发票序时簿"窗口，如图3-80所示。

图3-80

选中要修改或删除的单据后，单击工具栏上的相应按钮即可。

3. 其他单据

（1）销售普通发票：初始化销售普通发票的录入类似于销售增值税发票，不同之处是销售普通发票中的单价为含税单价，而销售增值税发票中的单价为不含税单价。

（2）应收单：初始化应收单的录入也类似于销售增值税发票，区别是应收单的核算项目类别可以选择客户、供应商、部门和职员等多种核算项目。如果选择客户或供应商，则下层的部门、业务员表示经手该业务的部门与职员；如果选择部门，则表示部门借款，下层的部门不可选；如果选择职员，则表示职员借款，下层的业务员不可选。应收单不包括存货的信息资料，如要录入存货的信息，可以采用发票的形式。

（3）预收单：初始化预收单的内容类似于前述几类单据。不同之处在于发生额是指预收单金额，可以按往来单位汇总输入所有预收款单的汇总数，也可以按单据进行明细录入，一般反映的是预收账款科目的贷方发生数；余额反映未核销的预收款余额，一般是预收账款科目的期初余额数；本年发票额反映已经收到销售发票的预收金额，一般是预收账款科目的借方发生额。

（4）应收票据：金蝶K/3把应收票据作为一种特殊的收款进行处理，因为应收票据与应收账款核销后还可能进行背书、贴现、转出和收款等处理。如果应收票据与应收账款直接核销，势必造成单据无法修改，不能进行以上操作。在本系统中，应收票据并不直接冲销应收账款，而是在收到应收票据后进行审核处理时，系统自动产生1张收款单（或预收单），通过该收款单（或预收单）与应收账款核销。票据进行背书、转出、贴现及真正收款时直接冲减应收票据，不再冲销应收账款。此种处理方式与凭证处理相对应，有助于总账系统与应收款管理系统进行核对。

初始化时，应收账款的金额应是与应收票据核销后的余额（即应收账款不包括应收票据的金额）。应收票据录入的是已收到票据并已核销了应收账款未进行背书、转出、贴现、收款处理的票据。已收到票据但没有核销应收账款的应收票据应在初始化结束后录入。

选择【系统设置】→【初始化】→【应收款管理】→【初始化应收票据-新增】，双击调出"初始化应收票据-新增"窗口，如图3-81所示。

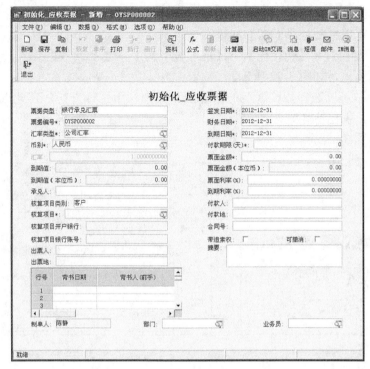

图 3-81

- **票据类型**：单击票据类型后的"下拉"按钮，选取票据的类型。
- **票据编号**：指票据的号码，系统根据您设置的单据编码规则自动编号，票据编号必须唯一，允许手工修改。如果在系统设置中选择"应收票据与现金系统同步"，系统根据该号码与现金管理系统的票据进行一一对应。初始化时，应收款管理系统的票据与现金管理系统的票据分别录入，初始化结束后可以互相传递、同步更新。
- **承兑人**：一般是银行承兑汇票，录入承兑银行名称。
- **核算项目类别、核算项目**：选择客户、供应商或自定义核算项目类别，根据类别选择对应的核算项目。
- **核算项目开户银行、银行账号**：不允许修改，默认取核算项目名称属性中的开户银行。
- **出票人**：录入出票人的名称，可直接按 F7 键查询获取。
- **出票地、付款地**：录入相应的地点名称。
- **签发日期、到期日期、付款期限**：录入票据签发日期、到期日期后，系统能自动计算出付款期限，付款期限以天表示。
- **财务日期**：收到票据的日期，要求大于等于签发日期小于等于到期日期。据此确定票据的入账期间。
- **票面金额**：录入应收票据的票据金额。
- **票面利率**：录入应收票据的票据利率。
- **到期值、到期利率**：票据到期时的面值、利率。
- **付款人**：录入实际付款单位的名称。
- **可撤销应收票据的标记**：勾选"可撤销"字样后面的方框，即作上了可撤消标记。
- **前手**：如果有多个前手信息，则无关前手可以手工录入。前手允许手工录入任意内容。

(5)期初坏账：不在应收款管理系统的往来核算范围内，为了对在以后期间收回的期初坏账进行管理，可以在此处录入期初坏账。

选择【系统设置】→【初始化】→【应收款管理】→【初始数据录入-期初坏账】，双击后弹出"过滤"窗口，如图3-82所示。

在过滤窗口中可以选择坏账涉及的核算项目类别和币别等资料，在此选择"客户"，单击"确定"按钮，调出"坏账备查簿"窗口，单击工具栏上"新增"按钮，弹出"期初坏账录入"窗口，如图3-83所示。

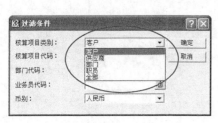

图 3-82

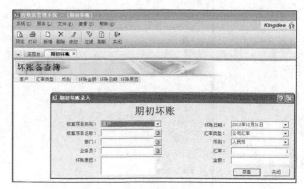

图 3-83

根据实际情况录入期初坏账数据即可。

(6)初始应收合同：录入应收款系统启用前还未执行完的合同资料。

### 4．结束初始化

结束初始化之前需要数据检查。方法是选择【财务会计】→【应收款管理】→【初始化】→【初始化检查】双击，系统经过后台数据检测弹出提示窗口，如图3-84所示。

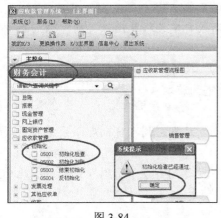

图 3-84

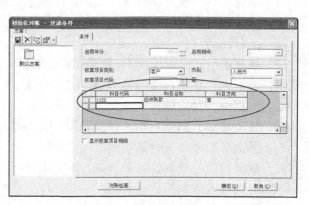

图 3-85

若系统弹出"检查未通过"提示，根据提示修改相关初始化数据即可。

当应收款系统与总账系统联合使用时，为了保证应收款系统与总账系统数据一致，在初始化结束之前需要进行"初始化对账"，方法是选择【财务会计】→【应收款管理】→【初始化】→【初始化对账】，双击调出对账过滤窗口，选择要进行对账的核算项目类别、币别和科目代码,在科目代码处录入"1122",如图 3-85 所示。

单击"确定"按钮,调出"初始化对账"序进簿窗口,如图 3-86 所示。

差额栏无数据表示对账一致,应收款系统可以结束初始化;差额栏有数据表示对账不一致,根据差额检查错误并且修正后再进行对账检查,直至无差额后,方可结束初始化。结束初始化的方法是选择【财务会计】→【应收款管理】→【初始化】→【结束初始化】,双击后弹出检查提示,如图 3-87 所示。

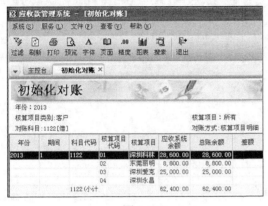

图 3-86

图 3-87

单击"是"按钮,稍后系统弹出检查通过提示窗口,单击"确定"按钮,系统继续弹出调汇和对账提示,如图 3-88 所示。

在此可以单击"否"按钮,因为前面已经对账完成,稍后系统弹出"系统成功启用"提示,表示结束初始化工作。如图 3-89 所示。

图 3-88

图 3-89

结束初始化后,系统中的初始化数据不可以再进行新增、修改和删除等操作,必须要"反初始化"后才能进行初始化数据的新增和修改等。

### 3.6.3 录入应付款初始数据

应付系统的初始数据录入与应收系统基本相同,请将表 3-15 中数据录入"初始采购增值税发票",并结束初始化工作。

### 3.6.4 录入现金管理初始数据

现金管理初始数据涉及现金和银行存款科目的引入,将期初余额、累计发生额录入,还有未达账初始数据的录入和余额调节表的平衡检查、综合币的定义等内容。

1. 科目维护

现金管理系统没有自己的科目,必须从总账系统中引入现金和银行科目。

(1) 从总账中引入科目。

① 选择【系统设置】→【初始化】→【现金管理】→【初始数据录入】,双击调出"现金初始数据录入"窗口,如图 3-90 所示。

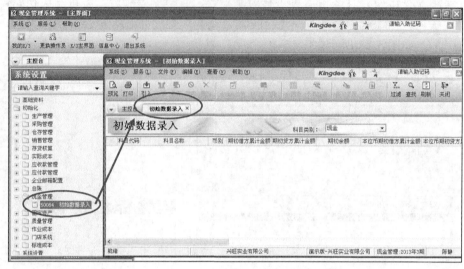

图 3-90

② 单击菜单【编辑】→【从总账引入科目】,系统弹出"从总账引入科目"设置窗口,如图 3-91 所示。

③ 采用默认值,单击"确定"按钮,稍后系统会将引入的数据显示在窗口中,如图 3-92 所示。

图 3-91

图 3-92

 注意

1. 设置核算"所有币别"的科目,会自动分币别引入多个账户。
2. 从总账引入的科目,其科目属性必须已选择"现金科目"或"银行科目",否则科目不能引入;引入时只引入总账中的明细科目。
3. 切换现金、银行科目的方法是单击"科目类别"右侧的下拉按钮然后选择,银行存款科目要填好"银行账号",如图 3-93 所示。
4. 引入科目时系统会自动将数据引入,不用再"从总账中引入余额"。

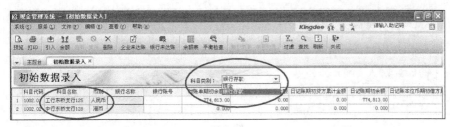

图 3-93

④ 设置银行存款类科目的银行账号。选择"科目类别"下的"银行存款",双击"银行账号",调出"银行账号"档案窗口,如图 3-94 所示。

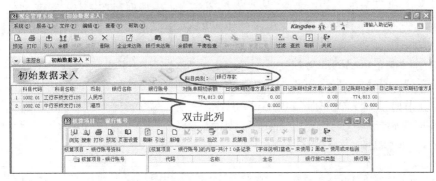

图 3-94

⑤ 单击"新增"按钮,调出"银行账号 – 新增"窗口,先建立"工行东桥支行 125"的账号信息,如图 3-95 所示。

⑥ 单击"保存"按钮,继续建立"中行东桥支行 128"的账号信息,如图 3-96 所示。

⑦ 单击"保存"按钮,保存录入信息,单击"关闭"返回"银行账号"窗口,单击"浏览"按钮,使窗口模式为浏览列表模式,如图 3-97 所示。

⑧ 选择正确的银行账号后,双击返回"初始数据录入"窗口,设置银行账号成功后的窗口如图 3-98 所示。

图 3-95      图 3-96

图 3-97

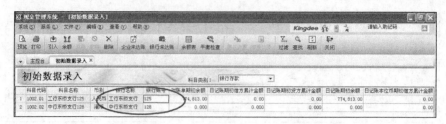

图 3-98

(2) 新增综合币科目。

综合币科目是多个科目的合并,用来对多个科目和银行账户进行对账。可以将多币别或多银行科目合并成本位币日记账,进行综合币科目的银行对账,产生综合币余额调节表。是否使用综合币科目由用户根据自己的业务决定。

单击菜单【编辑】→【新增综合币科目】,系统弹出"综合币科目"设置窗口,如图 3-99 所示。

录入科目代码和科目名称,在选择栏目中单击要合并的科目代码项。

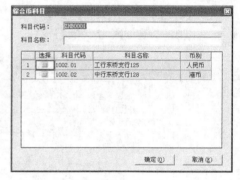

图 3-99

> **注意** 新增综合币科目要求选择两个或两个以上的科目代码项进行操作。结束新增科目初始化时必须引入余额。

(3) 维护综合币科目。

新增"综合币科目"后,可单击菜单【编辑】→【维护综合币科目】,修改综合币科目代码和科目名称。如果想修改综合币包括的科目代码,则需要先删除综合币科目重新增加综合币科目。

(4) 启用、禁用、删除。

结束初始化后,系统会自动将所有引入的科目默认为启用状态,如果暂时不需要使用,可以对其进行禁用。可启用已被禁用的科目,将光标移动到已被禁用的科目上,单击【启用】即可。对启用的科目也可以进行禁用处理,将光标移动到已启用的科目上,单击【禁用】即可。对不需要且没使用过的科目可以删除,将光标移动到想删除的科目上,单击【删除】即可。

### 2. 未达账

未达账设置包括企业未达账和银行未达账设置。

(1) 企业未达账。

在"初始数据录入"窗口中单击工具栏上的"企业未达"按钮,切换到"企业未达账"窗口,如图 3-100 所示。

图 3-100

未达账可以引入，也可用新增方式录入。选中未达账的科目（如"1002.01 工行东桥支行 125"），单击工具栏上的"新增"按钮，系统弹出"企业未达账-新增"窗口，如图 3-101 所示。

必填项有科目、币别、日期、结算方式和金额。

（2）银行未达账。

在"初始数据录入"窗口中单击工具栏上的"银行未达"按钮，系统切换到"银行未完达账"窗口，如图 3-102 所示。

图 3-101

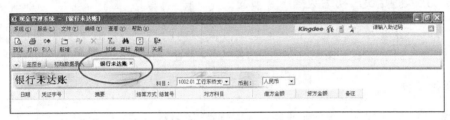

图 3-102

单击工具栏上的"新增"按钮，系统弹出"银行未达账-新增"窗口，如图 3-103 所示。

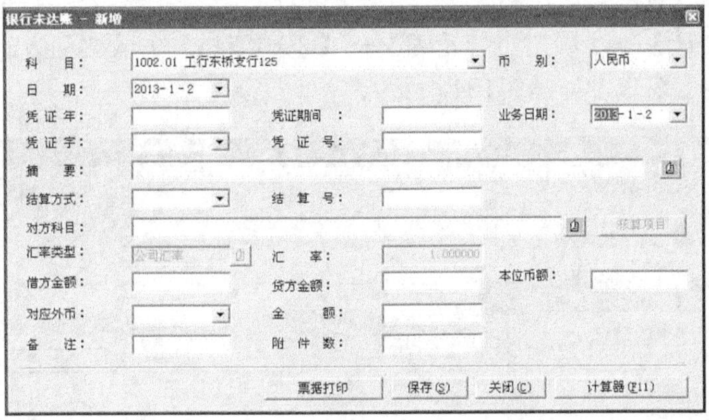

图 3-103

必填项有科目、币别、日期和金额。

### 3．余额调节表

存在未达账时，企业银行存款日记账的余额和银行对账单的余额往往是不相等的，可以通过单击工具栏上的"余额表"进行查看。

具体调整方法如下：银行存款日记账的余额＋银行已收企业未收的金额－银行已付企业未付的金额=调整后（企业账面）余额；银行对账单的余额＋企业已收企业未收的金额－企业已付银行未付的金额=调整后（银行对账单）余额。调整后两者的余额相等，表明企业与银行账相符。

### 4．平衡检查

平衡检查是指检查所有的银行存款科目的余额调节表是否都平衡，系统会给予相应提示。

### 5. 结束初始化

科目维护完成、所有银行存款科目的余额调节表都平衡后，单击菜单【编辑】→【结束初始化】，系统弹出"启用会计期间"窗口，选择期间后单击"确定"按钮，系统再次提示"结束初始化后不能修改数据，是否继续？"，单击"是"按钮，系统稍后弹出"初始化完毕"。

结束初始化后，若发现初始数据错误，在启用当期可选择菜单【编辑】→【反初始化】，回到初始化状态修改初始数据。数据修改完成后，再结束初始化。

> 注意　初始化的账套启用时间和引入的总账科目及其余额的时间应一致。

### 3.6.5　录入固定资产初始数据

固定资产系统初始数据录入是指把启用期间以前的固定资产初始数据通过新增固定资产卡片方式录入到系统中。该系统初始化的位置与总账、应收、应付等系统略有不同。

#### 1. 基础资料

固定资产的基础资料主要包括变动方式类别、使用状态类别、折旧方法定义、卡片类别管理和存放地点维护，以上资料都要在初始化之前设置完成。

（1）变动方式类别。

变动方式指固定资产的增加和减少方式，如购入、接受捐赠及出售等。

选择【财务会计】→【固定资产管理】→【基础资料】→【变动方式类别】，双击后弹出"变动方式类别"窗口，如图 3-104 所示。

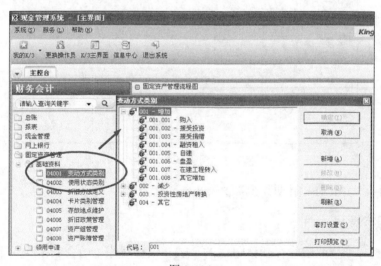

图 3-104

在窗口中可以对变动方式进行新增、修改、删除或打印等操作。在此采用默认值，以后可以随时在此窗口中进行设置。

（2）使用状态类别。

使用状态类别可以设置固定资产的状态（如正常使用、融资租入或未使用等），并可根据状态设置是否"计提折旧"。

选择【财务会计】→【固定资产管理】→
【基础资料】→【使用状态类别】,双击后弹出
"使用状态类别"窗口,如图 3-105 所示。

在窗口中可以对使用状态类别进行新增、
修改、删除或打印等操作。在此采用默认值,
以后可以随时在此窗口中进行设置。

(3)折旧方法定义。

预先在固定资产卡片中设置好折旧方法
(如平均年限法、工作量法等),这样系统在计

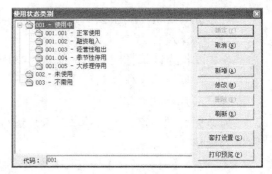

图 3-105

提固定资产折旧时会根据折旧方法、使用年限等数据计算出应计提的折旧费用。

选择【财务会计】→【固定资产管理】→【基础资料】→【折旧方法定义】,双击后弹出"折旧方法定义"窗口,如图 3-106 所示。

系统预设有部分折旧法。单击"折旧方法定义说明"标签,切换到折旧方法说明窗口,可以查看各折旧方法定义的说明,如图 3-107 所示。

若需要新增、修改折旧方法的公式内容,可单击"编辑"标签切换到编辑窗口,如图 3-108 所示。在编辑窗口中可以修改折旧方法或定义折旧方法。

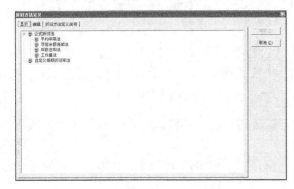

图 3-106 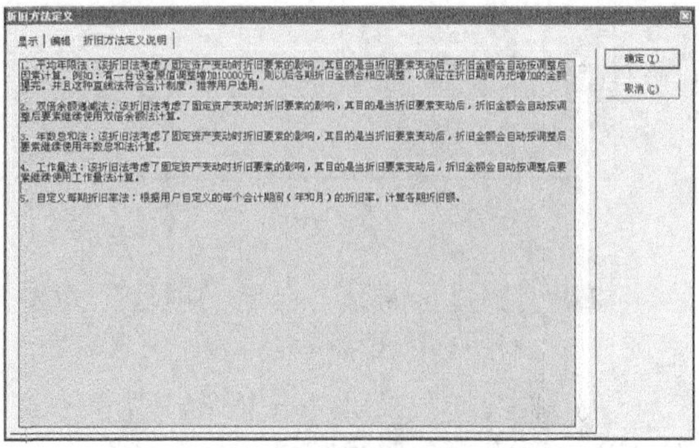                    图 3-107

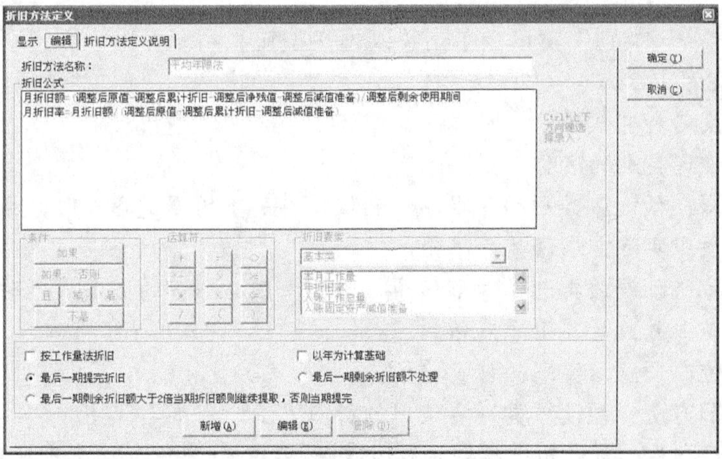

图 3-108

- **折旧公式**:折旧公式由条件语句、运算符和折旧要素组成。

- **折旧要素**：首先选择"类别"，再选择类别下的详细要素，双击鼠标将该要素填入"折旧公式"。
- **以年为计算基础**：系统默认以期间（月）作为计算基础，勾选此选项，则以"年"作为计算基础。

（4）卡片类别管理。

为方便管理固定资产，可以对卡片进行分类管理。以表 3-17 中数据为例，介绍"卡片类别"的操作方法。

① 选择【财务会计】→【固定资产管理】→【基础资料】→【卡片类别管理】，双击后弹出"固定资产类别"窗口，如图 3-109 所示。

在窗口中可进行增、删、改操作，也可以自定义项目。单击"自定义项目"按钮，系统弹出"卡片项目定义"窗口，如图 3-110 所示。

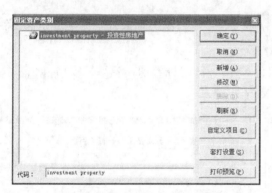

图 3-109

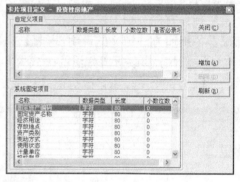

图 3-110

窗口上部显示的是"自定义项目"列表，可以新增、删除项目。窗口下部显示"系统固定项目"，不能修改和删除。

单击"增加"按钮，系统弹出"卡片项目"窗口，在该窗口中可以定义项目、设置显示名称和字段类型，如图 3-111 所示。

> **注意** 自定义项目时，必须先选中要定义的"类别"。

② 在"固定资产类别"窗口中单击"新增"按钮，系统弹出"固定资产类别—新增"窗口，如图 3-112 所示。

- **代码**：设定类别代码。
- **名称**：设定类别的名称。
- **使用年限**：预设该类别的年限，当新增该类别下的固定资产时，系统自动引用该年限，可按照实际需求修改年限值。
- **净残值率**：预设该类别的净残值率，当新增该类别下的固定资产时，系统自动引用该净残值，并且计算出净残值。
- **计量单位**：预设该类别的计量单位。
- **预设折旧方法**：预设该类别要使用的折旧方法。
- **固定资产科目、累计折旧科目、减值准备科目**：预先设置该类别所使用的会计科目。

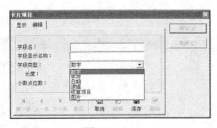

图 3-111

图 3-112

- **卡片编码原则**：设定编码原则（如 B001），则录入该类别下的第一张卡片为 B001，录入第二张时，系统会自动改为 B002。

③ 录入代码"01"、名称"办公设备"，使用年限录入"5"，净残值率录入"10%"，预设折旧方法处选择（按 F7 功能键）"平均年限法"，固定资产科目选择"1601.01-办公设备"，累计折旧科目选择"1602-累计折旧"，减值准备科目选择"1603-固定资产减值准备"，选中"由使用状态决定是否计提折旧"，如图 3-113 所示。

④ 单击"新增"按钮，继续增加表 3-17 中数据。新增完成后单击"关闭"按钮返回"固定资产类别"窗口，结果如图 3-114 所示。

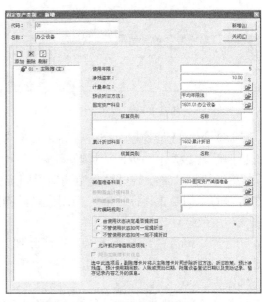

图 3-113

（5）存放地点维护。金蝶 K/3 提供有"存放地点"管理，这样在卡片中了解该资产由哪个部门使用和存放在什么地点。下面以表 3-18 中数据为例，介绍"存放地点"的添加方法。

① 选择【财务会计】→【固定资产管理】→【基础资料】→【存放地点维护】，双击后弹出"存放地点"窗口，如图 3-115 所示。

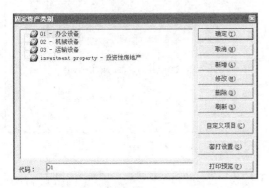

图 3-114

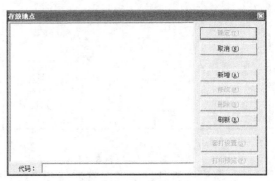

图 3-115

在窗口中可以进行"存放地点"的新增、修改和删除等操作。

② 单击"新增"按钮，系统弹出"存放地点-新增"窗口，录入代码"01"、名称"办公室"，如图 3-116 所示。

③ 单击"新增"，继续新增表 3-18 中数据。新增完成后单击"关闭"按钮返回"存放地点"窗口，如图 3-117 所示。

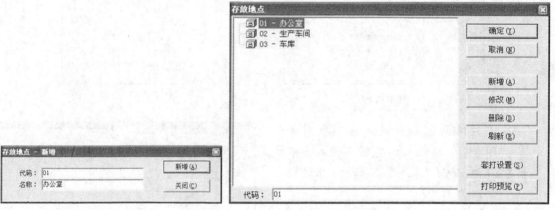

图 3-116　　　　　　　　　　　　　图 3-117

（6）折旧政策管理。在进行固定资产卡片业务处理时，可以选择折旧政策方案，通过所选折旧政策方案中的折旧计提政策参数进行当期新增、变动、清理的固定资产折旧计算及归集；折旧计提政策参数可设置当期新增固定资产在当期是否计提折旧；当期清理的固定资产，在清理的当期是否计提折旧；当期变动的固定资产，变动当期折旧是按变动前数据计算还是按变动后数据计算。

选择【财务会计】→【固定资产管理】→【基础资料】→【折旧政策管理】，双击后弹出"折旧政策管理"窗口，如图 3-118 所示。在该窗口可以进行折旧政策的新增、修改和删除等操作。

单击"新增"按钮，系统弹出"折旧政策方案-新增"窗口，如图 3-119 所示，在该窗口可以进行折旧政策的设置。

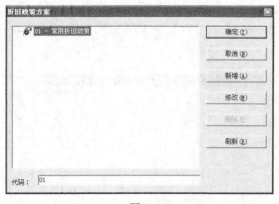 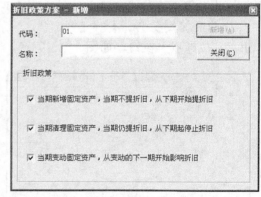

图 3-118　　　　　　　　　　　　　图 3-119

（7）资产组管理。资产组管理需在"结束初始化"后方能使用。资产组管理就是将固定资产分组。

(8) 资产账簿管理。资产账簿是指固定资产卡片所属的账簿，可以将同一个固定资产实物在不同的资产账簿中分别维护其卡片信息，这些固定其卡片上的属性资料都可以不同，例如同一个固定资产实物在不同的资产账簿中的资产原值、折旧年限、折旧方法等都不相同。系统已预设一个资产账簿，此预设账簿为主账簿，不可删除。用户可以在系统预设数据的基础上，进行资产账簿的增加和修改等操作。

选择【财务会计】→【固定资产管理】→【基础资料】→【资产账簿管理】，双击后弹出"资产账簿管理"窗口，如图3-120所示。在该窗口可以进行折旧政策的新增、修改和删除等操作。

单击"新增"按钮，系统弹出"资产账簿管理-新增"窗口，如图3-121所示，在该窗口可以进行资产账簿的设置。

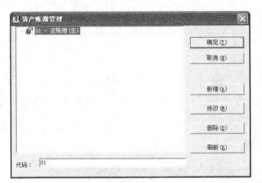

图 3-120

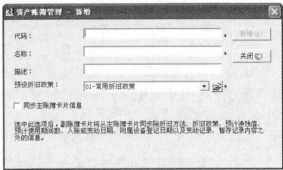

图 3-121

## 2．初始卡片录入

基础资料设置完成后录入初始卡片。可以直接录入，也可以使用"标准卡片引入"，在此重点讲述直接录入的方式。以表3-19至表3-22中数据为例，介绍卡片的具体录入方法。

(1) 选择【财务会计】→【固定资产管理】→【业务处理】→【新增卡片】，双击后弹出"提示"窗口，如图3-122所示。第一次录入卡片时，系统会询问是否在当前期录入，并警告录入卡片后不可以改变启用期间，单击"是"按钮进入"新增"窗口，单击"否"按钮退出录入。

图 3-122

(2) 单击"是"按钮，系统弹出"卡片及变动-新增"窗口，如图3-123所示。

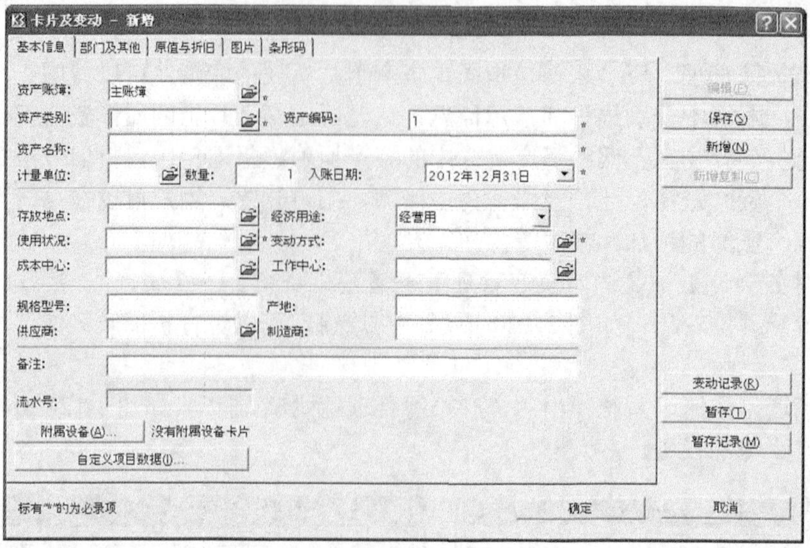

图 3-123

（3）在基本信息窗口中资产类别处按 F7 键选择"办公设备"，录入资产编号"B001"，资产名称"瑞风商务车"，计量单位处按 F7 键选择"辆"，数量为"1"，入账日期修改为"2012-2-1"，存放地点按 F7 键选择"车库"，使用状况按 F7 键选择"正常使用"，变动方式按 F7 键选择"购入"，其他采用默认值，如图 3-124 所示。

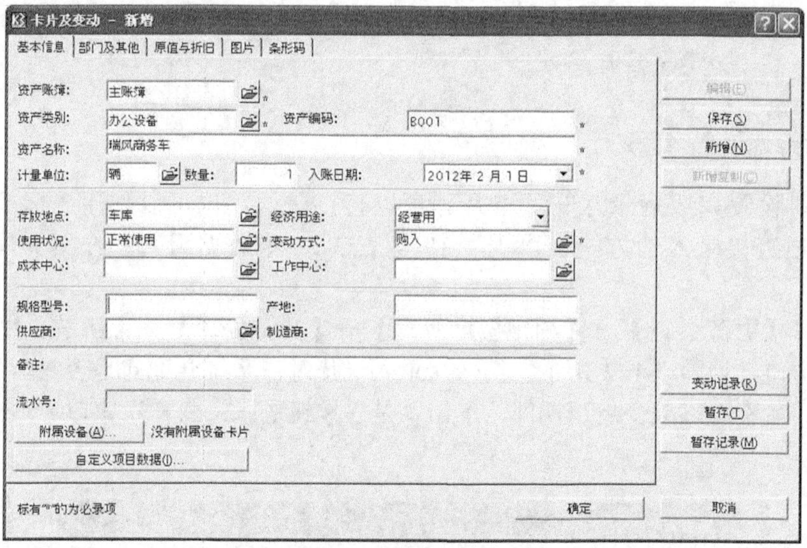

图 3-124

（4）单击"部门及其他"标签页，窗口切换到"部门及其他"界面。查看固定资产科目和累计折旧科目是否引用正确，使用部门处按 F7 功能键选择"总经办"，折旧费用分配科目处按 F7 功能键选择"6602.07"科目，如图 3-125 所示。

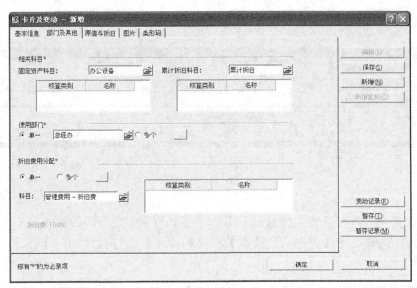

图 3-125

（5）单击"原值与折旧"标签页，窗口切换到"原值与折旧"界面。币别选择"人民币"，原币金额录入"180000"，开始使用日期修改为"2012-2-1"，录入预计使用期间数"60"、已使用期间数"10"、累计折旧"27000"，选择折旧方法"平均年限法"，如图 3-126 所示。

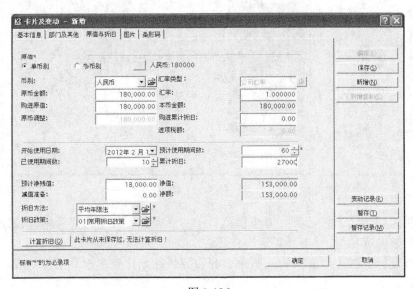

图 3-126

> **注意** 本例中的固定资产期初数据的币别都是"人民币"，期间数以"月"为单位，"60"即 60 个月。

（6）单击"新增"按钮，检查数据录入完整后保存卡片资料并新增 1 张空白卡片，请用同样方法录入其余 3 项固定资产的期初数据。

（7）新增完成并保存后，单击"×（关闭）"按钮退出"新增"窗口，返回"初始化"

窗口，显示刚才新增的初始数据，如图 3-127 所示。

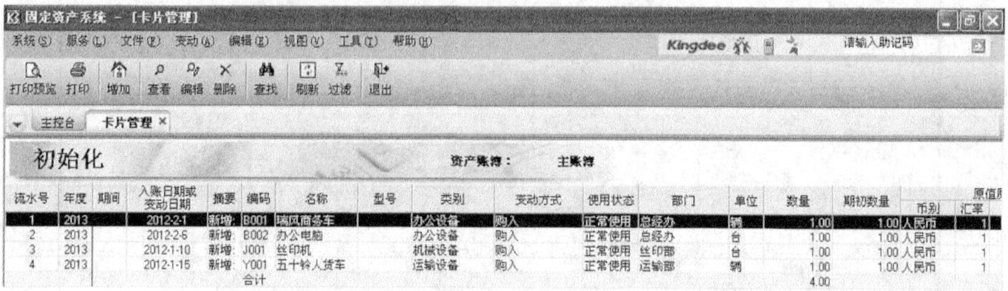

图 3-127

（8）固定资产的所有期初数据录入正确后，可以结束固定资产的初始化工作。选择【系统设置】→【初始化】→【固定资产管理】→【初始化】，双击后弹出"结束初始化"窗口，如图 3-128 所示。

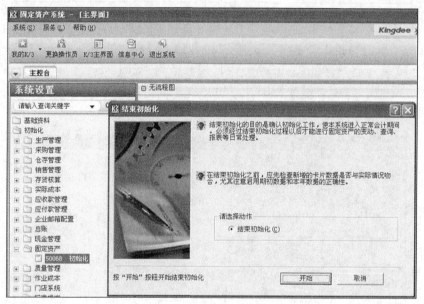

图 3-128

（9）在结束初始化工作之前，请注意窗口中的两条提示。单击"开始"按钮，稍后系统弹出"结束初始化成功"，单击"确定"按钮。

至此，涉及标准财务所有系统的基础资料设置、初始化资料设置已经完成。可以进行日常业务处理。

## 3.7 课后习题

（1）系统设置的流程是什么？
（2）若从 2012 年 5 月启用账套，则期初数据是什么时候的数据？
（3）标准财务中所有模块的启用期间是否一定相同？
（4）币别设置时应注意什么？

（5）核算项目的定义和特点？
（6）附件的功能？
（7）科目已经使用后，能否再为该科目新增核算项目类别？
（8）总账初始数据录入时，涉及外币的数据录入方法是什么？
（9）总账初始数据录入时，有核算项目的科目录入方法？
（10）总账初始数据录入时有外币数据，需在什么状态下试算平衡？
（11）总账满足什么条件可以结束初始化？
（12）现金管理的初始数据有哪些？
（13）固定资产的初始化数据在哪里设置？

# 第 4 章 总账系统

> **学习重点**
> 
> - 凭证录入
> - 凭证审核
> - 凭证查询
> - 凭证过账
> - 凭证打印
> - 账簿、报表查询
> - 往来管理
> - 现金流量表
> - 结账

## 4.1 概 述

会计账务处理包括设置核算科目账户、填制凭证然后审核、记账、编制各种报表,这些处理都可由总账系统完成。

总账系统是金蝶 K/3 的核心,可接收来自其他系统传递过来的凭证(如固定资产的计提折旧凭证)。总账系统根据转账定义可生成结转凭证等。

总账系统根据填制的凭证生成相应的账簿报表(如总分类账、明细分类账和科目余额表等),可以随时设置各种条件进行查询以满足各种业务需求。

如果核算单位的账务非常简单,往来款、库存等业务涉及较少,那么单独使用总账系统就可以实现财务核算的基本要求。

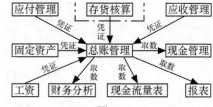

图 4-1

### 1. 系统结构图

系统结构图反映了总账系统与其他系统的数据传递关系,如图 4-1 所示。总账系统与其他系统通过凭证进行无缝数据连接,其他系统的凭证也可在总账系统中处理,报表、现金流量表和财务分析都可以从总账系统中取数。

### 2. 系统功能

总账系统包含的功能如表 4-1 所示。

表 4-1　　　　　　　　　　　　总账系统功能

| 凭证处理 | 账　簿 | 财务报表 | 结　账 | 往　来 | 内部往来协同 | 调整期间业务处理 |
| --- | --- | --- | --- | --- | --- | --- |
| 凭证录入 | 总分类账 | 科目余额表 | 期末调汇 | 核销管理 | 我方内部往来 | 调整期间管理 |
| 凭证查询 | 明细分类账 | 试算平衡表 | 结转损益 | 往来对账单 | 对方内部往来 | 调整期间凭证录入 |
| 凭证过账 | 数量金额总账 | 日报表查询 | 自动转账 | 账龄分析表 | | |
| 凭证汇总 | 数量金额明细账 | 摘要汇总表 | 凭证摊销 | 坏账明细表 | | 调整期间凭证查询 |
| 模式凭证 | 多栏账 | 核算项目余额表 | 凭证预提 | | | |

续表

| 凭证处理 | 账　簿 | 财务报表 | 结　账 | 往　来 | 内部往来协同 | 调整期间业务处理 |
|---|---|---|---|---|---|---|
| 双敲审核<br>标准凭证引入<br>标准凭证引出 | 核算项目分类总账<br>核算项目明细账 | 核算项目明细表<br>核算项目汇总表<br>核算项目组合表<br>科目利息计算表<br>调汇历史信息表 | 期末结账 | 坏账统计分析表 | | 调整期间凭证过账 |

### 3. 操作流程

操作流程如图 4-2 所示。

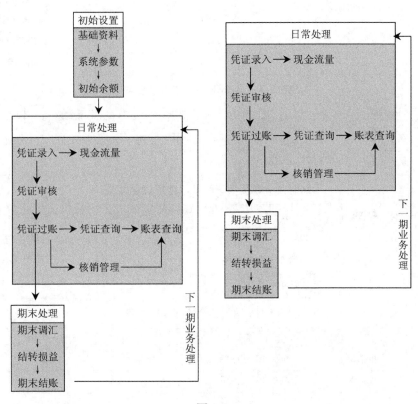

图 4-2

新用户需从系统初始化开始。若已经完成初始设置，可直接处理日常业务。系统初始化结束以后，随着公司的业务开展，还有许多基础资料需要设置（如银行科目的新增、客户和供应商的新增等），可以随时在凭证录入时处理。总账的初始设置请参照第 3 章。

## 4.2　凭证处理

凭证处理操作包括凭证录入、审核、过账、查询、修改、删除和打印等操作。凭证处理时会计科目可直接从科目表中选择并自动校验分录平衡关系，保证录入数据的正确。

下面以表 4-2 至表 4-6 为例，详细介绍"凭证处理"过程。

表 4-2　　　　　　　　　　2013-1-5 收何陈钰投资款

| 日　期 | 摘　要 | 会 计 科 目 | 借 方 金 额 | 贷 方 金 额 |
| --- | --- | --- | --- | --- |
| 2013-1-5 | 收投资款 | 1002.01-工行东桥支行 125 | 500 000 | |
| | 收投资款 | 4001.01　何陈钰 | | 500 000 |

表 4-3　　　　　　　　　　　　摘要库内容

| 类　别　名 | 摘 要 代 码 | 摘 要 内 容 |
| --- | --- | --- |
| 总类 | 01 | 收投资款 |
| | 02 | 报销费用 |
| | 03 | 应收货款 |
| | 04 | 销售产品 |
| | 05 | 购进原材料 |
| | 06 | 应付货款 |

表 4-4　　　　　　　　　　2013-1-5 收到王成明港币投资款

| 日期 | 摘要 | 会 计 科 目 | 币别 | 汇率 | 原币金额 | 借方 | 贷方 |
| --- | --- | --- | --- | --- | --- | --- | --- |
| 2013-1-5 | 收投资款 | 1002.01　中行东桥支行 128 | HKD | 0.811 | 200 000 | 162 200 | |
| | 收投资款 | 4001.02　王成明 | | | | | 162 200 |

表 4-5　　　　　　　　　2013-1-6 购买不干胶纸，使用现金付款

| 日　期 | 摘　要 | 会 计 科 目 | 数　量 | 单　价 | 借　方 | 贷　方 |
| --- | --- | --- | --- | --- | --- | --- |
| 2013-1-6 | 购进原材料 | 1403.01　不干胶纸 | 50 | 20 | 1 000 | |
| | 购进原材料 | 2221.01.01　进项税额 | | | 170 | |
| | 购进原材料 | 1001.01　人民币 | | | | 1 170 |

表 4-6　　　　　　　　　2013-1-6 销售部郝达报销差旅费

| 日　期 | 摘　要 | 会 计 科 目 | 职　员 | 借　方 | 贷　方 |
| --- | --- | --- | --- | --- | --- |
| 2013-1-6 | 报销费用 | 6601.01　差旅费 | 06 郝达 | 850 | |
| | 报销费用 | 1001.01 人民币 | | | 850 |

### 4.2.1　凭证录入

凭证录入的重点是录入科目属性的内容。例如，科目有外币属性时怎样录入汇率，科目设有核算项目时怎样录入核算项目，科目设有辅助数量金额核算时怎样录入单价和数量。

不同人员操作有不同的权限，请以"吴晓英"的身份登录"兴旺实业有限公司"账套进行操作。

- 若已用某个用户的身份登录到"兴旺实业有限公司"账套，则更改操作员。单击菜单【系统】→【更换操作员】，弹出"金蝶 K/3 系统登录"窗口，输入"吴晓英"和密码（此时为空），如图 4-3 所示，单击"确定"按钮即可更换操作员。

第 4 章 总账系统

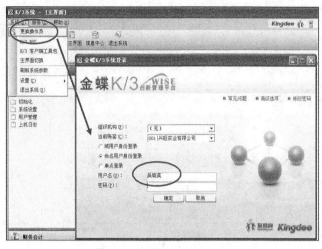

图 4-3

- 若没有启动"金蝶 K/3 系统",双击桌面上的"金蝶 K/3 主控台"图标,系统弹出"金蝶 K/3 系统登录"窗口,用户名直接录入"吴晓英",如图 4-3 所示,单击"确定"按钮,即是以"吴晓英"身份登录。

### 1. 一般凭证录入

一般凭证这里指会计科目属性没有设置辅助核算和外币核算的凭证。根据表 4-2 中数据进行一般凭证录入操作,步骤如下。

(1) 选择【财务会计】→【总账】,切换到总账流程图,此时在左侧模块显示"总账"模块功能列表,如图 4-4 所示。

(2) 选择【财务会计】→【总账】→【凭证处理】→【凭证录入】,双击该项,或者单击流程图中的"凭证录入"项,调出"记账凭证-新增"窗口,如图 4-5 所示。

"记账凭证-新增"窗口各项含义如表 4-7 所列。

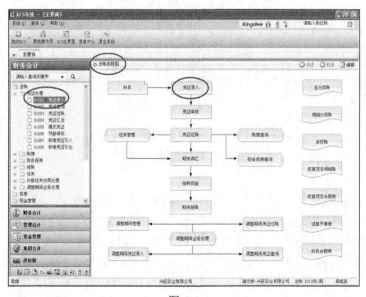

图 4-4

图 4-5

表 4-7　　　　　　　　　　　"记账凭证-新增"窗口项目

| 项　目 | 说　明 |
|---|---|
| 参考信息 | 凭证的辅助信息，可作为凭证查询的条件。可为空 |
| 业务日期 | 凭证录入日期，可修改 |
| 日期 | 凭证业务日期，可修改。日期只能是当前会计期间的日期 |
| 凭证字 | 选择要使用的凭证字，如记、收、付、转等凭证字 |
| 凭证号 | 凭证字下的第几号凭证，系统采用递增方式自动填充 |
| 附件数 | 凭证的附件数，如有几张单据、发票等 |
| 序号 | 凭证的顺序号，系统自动生成 |
| 摘要 | 录入摘要内容 |
| 科目 | 录入会计科目代码或按 F7 键选择，一定是末级科目。例如收到现金，录入时不能选择"1001-现金"，而一定要选择"1001.01-人民币" |
| 借方 | 录入借方金额 |
| 贷方 | 录入贷方金额 |
| 合计 | 自动累加生成 |
| 结算方式 | 科目中录入的是银行科目时此项被激活，包含支票、商业汇票等方式。若总账参数中的"银行存款科目必须输入结算方式和结算号"选项已设置，则必须录入结算方式，反之可以不录 |
| 结算号 | 结算号码 |
| 经办 | 该笔业务的经办人，可为空 |
| 往来业务 | 录入的会计科目属性中设有"往来业务核算"时，录入业务编号，以供查询和往来账核销处理时使用 |

（3）日期修改为"2013-1-3"。可以单击日期直接修改，也可以单击日期右侧的下拉按钮进行选择，如图 4-6 所示。

（4）凭证字采用默认的"记"字，凭证号自动生成，附件数录入"1"。

（5）摘要录入"收投资款"。摘要录入有两种方法，一种是光标移到摘要栏直接输入"收投资款"；另一种是建立摘要库，也就是为经常使用的摘要（如销售产品、应收货款和报销费用等）建立一个库，日后使用时可直接选取，提高效率。在此介绍第 2 种方法的操作步骤。

① 将光标移到摘要栏，按 F7 键或单击工具栏上的"代码"按钮，系统弹出"凭证摘要库"窗口，如图 4-7 所示。

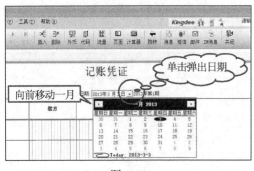

图 4-6

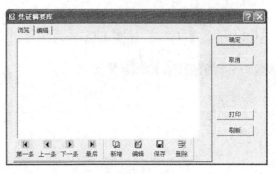

图 4-7

② 单击"编辑"选项卡,窗口切换到"编辑"窗口,如图 4-8 所示。

③ 单击窗口下方工具栏上的"新增"按钮,窗口处于可录入状态。新增摘要库时必须先建立"摘要类别"(即单击类别右侧按钮),系统弹出"摘要类别"管理窗口,如图 4-9 所示。在此可以新增和修改类别。

④ 切换到"摘要类别"窗口中的"编辑"标签页,单击工具栏上的"新增"按钮,窗口处于激活状态,在摘要名称下录入"总类",如图 4-10 所示。

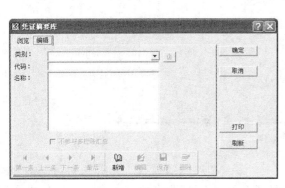

图 4-8

图 4-9

⑤ 单击"保存"按钮保存设置,单击"确定"按钮返回"凭证摘要库"窗口,单击类别项的下拉按钮,选择"总类",录入代码"01"、名称"新增投资款",如图 4-11 所示。

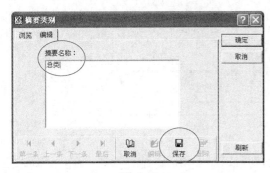

图 4-10

图 4-11

⑥ 单击"保存"按钮保存设置。用同样的方法将剩余摘要增加进来。之后单击"浏览"选项卡,如图 4-12 所示。

⑦ 选中总类下的"收投资款",单击"确定"按钮或双击鼠标,系统将所选中的摘要引入到凭证的摘要栏下,如图4-13所示。

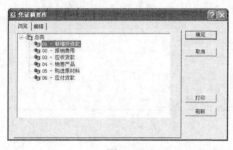
图 4-12

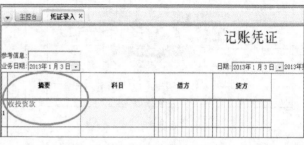
图 4-13

(6)按下"Enter(回车)"键或单击"科目"项,按 F7 键选择会计科目,系统弹出"会计科目"窗口,如图4-14所示。

图 4-14

在"会计科目"窗口中可以进行科目的新增、修改和删除等操作,若所选科目前有"+"图标,则表示非明细科目,单击"+"可以展开明细科目。选中"1002.01-工行东桥支行125",单击"确定"按钮,系统会将所选中的科目引入到凭证的"科目"项中,如图4-15所示。

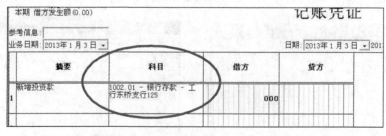
图 4-15

(7)按下"Enter(回车)"键,光标自动移动到窗口左下角的"结算方式"项,选择"电汇"方式,录入结算号"2013123",如图4-16所示。

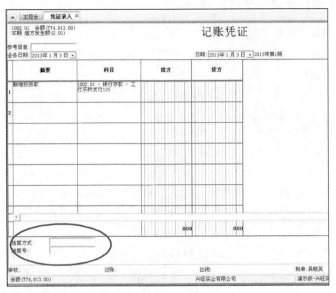

图 4-16

（8）单击"借方"金额栏，录入"500 000"，如图 4-17 所示。

图 4-17

（9）按下"Enter（回车）"键，光标移动到第 2 条分录，摘要可按 F7 键选择"收投资款"，在科目处按 F7 键选择"4001.01 何陈钰"，录入贷方金额"500 000"，录入完成后的窗口如图 4-18 所示。

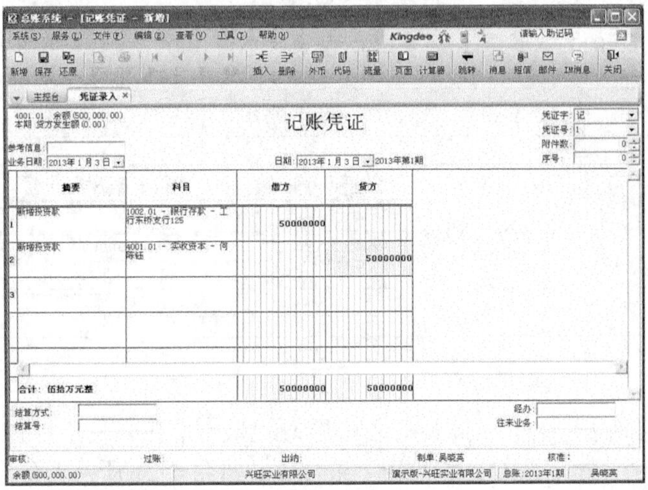

图 4-18

（10）单击"保存"按钮保存凭证。

> **注意** 录入凭证时的快捷键有：
> F7 键：显示代码。　　　　Ctrl+F7 组合键：自动借贷平衡。
> F4 键：新增凭证。　　　　F12 键：保存当前凭证。
> ".."（不是两个句号，是两个小数点，注意输入法全、半角的转换）：复制上一分录的摘要。
> "//"：当前凭证有多条分录时，只复制第一条分录的摘要。

### 2．录入外币凭证

外币凭证是指会计科目属性设置有"外币"核算功能的凭证，录入该类凭证时的重点是选择币别和设置汇率。下面以表 4-4 中数据为例进行外币凭证录入的练习，操作步骤如下。

（1）进入"记账凭证-新增"窗口，如图 4-5 所示（若已在"记账凭证"窗口，则单击工具栏上的"新增"按钮弹出 1 张空白凭证窗口），日期修改为"2013-1-3"，录入附件数"1"，第一条分录摘要处按 F7 键选择"收投资款"，会计科目处按 F7 功能键选择"1002.02-银行存款-中行东桥支行 128"，这时"记账凭证"窗口格式有变化，如图 4-19 所示。

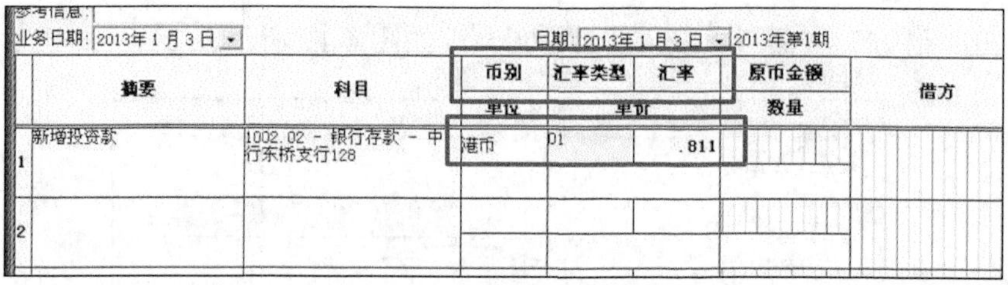

图 4-19

因为在初始设置中已将"1002.02-银行存款-中行东桥支行 128"会计科目的属性设置为"港币"核算，系统检测后转换录入格式。

> **注意** 若该科目是核算所有币别，则可以在港币位置处按 F7 键进行币别修改。

（2）结算方式选择"支票"，结算号为"2013124"。

（3）汇率保持"0.811"不变，录入原币金额"200 000"，这时在借方金额栏会出现本币金额，如图 4-20 所示。

图 4-20

（4）将光标移动到下一行，在摘要中选择"收投资款"，在科目中选择"4001.02-王成明"，光标移至"贷方金额"处，按 Ctrl+F7 组合键，结果如图 4-21 所示。保存当前凭证。

> **注意** 若用户不使用现金管理系统，结算方式和结算号可以不录，要取消总账参数中的"银行存款科目必须输入结算方式和结算号"选项。

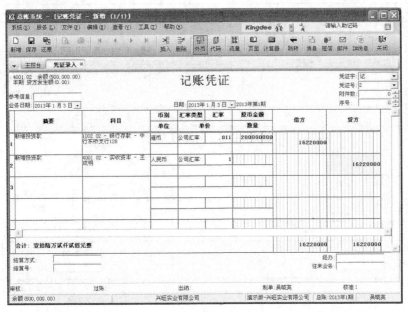

图 4-21

### 3．录入数量金额式凭证

数量金额式凭证是会计科目属性设有数量金额辅助核算功能的凭证，录入时一定要输入单价和数量。下面以表 4-5 中数据为例，进行数量金额式凭证的录入练习，具体步骤如下。

（1）调出"记账凭证-新增"窗口，如图 4-5 所示。摘要处获取"购进原材料"，科目处选择"1403.01-不干胶纸"，这时凭证格式自动改变，如图 4-22 所示。

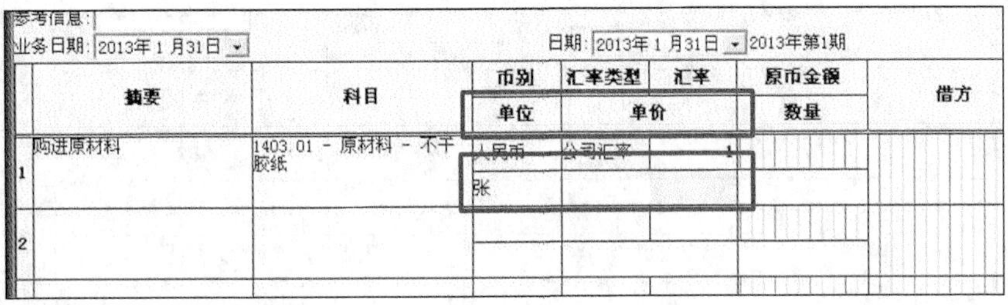

图 4-22

因为科目"1403.01-不干胶纸"的属性设有"数量金额辅助核算"，系统检测后会切换到数量金额录入状态。

（2）录入单价"20"，录入数量"50"，系统会将"单价×数量"的乘积显示在借方金额栏，如图 4-23 所示。

（3）光标移动到下一行，摘要处录入"进项税"，科目处选择"2221.01.01-进项税额"，录入借方金额"170"，如图 4-24 所示。

（4）光标移动到下一行，摘要处选择"购进原材料"，科目处选择"1001.01-人民币"，录入贷方金额"1 170",如图 4-25 所示。
(5)单击"保存"按钮保存凭证。

图 4-23

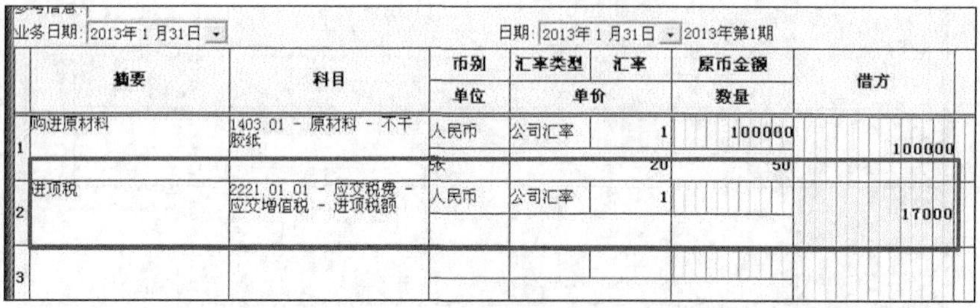

图 4-24

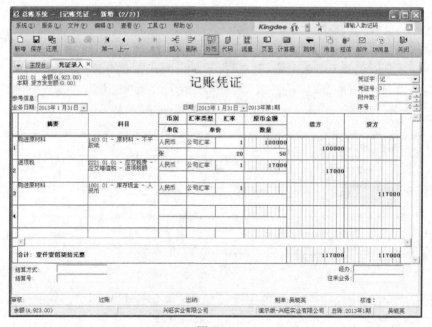

图 4-25

### 4. 录入核算项目凭证

核算项目凭证是指会计科目属性设有辅助核算功能的凭证。录入时要选择"核算项目代码"。以表 4-6 凭证为例,介绍核算项目凭证的录入步骤。

(1)在"记账凭证-新增"窗口中的摘要处选择"报销费用",科目处选择"6601.01-销售费用-差旅费",按下"Enter"键,光标移动至窗口下部的"职员"项目处。"差旅费"科目设有核算项目-"职员",系统检测后切换到"核算项目"录入状态,如图4-26所示。

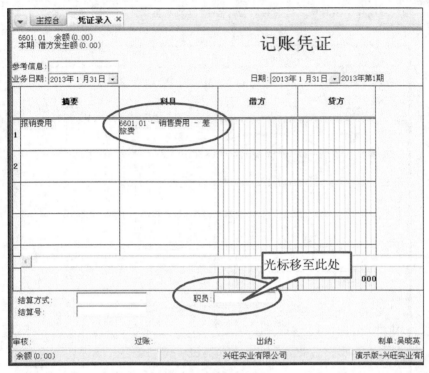

图 4-26

(2)在职员项目处按下F7键,系统弹出"核算项目-职员"管理窗口,单击"浏览"按钮切换到浏览列表档案模式,如图4-27所示。

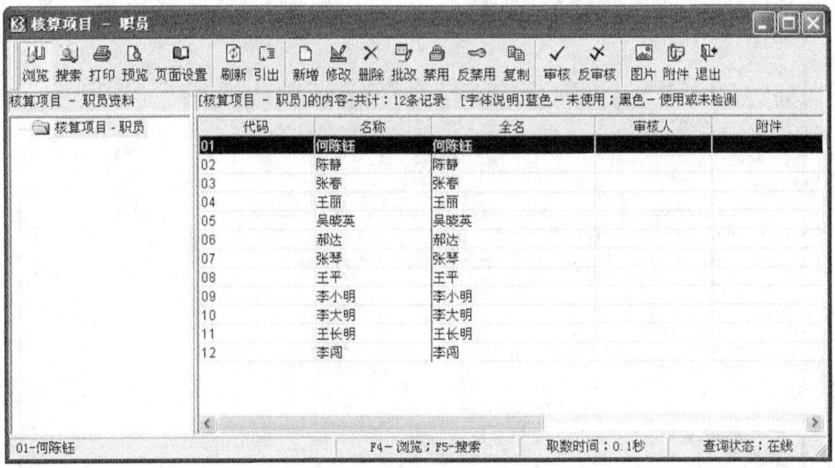

图 4-27

在"核算项目-职员"管理窗口中可以进行"职员"资料的新增、修改和删除等操作。双击"06 郝达",系统将所选中的项目引入到凭证窗口,如图4-28所示。请注意科目的变化。

（3）录入借方金额"850"。

（4）光标移至下一行，摘要选择"报销费用"，科目选择"1001.01 人民币"，贷方金额录入"850"，如图 4-29 所示。

> **注意** 若科目属多个项目核算时，在科目中会同时显示出来。

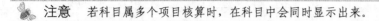

图 4-28

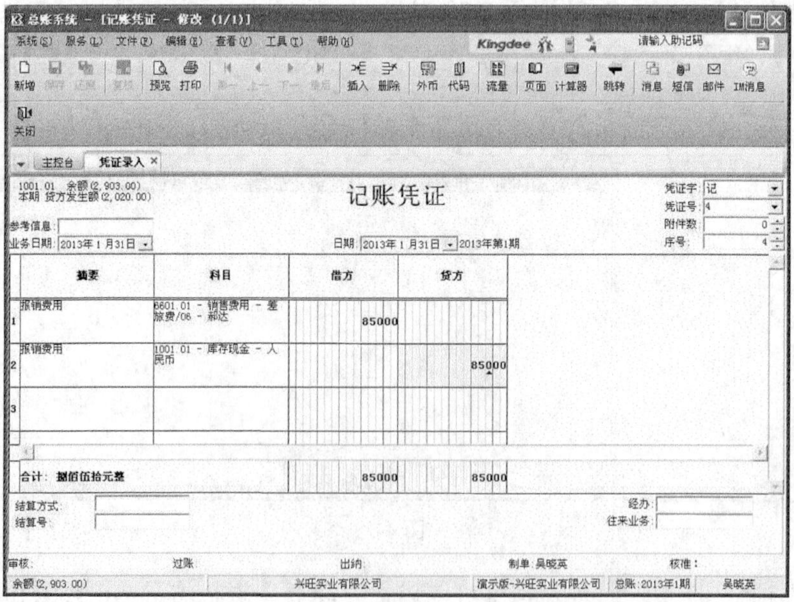

图 4-29

### 5. 记账凭证窗口中常用的菜单和工具按钮

（1）文件。

- **保存模式凭证**：为提高录入速度，可以将经常使用到的凭证类型保存起来以供调用，如经常使用的销售产品、报销费用等凭证。

> **注意** 建议调出所需要的模板凭证后再建立档案。

下面以增加"报销费用"模式凭证为例，介绍保存模式凭证的方法。

① 在"记账凭证-新增"窗口中单击工具栏中的"跳转"按钮，系统弹出"凭证跳转到…"过滤窗口，查询名称选择"凭证号"，包含参数录入"4"，单击查询按钮，系统将查询条件显示在右侧窗口中，再单击右侧窗口的记录，"跳转"按钮激活，如图 4-30 所示。

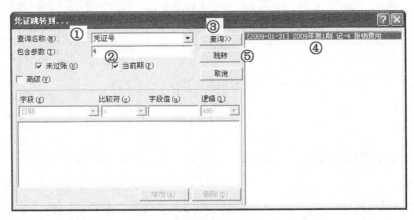

图 4-30

单击"跳转"按钮，跳转到"记—4"号凭证界面。单击菜单【文件】→【保存模式凭证】，系统弹出"保存模式凭证"窗口，如图 4-31 所示。

先建立模式凭证类型，单击类型右侧的"（编辑）"按钮，系统弹出"模式凭证类别"窗口，单击"编辑"窗口中的"新增"按钮，在名称处录入"销售类"，单击"保存"按钮，如图 4-32 所示。

图 4-31

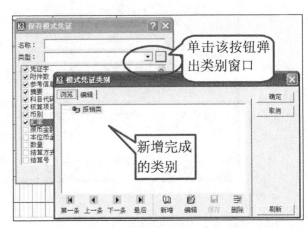

图 4-32

② 单击"确定"按钮返回"保存模式凭证"窗口，录入名称"报销费用"，选择类型"报销类"，如图4-33所示。

③ 单击"确定"按钮保存模式凭证，返回凭证窗口。

● **调入模式凭证**：将保存的模式凭证调出使用。

何陈钰总经理报销招待客户费用人民币1 200元，以调用模式凭证方式增加凭证。

① 在"记账凭证-新增"窗口中单击菜单【文件】→【调入模式凭证】，系统弹出"模式凭证"窗口，如图4-34所示。

图 4-33

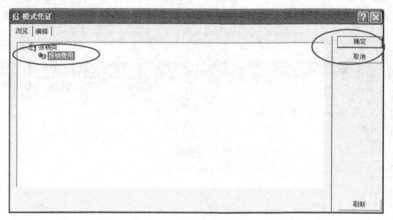

图 4-34

在模式凭证窗口中可以进行"模式凭证"的新增、修改、删除等操作。选中"报销费用"模式凭证，单击"确定"按钮，系统引入的"模式凭证"如图4-35所示。

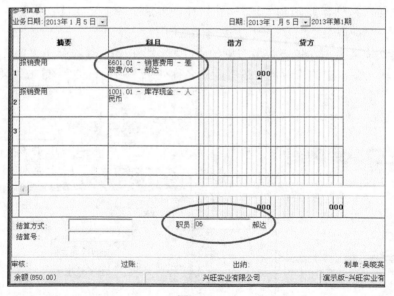

图 4-35

② 引入的凭证有摘要、科目和客户，只需录入金额和修改职员即可。借方金额处录入"1 200"、职员修改为"01何陈钰"，贷方金额处录入"1 200"，如图4-36所示。

③ 单击"保存"按钮保存凭证。
- **使用套打**：选中，则使用已经设置好的套打格式进行打印，并可使用金蝶公司的套打纸，输出格式美观。不选中，则以普通方式进行打印。
- **打印设置**：进行打印机的选择和纸张设置。
- **打印预览**：预览当前凭证的打印格式。
- **打印**：将当前凭证以预览格式打印出来。

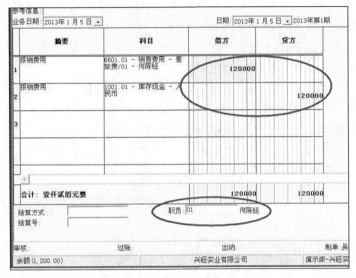

图 4-36

（2）编辑。
- **还原**：取消对凭证所做的修改。
- **出纳复核**：单击该按钮，凭证窗口下部"出纳"处显示复核人的"用户名"。对已经复核过的凭证，可单击该按钮取消复核。
- **现金流量项目**：将科目中的数据指定为某个现金流量项目的数据。选择该功能，系统弹出"现金流量项目指定"窗口，如图 4-37 所示。

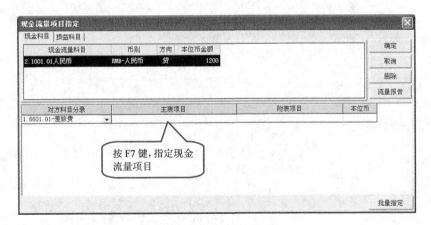

图 4-37

- **项目**：指定该条分录属于哪个项目和项目资源。选择该功能，系统弹出"项目信息"

窗口，如图4-38所示。

- **预算控制**：若科目的属性设有"预算科目"，弹出预算控制窗口。

（3）查看。

- **查看外币/数量**：将凭证显示格式切换为外币/数量格式。
- **查看代码**：查看光标所处项目的代码，如选择摘要、会计科目代码。
- **查看明细账**：查看该条分录的会计科目明细账。
- **附件管理**：对凭证进行附件管理。
- **跳转**：快速移动到满足条件的凭证。
- **页面设置**：进行凭证页面的设置。单击此项，系统弹出"凭证页面设置"窗口，如图4-39所示。在窗口中可以设置字体、颜色和尺寸等内容。
- **缺省页面设置**：返回到系统默认的页面设置状态。
- **选项**：设置凭证录入时的各种选项，如"凭证保存后立即新增"和"新增分录借贷自动平衡"等选项，如图4-40所示。

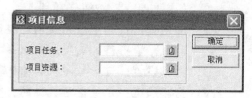

图4-38

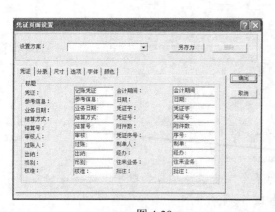

图4-39　　　　　　　　　　　图4-40

"凭证录入选项"窗口中各项目释义如表4-8所列。

表4-8　　　　　　　　　　　　　凭证录入选项

| 项　目 | 解　释 |
| --- | --- |
| 自动显示代码提示窗口 | 勾选此选项，在录入有代码的基础资料时，系统会自动显示所有代码。如录入会计科目时录入5，系统会自动将代码以5开头的所有会计科目显示出来。不勾选则不显示代码，但可按F7键选择代码 |
| 凭证录入缺省显示外币 | 勾选此选项，在以后新增凭证时，新增窗口的格式是外币/数量格式。反之，为本位币格式 |
| 凭证保存后立即新增 | 勾选此选项，凭证保存后立即新增1张空白凭证。适用于一次处理多张凭证。反之，新增凭证时需单击"新增"按钮 |
| 连续新增模式凭证 | 勾选此选项，调用模式凭证后还处于调用状态 |
| 新增凭证时取系统日期 | 新增凭证时取电脑当前的日期 |
| 每一项数据输入完后立即检查 | 每一项数据录入完后检查是否符合设置 |

续表

| 项　　目 | 解　　释 |
|---|---|
| 每一条分录输入完后立即检查 | 每一条分录录入完成后立即检查是否符合设置 |
| 保存进行原币平衡校验 | 进行原币的校验 |
| 核算项目回车检查 | 输入核算项目代码后单击回车键，系统检查该代码是否正确 |
| 单价不随金额计算 | 数量金额核算的会计科目，在录入凭证时，默认为"单价×数量=金额"。勾选此选项，金额不会自动计算出来，需手工录入单价、数量、金额 |
| 结算方式与结算号重复报警 | 当结算方式与结算号重复时弹出提示 |
| 借贷自动平衡 | 录入凭证时，系统借贷平衡，例如分录借方1 000元，当录入贷方时，会自动添加金额1 000元 |
| 摘要、科目、币别/汇率、单位、单价、数量、原币、本位币、结算方式、结算号、核算项目 | 勾选后，在录入凭证时，系统会自动携带所选中项目的上条分录信息 |

● **标准显示**：窗口上工具栏按钮的显示状态切换。建议选中。

（4）工具。

套打设置包括套打格式的设计、引入及引出等，请参考打印凭证一节。

### 4.2.2 凭证查询

在查询凭证时，用户可以设置组合条件进行查询，例如查询日期等于、大于、小于某个日期或查询客户在某个时间段的业务往来资料。查询时，还可以将经常使用的查询条件以方案形式保存下来，以备下次查询使用。

选择【财务会计】→【总账】→【凭证处理】→【凭证查询】，双击后弹出"会计分录序时簿过滤"窗口，如图4-41所示。

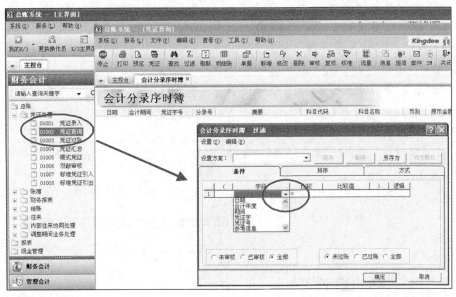

图 4-41

在条件选项卡窗口中可以设置查询条件（如字段、内容、比较关系和比较值）。在此选项卡中可同时设置多个条件。

在排序选项卡窗口中,可以设置查询结果中凭证资料的排序方式,默认以时间先后次序排列。

在方式选项卡窗口中,可以设置过滤方式——按凭证过滤还是按分录过滤,可采用默认值。

在此先不设置条件,单击"确定"按钮,系统进入"会计分录序时簿"窗口,如图4-42所示。

在"会计分录序时簿"窗口中,可以对凭证进行查看、修改、删除或审核等操作。

下面以查询凭证(日期为2013-1-3、凭证号小于3)并将其保存为方案A为例,介绍查询方案的设置方法。

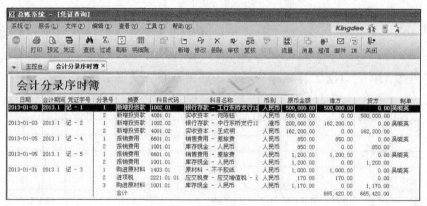

图 4-42

(1)单击工具栏上的"过滤"按钮,系统弹出"会计分录序时簿过滤"窗口。在第1条件的字段下拉列表中选择"日期",在"比较"框中设置"=",比较值录入"2013-1-3",逻辑选择"且",第2条件字段选择"凭证号",比较设置为"<",比较值录入"3",条件设置完成如图4-43所示。

(2)单击窗口中的"另存为"按钮,系统弹出"保存设置"窗口,录入"A",如图4-44所示。

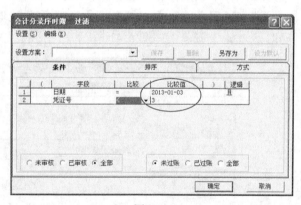

图 4-43

(3)单击"确定"按钮,返回过滤窗口,在"设置方案"中选择"A",如图4-45所示。

图 4-44

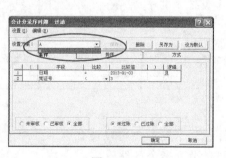

图 4-45

（4）单击"确定"按钮，显示满足条件的凭证，如图 4-46 所示。

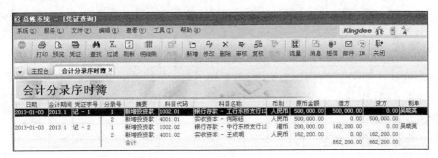

图 4-46

> **注意**
> 1. 不需要设置的方案和要在过滤窗口删除的方案，选中并单击"删除"按钮即可。
> 2. 请注意窗口下部的"未审核、已审核、全部"和"未过账、已过账、全部"的设置，如果有时认为系统中有满足条件的凭证而没有显示出来，查看一下这两个选项是否设置有误，这是用户容易忽略的选项。

### 4.2.3 凭证审核

凭证记账前必须经专人审核，检查凭证是否有错误。会计制度规定，凭证的审核人与制单人不能为同一操作员。本账套中的凭证制单人为"吴晓英"，以"陈静"身份登录账套进行审核。

凭证一旦进行审核，就不允许对其进行修改和删除，用户必须进行反审核操作后才能再对凭证进行修改和删除。金蝶 K/3 系统提供有可以不经过审核就过账的功能，设置方法是更改总账的系统参数。

在主界面窗口中选择【系统设置】→【系统设置】→【总账】→【系统参数】，双击后弹出"系统参数"窗口，单击"总账"选项卡下方的"凭证"选项卡，如图 4-47 所示。勾选"凭证过账前必需审核"，表示凭证必须经过审核后才能过账，反之不审核的凭证也能过账。

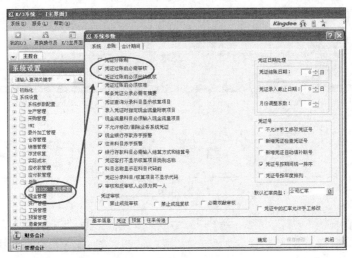

图 4-47

**注意** 只有系统管理员才能修改参数，"陈静"或"Administrator"都是系统管理员身份。

凭证审核方式有单张审核、成批审核和双敲审核三种。在此重点讲述前两种方法。

### 1. 单张审核

下面以审核第 1 号凭证为例，介绍单张审核方法。

（1）以"陈静"身份登录账套，查询凭证进入"会计分录序时簿"窗口，不设置条件，将所有凭证显示出来。

（2）在"会计分录序时簿"窗口中选中"记-1"号凭证，单击工具栏上的"审核"按钮，系统进入"记账凭证-审核"窗口，单击工具栏上的"审核"按钮，如果窗口左下角的"审核"项显示审核人的名字，表示审核成功，如图 4-48 所示。

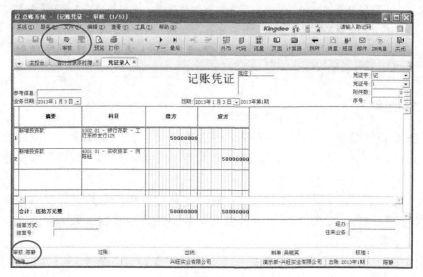

图 4-48

关闭"审核"窗口，在"会计分录序时簿"窗口中审核列有用户名，表示该凭证是该用户审核的，如图 4-49 所示。

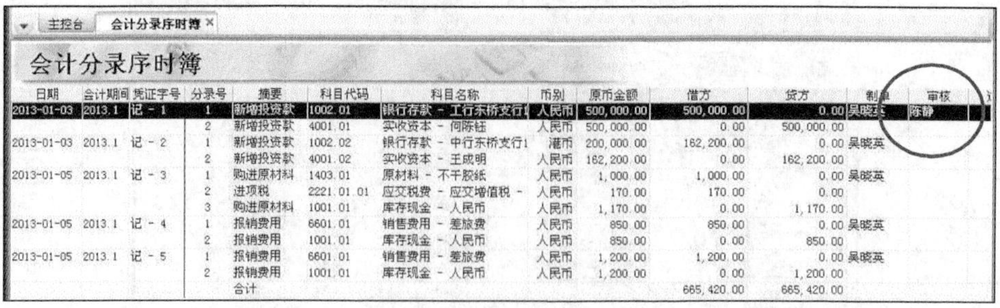

图 4-49

反审核（取消审核）类似审核。选中要反审核的凭证，单击工具栏上的"审核"按钮，系统弹出"审核"窗口，再单击工具栏上"审核"按钮，窗口左下角"审核"处无用户名显示就表示反审核成功。

## 2. 成批审核

金蝶 K/3 系统为提高工作效率，为用户提供成批审核凭证的功能。此功能只对未过账凭证有效。

下面以成批审核本账套中所有凭证为例，介绍成批审核的操作方法。

（1）在"会计分录序时簿"窗口中单击菜单【编辑】→【成批审核】，系统弹出"成批审核凭证"窗口，如图 4-50 所示。窗口中有两个选项（审核未审核的凭证和对已审核的凭证取消审核），两个选项只能选择其一。

（2）在窗口中选择"审核未审核的凭证"，单击"确定"按钮，稍后系统弹出提示，如图 4-51 所示。

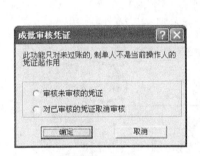

图 4-50

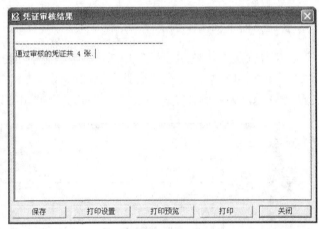

图 4-51

（3）单击"关闭"按钮，成批审核成功后如图 4-52 所示。

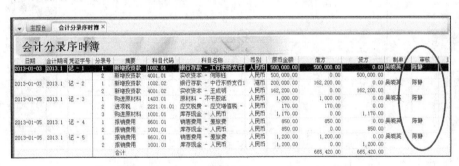

图 4-52

注意

1. 已经提示审核成功的凭证，如果在"会计分录序时簿"中的"审核"项中未显示"审核人"的名字，单击工具栏上的"刷新"按钮即可。
2. 成批反审核（取消审核）的方法是在"成批审核凭证"窗口中选中"对已审核的凭证取消审核"选项，单击"确定"按钮。

### 4.2.4 凭证修改、删除

要修改或删除的凭证只能是未过账和未审核的凭证。如果凭证已经过账或审核，删除和修改功能按钮不可用，凭证一定要反过账、反审核后才能修改。

修改时，在"会计分录序时簿"窗口中选中需要修改的凭证，单击工具栏上的"修改"按钮，系统弹出该张凭证的"记账凭证-修改"窗口，在窗口中直接修改，然后单击"保存"按钮；删除时，在"会计分录序时簿"窗口中选中需要删除的凭证，单击工具栏上的"删除"按钮，系统会提示是否进行删除操作，用户根据实际情况确定；如果对"作废"凭证重新启用，则单击"编辑"菜单下"反作废"命令。

### 4.2.5 凭证打印

金蝶 K/3 系统为用户提供有两种凭证打印方式，一种是普通打印，另一种是套打打印，下面分别介绍两种方式。

**1. 普通打印**

普通打印就是不"使用套打"功能进行格式设定的打印，具体步骤如下。

（1）先预览格式情况。在"会计分录序时簿"窗口中单击菜单【文件】→【打印凭证】→【打印预览】，系统弹出"打印预览"窗口，如图 4-53 所示。

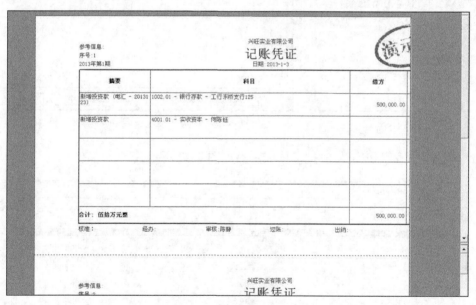

图 4-53

通过预览可能会有 3 个问题：
① 纸张方向不对或纸张过大，怎么办？
② 若涉及外币和数量式的凭证，怎样打印？
③ 如参考信息等项目不想打印，怎么办？
（2）设置打印纸张大小。假设使用 24cm×12cm 的打印纸，设置步骤如下。
① 确认打印机是否具有自定义纸张功能。
② 单击"开始"菜单"设置"下的"打印机"选项，如图 4-54 所示。
③ 系统弹出"打印机"窗口，选中使用的打印机名称，单击"文件"菜单下的"服务器属性"命令，如图 4-55 所示。

图 4-54

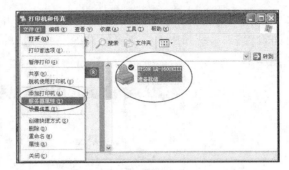
图 4-55

④ 系统弹出"打印服务器属性"窗口，选中"创建新格式"项，将"宽度"修改为"24cm"，"高度"修改为"12cm"（此数值由用户实际所使用的打印纸张大小设定），表格名录入"凭证纸"，如图 4-56 所示。

⑤ 单击"保存格式"按钮保存所设置的格式，单击"关闭"按钮退出窗口。

（3）切换到金蝶 K/3 的"打印预览"窗口，单击窗口上部的"打印设置"按钮，系统弹出"打印设置"窗口，在窗口中可以选定打印机的名称、纸张大小和方向等，纸张大小选择刚才设置的"凭证纸"，如图 4-57 所示。

图 4-56

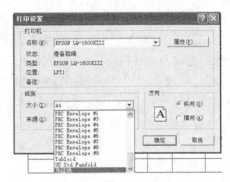
图 4-57

（4）单击"确定"按钮返回"打印预览"窗口，这时请注意打印格式的变换，如图 4-58 所示。

在预览窗口发现纸张高度太小，可以更改纸张大小（通常不采用，因纸张大小是固定数据）或调整分录的高度，在此采用第 2 种方法。并且右侧边缘靠近纸边，可以将科目的宽度缩小。

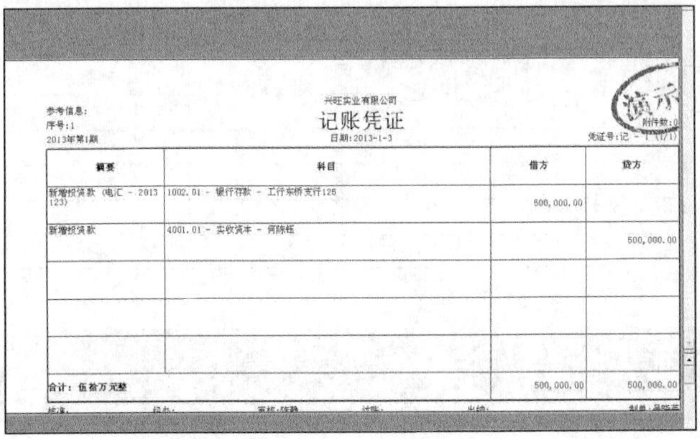

图 4-58

（5）单击"退出"按钮返回"会计分录序时簿"窗口，单击菜单【文件】→【打印凭证】→【页面设置】，系统弹出"凭证页面设置"窗口，单击"尺寸"选项卡，切换到尺寸修改窗口，如图4-59所示。

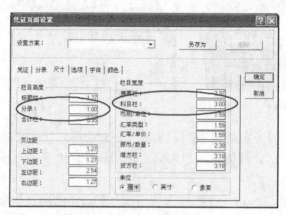

图4-59

请注意窗口右下角的"单位"选项。

（6）选择单位"厘米"，修改栏目高度下的分录高度为"1"，科目栏修改为"3"，单击"确定"按钮返回"会计分录序时簿"窗口，单击【文件】→【打印凭证】→【打印预览】，系统弹出"打印预览"窗口，如图4-60所示，表示所做设置起作用。

（7）修改参考信息、序号等。在"会计分录序时簿"窗口中单击【文件】→【打印凭证】→【页面设置】，系统弹出"凭证页面设置"窗口，如图4-61所示。

窗口中左列显示标题名称，右列显示打印时的名称，如把右列的"参考信息"改为"我的信息"，则在打印时显示"我的信息"。

（8）设置凭证为外币/数量式的打印格式。单击图4-59中的"选项"标签页，切换到"选项"窗口，如图4-62所示。

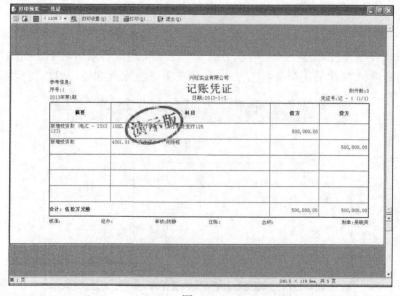

图4-60

　　　　图 4-61

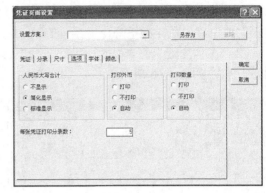
　　　　图 4-62

窗口中有人民币大写合计、打印外币和打印数量 3 个选项，打印外币和打印数量建议选中"自动"，这样系统在打印凭证时检测到外币或数量，会将外币和数量打印出来，如果没有选中"自动"，则不打印外币或数量。"每张凭证打印分录数"是指打印时 1 张凭证上打印几条分录。

（9）各选项设置完成后单击"确定"按钮，返回"会计分录序时簿"窗口，单击【文件】→【打印凭证】→【打印预览】，系统弹出"打印预览"窗口，单击窗口左上角的"向下翻页"按钮，查看第 2 张凭证的格式，如图 4-63 所示。

（10）格式符合要求即可单击菜单【文件】→【打印凭证】→【打印】进行凭证的打印输出。

> **注意**
> 1. 若使用的是演示版，则在打印时会显示"演示版"字样。
> 2. 在"凭证页面设置"时，可随时切换到"打印预览"窗口查看设置效果。

　　　　图 4-63

## 2．套打设置

下面将"会计分录序时簿"中的凭证以"套打"形式打印，操作步骤如下。

（1）在"会计分录序时簿"窗口中单击菜单【工具】→【套打设置】，系统弹出"套打设置"窗口，如图 4-64 所示。

（2）在"凭证"行、"对应套打"列单击下拉按钮，选择"kd 针打记账凭证金蝶配套 KP-Z105"，如图 4-65 所示。

图 4-64　　　　　　　　　　　　　　图 4-65

单击"预览"按钮可以查询所选择的套打格式，若对格式不满意，可以单击"设计"按钮进行修改。

（3）单击"保存"按钮保存当前设置，单击"关闭"按钮返回会计分录序时簿窗口，单击菜单【文件】→【打印凭证】→【使用套打】项，再单击菜单【文件】→【打印凭证】→【打印预览】，系统进入打印预览窗口，如图 4-66 所示。

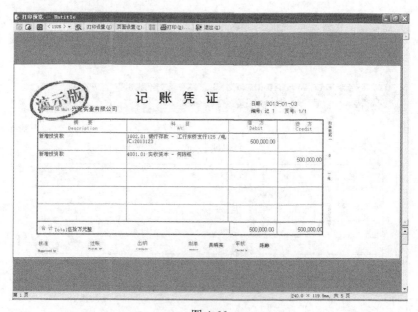

图 4-66

注意

1. 因系统中预设的格式与专用的金蝶凭证套打纸（金蝶公司有售）规格相同，若用户使用该种纸张，则先在打印机的服务器属性中选择自定义纸张，之后返回选择打印纸张。购买套打纸之后，金蝶销售人员会为用户调整好打印机。

2. 设置不同打印格式时，多用"打印预览"功能进行查看。

3. 打印格式设置完成，建议先放 1 张打印纸测试输出效果。

4. 若 1 次只想打印 1 张凭证，可以在“会计分录序时簿”窗口中选中要打印的凭证，双击进入“凭证–查看”窗口进行打印，也可以在打印时设置打印范围。

5. 使用套打时可以使用“过滤”功能，将需要打印的凭证筛选出来，然后设置套打格式。

### 4.2.6 凭证过账

只有本期的凭证过账后才能期末结账。过账操作步骤如下。

（1）在主界面窗口中选择【财务会计】→【总账】→【凭证处理】→【凭证过账】，双击后弹出“凭证过账”窗口，如图 4-67 所示。

（2）用户在窗口中根据需要设置相应选项，在此采用默认值。单击“开始过账”按钮，稍后系统弹出过账情况信息，如图 4-68 所示。

（3）单击“关闭”按钮，以凭证查询的方式进入“会计分录序时簿”窗口查看是否过账完成，过账成功的凭证会在过账项目下显示过账人的用户名，如图 4-69 所示。

**注意**　理论上已经过账的凭证不允许修改，只能采取编制补充凭证或红字冲销凭证的方式进行更正。因此，在过账前应该对记账凭证的内容仔细审核。系统只能检验记账凭证中的数据关系，而无法检查其业务逻辑关系。金蝶 K/3 为用户提供了反过账功能，在“会计分录序时簿”窗口中单击菜单【编辑】→【反过账】即可。

图 4-67

图 4-68

| 日期 | 会计期间 | 凭证字号 | 摘要 | 科目代码 | 科目名称 | 币别 | 原币金额 | 借方 | 贷方 | 制单 | 审核 | 过账 |
|---|---|---|---|---|---|---|---|---|---|---|---|---|
| 2013-01-03 | 2013.1 | 记 - 1 | 新增投资款 | 1002.01 | 银行存款 - 工行东桥支行1 | 人民币 | 500,000.00 | 500,000.00 | 0.00 | 吴晓英 | 陈静 | 陈静 |
| | | | 新增投资款 | 4001.01 | 实收资本 - 何陈钰 | 人民币 | 500,000.00 | 0.00 | 500,000.00 | | | |
| 2013-01-03 | 2013.1 | 记 - 2 | 新增投资款 | 1002.02 | 银行存款 - 中行东桥支行1 | 港币 | 200,000.00 | 162,200.00 | 0.00 | 吴晓英 | 陈静 | 陈静 |
| | | | 新增投资款 | 4001.02 | 实收资本 - 王成明 | 人民币 | 162,200.00 | 0.00 | 162,200.00 | | | |
| 2013-01-05 | 2013.1 | 记 - 3 | 购进原材料 | 1403.01 | 原材料 - 不干胶纸 | 人民币 | 1,000.00 | 1,000.00 | 0.00 | 吴晓英 | 陈静 | 陈静 |
| | | | 进项税 | 2221.01.01 | 应交税费 - 应交增值税 - | 人民币 | 170.00 | 170.00 | 0.00 | | | |
| | | | 购进原材料 | 1001.01 | 库存现金 - 人民币 | 人民币 | 1,170.00 | 0.00 | 1,170.00 | | | |
| 2013-01-05 | 2013.1 | 记 - 4 | 报销费用 | 6601.01 | 销售费用 - 差旅费 | 人民币 | 850.00 | 850.00 | 0.00 | 吴晓英 | 陈静 | 陈静 |
| | | | 报销费用 | 1001.01 | 库存现金 - 人民币 | 人民币 | 850.00 | 0.00 | 850.00 | | | |
| 2013-01-05 | 2013.1 | 记 - 5 | 报销费用 | 6601.01 | 销售费用 - 差旅费 | 人民币 | 1,200.00 | 1,200.00 | 0.00 | 吴晓英 | 陈静 | 陈静 |
| | | | 报销费用 | 1001.01 | 库存现金 - 人民币 | 人民币 | 1,200.00 | 0.00 | 1,200.00 | | | |
| | | | 合计 | | | | | 665,420.00 | 665,420.00 | | | |

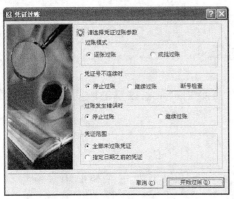

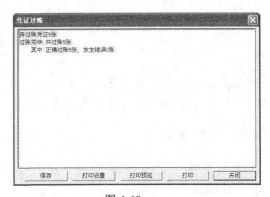

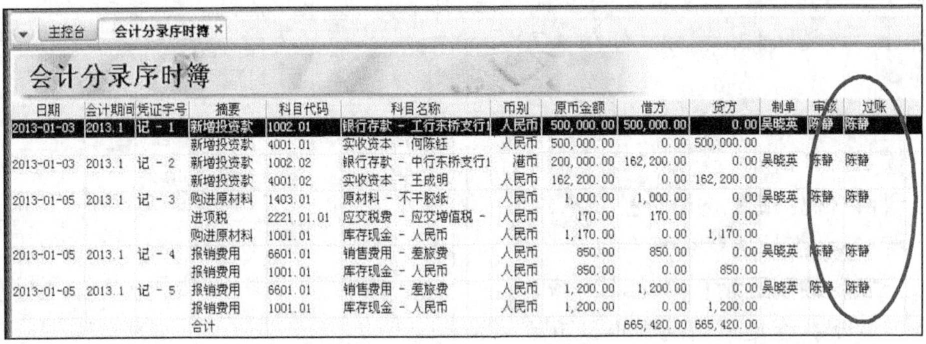

图 4-69

#### 4.2.7 凭证汇总

凭证汇总是指将满足条件的凭证汇总生成报表。

在主界面窗口中选择【财务会计】→【总账】→【凭证处理】→【凭证汇总】，双击后弹出"过滤条件"窗口，在窗口中设置汇总凭证的日期范围、科目级别和币别等，如图4-70所示。

选择"包含所有凭证字"，单击"确定"按钮，系统弹出"凭证汇总表"窗口，如图4-71所示。

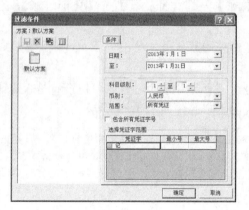

图 4-70

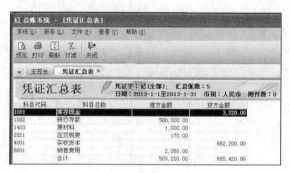

图 4-71

## 4.3 账簿

系统提供的账簿有总分类账、明细分类账、数量金额总账、数量金额明细账、多栏账、核算项目分类总账和核算项目明细账等。

### 4.3.1 总分类账

总分类账用于查询总账科目的本期借方发生额、本期贷方发生额和期末余额等项目数据，操作步骤如下。

（1）在主界面窗口中选择【财务会计】→【总账】→【账簿】→【总分类账】，双击后弹出"过滤条件"窗口，如图4-72所示。

- **科目级别**：选择要求显示的科目级别。
- **科目代码**：设置查询的科目范围，按F7功能键选择会计科目。
- **无发生额不显示**：勾选此选项，不显示在选定期间范围内没有发生业务的科目。
- **包括未过账凭证**：勾选此选项，

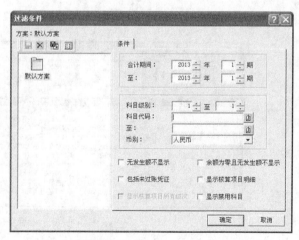

图 4-72

科目的汇总数据含有未过账凭证，反之汇总数据只有已过账凭证。

- **余额为零且无发生额不显示：**勾选此选项，不显示科目余额为零且在选定期间范围内无发生额的总账。
- **显示核算项目明细：**勾选此选项，科目下有核算项目的显示核算项目明细数据，反之不显示。
- **显示核算项目所有级次：**勾选上一项，再勾选此选项，当核算项目有分级时，核算项目显示到末级，反之只显示核算项目的第一级数据。
- **显示禁用科目：**勾选此选项，若禁用科目下有数据也显示出来，反之不显示。

（2）过滤条件保持默认值，单击“确定”按钮，系统进入“总分类账”窗口，如图 4-73 所示。

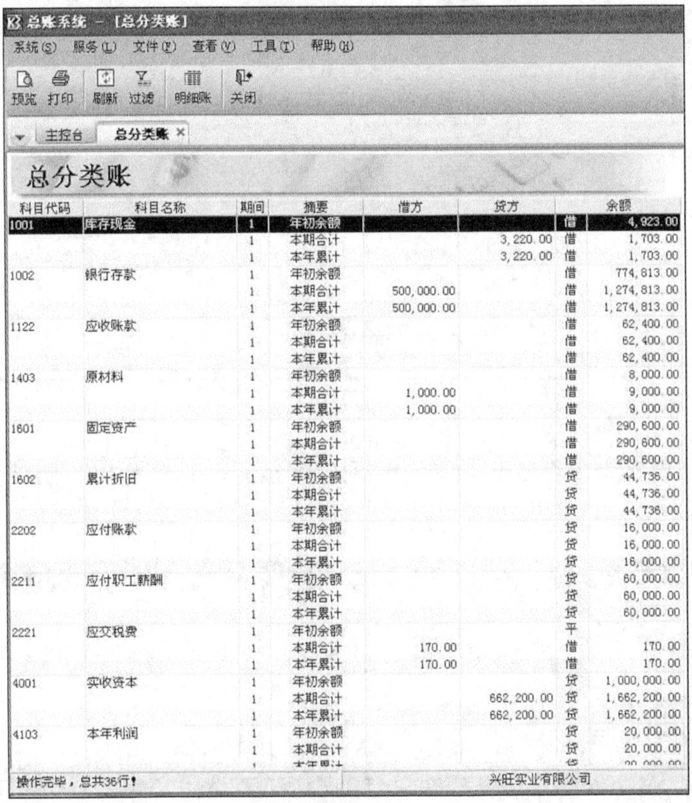


| 科目代码 | 科目名称 | 期间 | 摘要 | 借方 | 贷方 | | 余额 |
|---|---|---|---|---|---|---|---|
| 1001 | 库存现金 | 1 | 年初余额 | | | 借 | 4,923.00 |
| | | 1 | 本期合计 | | 3,220.00 | 借 | 1,703.00 |
| | | 1 | 本年累计 | | 3,220.00 | 借 | 1,703.00 |
| 1002 | 银行存款 | 1 | 年初余额 | | | 借 | 774,813.00 |
| | | 1 | 本期合计 | 500,000.00 | | 借 | 1,274,813.00 |
| | | 1 | 本年累计 | 500,000.00 | | 借 | 1,274,813.00 |
| 1122 | 应收账款 | 1 | 年初余额 | | | 借 | 62,400.00 |
| | | 1 | 本期合计 | | | 借 | 62,400.00 |
| | | 1 | 本年累计 | | | 借 | 62,400.00 |
| 1403 | 原材料 | 1 | 年初余额 | | | 借 | 8,000.00 |
| | | 1 | 本期合计 | 1,000.00 | | 借 | 9,000.00 |
| | | 1 | 本年累计 | 1,000.00 | | 借 | 9,000.00 |
| 1601 | 固定资产 | 1 | 年初余额 | | | 借 | 290,600.00 |
| | | 1 | 本期合计 | | | 借 | 290,600.00 |
| | | 1 | 本年累计 | | | 借 | 290,600.00 |
| 1602 | 累计折旧 | 1 | 年初余额 | | | 贷 | 44,736.00 |
| | | 1 | 本期合计 | | | 贷 | 44,736.00 |
| | | 1 | 本年累计 | | | 贷 | 44,736.00 |
| 2202 | 应付账款 | 1 | 年初余额 | | | 贷 | 16,000.00 |
| | | 1 | 本期合计 | | | 贷 | 16,000.00 |
| | | 1 | 本年累计 | | | 贷 | 16,000.00 |
| 2211 | 应付职工薪酬 | 1 | 年初余额 | | | 贷 | 60,000.00 |
| | | 1 | 本期合计 | | | 贷 | 60,000.00 |
| | | 1 | 本年累计 | | | 贷 | 60,000.00 |
| 2221 | 应交税费 | 1 | 年初余额 | | | 平 | |
| | | 1 | 本期合计 | 170.00 | | 借 | 170.00 |
| | | 1 | 本年累计 | 170.00 | | 借 | 170.00 |
| 4001 | 实收资本 | 1 | 年初余额 | | | 贷 | 1,000,000.00 |
| | | 1 | 本期合计 | | 662,200.00 | 贷 | 1,662,200.00 |
| | | 1 | 本年累计 | | 662,200.00 | 贷 | 1,662,200.00 |
| 4103 | 本年利润 | 1 | 年初余额 | | | 贷 | 20,000.00 |
| | | 1 | 本期合计 | | | 贷 | 20,000.00 |

图 4-73

单击“查看”菜单下“查看明细账”可以查看该科目的明细账记录。单击“文件”菜单，设置页面属性，可以套打或按科目分页打印等。

### 4.3.2　明细分类账

明细分类账用于查询各科目下的明细账数据。

（1）在主界面窗口中选择【财务会计】→【总账】→【账簿】→【明细分类账】，双击后弹出“过滤条件”窗口，如图 4-74 所示。

- **按期间查询：**查询范围为某期间。

- **按日期查询**：查询范围为某天。
- **只显示明细科目**：勾选此选项，当科目级别为多级别时，明细账只显示末级科目的数据。
- **强制显示对方科目**：勾选此选项，同时显示对方科目。
- **显示对方科目核算项目**：勾选此选项，对方科目下有核算项目的同时显示。
- **按明细科目列表显示**：勾选此选项，明细科目以列表格式显示。

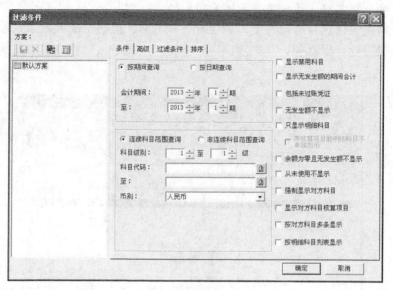

图 4-74

（2）科目级别设置为 1 至 3 级，单击"确定"按钮，系统弹出"明细分类账"窗口，如图 4-75 所示。

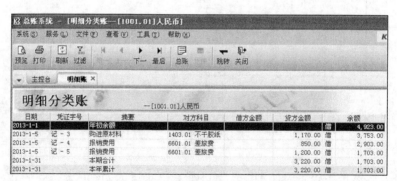

图 4-75

单击"第一、上一、下一、最后"按钮查询不同科目的明细账，单击"总账"查看该科目的总账数据。

### 4.3.3 数量金额总账

数量金额总账用于查询设有数量金额核算科目的数据，包括期初结存、本期收入、本期发出、本年累计收入、本年累计发出、期末结存的数量和单价数据。

（1）在主界面窗口中选择【财务会计】→【总账】→【账簿】→【数量金额总账】，双击后弹出"过滤条件"窗口，如图 4-76 所示。

条件设置同总分类账的设置类似，请注意科目级次的设置。

（2）科目级次设为 1 至 2 级（因本账套中设有数量金额核算的科目为 2 级科目），单击"确定"按钮，如图 4-77 所示。

过滤条件设置、页面设置方法同总分类账的设置方法类似。

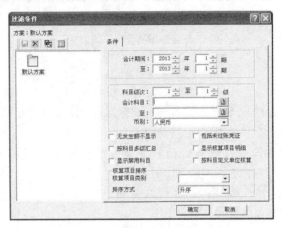

图 4-76

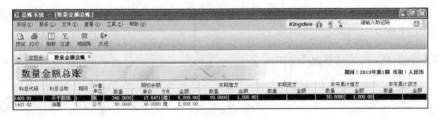

图 4-77

### 4.3.4 数量金额明细账

数量金额明细账用于查询设有数量金额核算科目的明细账数据。

（1）在主界面窗口中选择【财务会计】→【总账】→【账簿】→【数量金额明细账】，双击该功能，系统弹出"过滤条件"窗口，如图 4-78 所示。

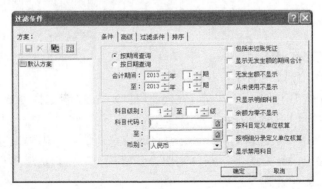

图 4-78

过滤条件设置方法同前面的设置方法类似。

（2）科目级别设置为 1 至 2 级，单击"确定"按钮，系统弹出"数量金额明细账"窗口，如图 4-79 所示。

图 4-79

### 4.3.5 多栏账

不同企业的科目设置情况不同，因此多栏式明细账需要用户自行设定。下面以查询"营业费用"的多栏账为例介绍多栏账的设置方法。

（1）在主界面窗口中选择【财务会计】→【总账】→【账簿】→【多栏账】，双击后弹出"多栏式明细分类账"窗口，如图 4-80 所示。

- **多栏账名称**：选择已设计好的多栏账。
- **会计期间**：查询期间范围。
- **设计**：进行多栏账的设计管理，如新增、修改或删除等。

（2）设计"销售费用多栏账"。单击"设计"按钮，系统弹出"多栏式明细账定义"窗口，如图 4-81 所示。

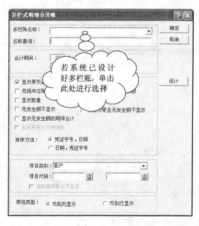

图 4-80

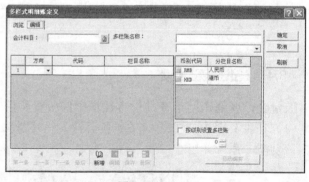

图 4-81

- **浏览**：浏览已有的多栏账。
- **编辑**：新增、修改或删除多栏账。

（3）在编辑窗口中单击"新增"按钮，在会计科目处按 F7 键选择"6601 销售费用"科目，再单击窗口右下角的"自动编排"按钮，系统会将该科目下的明细科目排列出来，如图 4-82 所示。

（4）币别代码选择"人民币"，多栏账名称保持默认值，单击"保存"按钮保存当前设置。若要编辑、删除已设计好的多栏账，则切换到"浏览"窗口选中多栏账后，再返回"编辑"窗口进行编辑和删除操作。

图 4-82

（5）在"浏览"窗口中选中"销售费用多栏明细账"，单击"确定"按钮，返回"多栏式明细分类账"窗口。

（6）多栏账名称选择刚才设置的"销售费用多栏明细账"，单击"确定"按钮，系统弹出"多栏式明细账"窗口，如图 4-83 所示。

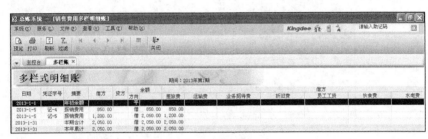

图 4-83

### 4.3.6 核算项目分类总账

核算项目分类总账用于查看带有核算项目设置的科目总账。

（1）在主界面窗口中选择【财务会计】→【总账】→【账簿】→【核算项目分类总账】，双击后弹出"过滤条件"窗口，如图 4-84 所示。

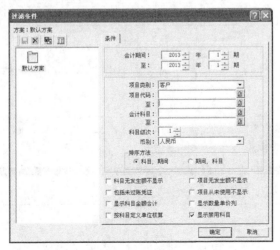

图 4-84

过滤条件设置方法同前面的总分类账设置方法类似。

（2）选择项目类别"职员"，单击"确定"按钮，系统弹出"6601 销售费用"的"核算项目分类总账"窗口，如图 4-85 所示。

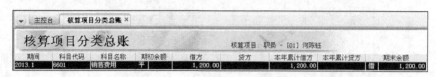

图 4-85

单击"第一、上一、下一、最后"按钮，可以查看不同核算项目的数据。

### 4.3.7 核算项目明细账

核算项目明细账用于查看核算项目的明细账。

（1）在主界面窗口中选择【财务会计】→【总账】→【账簿】→【核算项目明细账】，双击后弹出"过滤条件"窗口，如图 4-86 所示。

图 4-86

（2）项目类别选择"职员"，单击"确定"按钮，系统弹出"核算项目明细账"窗口，如图 4-87 所示。

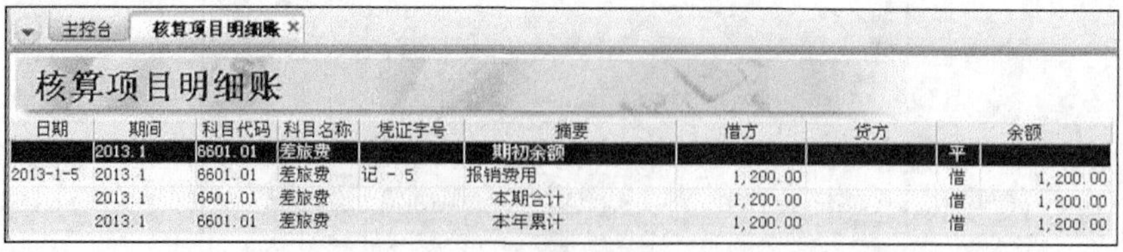

图 4-87

单击"第一、上一、下一、最后"按钮，可以查看不同核算项目的数据。

## 4.4 财务报表

系统提供的报表有科目余额表、试算平衡表、日报表、核算项目余额表、核算项目明细表、核算项目汇总表、核算项目组合表、科目利息计算表和调汇历史信息表等。

### 4.4.1 科目余额表

科目余额表列出账套中所有会计科目的余额情况。可设置查询期间范围和查询级次等。

（1）在主界面窗口中选择【财务会计】→【总账】→【财务报表】→【科目余额表】，双击后弹出"过滤条件"窗口，如图 4-88 所示。

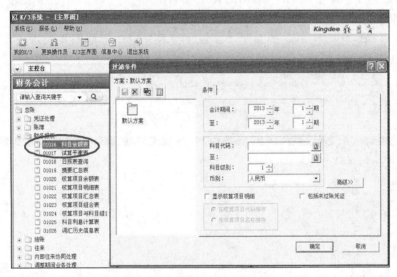

图 4-88

在窗口中可以设置查询条件，单击"高级"按钮可以进行更复杂的条件设置。

（2）科目级别设为"2"，单击"确定"按钮，系统弹出"科目余额表"窗口，如图 4-89 所示。

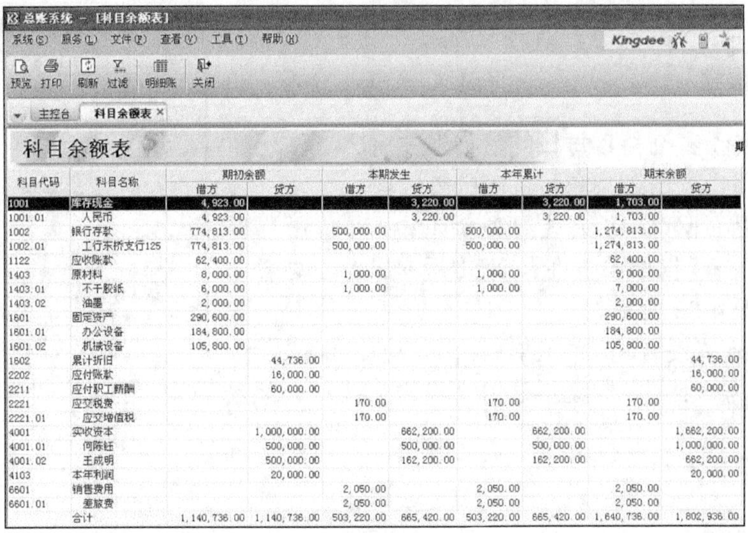

图 4-89

> **注意** 工具栏上的"明细账"按钮非常有用,通过该按钮可以查看该科目的明细账,再通过明细账窗口可查看总账或凭证。

### 4.4.2 试算平衡表

试算平衡表用于查询账套中科目借贷方发生额和余额是否平衡。可设置查询期间范围、查询级次和币别等选项。

(1)在主界面窗口中选择【财务会计】→【总账】→【财务报表】→【试算平衡表】,双击后弹出"试算平衡表"查询窗口,如图 4-90 所示。

图 4-90

(2)单击"确定"按钮,系统弹出"试算平衡表"窗口,如图 4-91 所示。

| 科目代码 | 科目名称 | 期初余额 | | 本期发生额 | | 期末余额 | |
|---|---|---|---|---|---|---|---|
| | | 借方 | 贷方 | 借方 | 贷方 | 借方 | 贷方 |
| 1001 | 库存现金 | 4,923.00 | | | 3,220.00 | 1,703.00 | |
| 1002 | 银行存款 | 774,813.00 | | 500,000.00 | | 1,274,813.00 | |
| 1122 | 应收账款 | 62,400.00 | | | | 62,400.00 | |
| 1403 | 原材料 | 8,000.00 | | 1,000.00 | | 9,000.00 | |
| 1601 | 固定资产 | 290,600.00 | | | | 290,600.00 | |
| 1602 | 累计折旧 | | 44,736.00 | | | | 44,736.00 |
| 2202 | 应付账款 | | 16,000.00 | | | | 16,000.00 |
| 2211 | 应付职工薪酬 | | 60,000.00 | | | | 60,000.00 |
| 2221 | 应交税费 | | | 170.00 | | 170.00 | |
| 4001 | 实收资本 | | 1,000,000.00 | | 662,200.00 | | 1,662,200.00 |
| 4103 | 本年利润 | | 20,000.00 | | | | 20,000.00 |
| 6601 | 销售费用 | | | 2,050.00 | | 2,050.00 | |
| | 合计 | 1,140,736.00 | 1,140,736.00 | 503,220.00 | 665,420.00 | 1,640,736.00 | 1,802,936.00 |

图 4-91

请注意窗口上显示的"试算结果不平衡"字样,这是因为本期发生的业务涉及外币。在查看试算平衡表时,将币别设置为"综合本位币"后再进行查询,如果账套中没有错误就会显示"试算结果平衡"字样。

### 4.4.3 日报表

日报表可用于查询科目每日的借贷发生情况。可设置查询日期范围、查询级次和科目范围等选项。

(1)在主界面窗口中选择【财务会计】→【总账】→【财务报表】→【日报表查询】,双击后弹出"过滤条件"窗口,如图 4-92 所示。

图 4-92

(2)日期范围设置为"2013-1-1 至 2013-1-5",科目级次设置为"1 至 2"级,单击"确定"按钮,系统弹出"日报表"窗口,如图 4-93 所示。

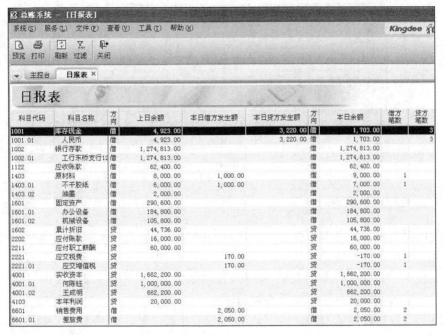

图 4-93

### 4.4.4 核算项目余额表

核算项目余额表用于查询科目的核算项目的余额情况，可设置查询日期范围和级次等选项。

（1）在主界面窗口中选择【财务会计】→【总账】→【财务报表】→【核算项目余额表】，系统弹出"过滤条件"窗口，如图 4-94 所示。

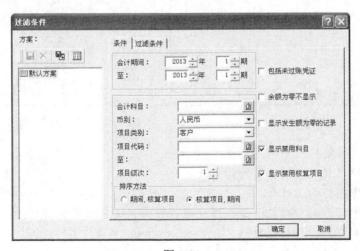

图 4-94

（2）会计科目通过按 F7 键选择"6601 销售费用"，选择项目类别"职员"，单击"确定"按钮系统弹出"核算项目余额表"，如图 4-95 所示。

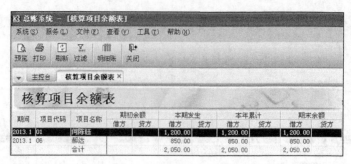

图 4-95

### 4.4.5 核算项目明细表

核算项目明细表用于查询科目的核算项目的明细情况。查询核算项目明细表时必须先建立查询方案（过滤条件和显示项目）。

(1) 在主界面窗口中选择【财务会计】→【总账】→【财务报表】→【核算项目明细表】，双击后弹出"过滤条件"窗口，如图 4-96 所示。

因该报表没有后台默认方案，所以必须先建立方案。窗口左侧显示已建立好的方案，右侧对方案的查询条件、显示项目、过滤条件和排序进行设置。

(2) 切换到"显示项目"窗口，选中凭证摘要、发生日期、科目名称、发生额、凭证号、供应商、客户和职员等项目，如图 4-97 所示。

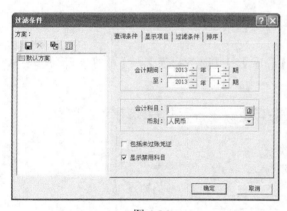

图 4-96

图 4-97

- **全选**：勾选窗口内的所有项目。
- **全清**：取消窗口中所有项目的勾选。
- **上**：选中项目向上移动。
- **下**：选中项目向下移动。是设定该项目显示在某列次序的工具。

(3) 过滤条件和排序保持默认值，单击窗口左侧的"另存为"按钮，系统弹出"金蝶提示"窗口，录入方案"B 方案"，如图 4-98 所示。

(4) 单击"确定"按钮返回过滤条件窗口。选中"B 方案"方案，单击"确定"按钮，系统弹出"核算项目明细表"窗口，如图 4-99 所示。

核算项目汇总表和核算项目组合表的操作方法与核算项目明细表的操作方法类似。

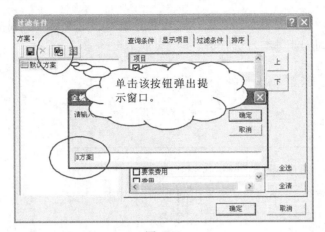

图 4-98

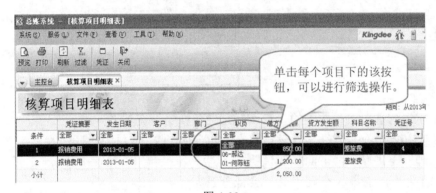

图 4-99

科目利息计算表用于查询设有利息属性的科目利息，调汇历史信息表用于查看本账套历史调汇情况，操作方法同前面的操作方法类似。

## 4.5 往来

往来管理提供了核销管理、往来对账单和账龄分析表等功能。应用这些功能的前提是科目的属性要设置为"往来业务核算"。

> **注意** 本教程的操作以应收和应付系统与总账系统联合使用为背景，所以本节中的所有实例图片来源于其他账套。本节讲述总账系统单独使用中总账参数设置为"启用往来业务核销"后，"往来"子功能的使用方法。

修改"1131 应收账款"和"2121 应付账款"，选中"往来业务核算"选项。已设置"往来业务核算"的科目在录入凭证时，系统会提示录入"往来业务编号"，如图 4-100 所示。

### 4.5.1 核销管理

使用"核销管理"功能要预先有如下操作。
（1）会计科目属性包含"往来业务核算"选项。

（2）涉及往来业务核算科目的凭证，往来业务编号一定要录入（或按 F7 键选择），因为核销的原理是根据同一业务编号进行的。

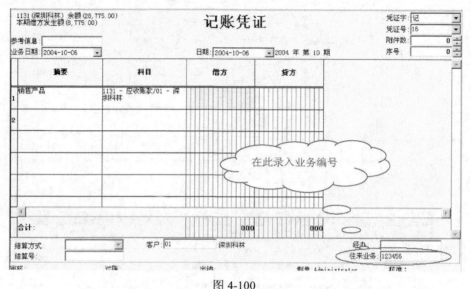

图 4-100

（3）一定要勾选总账参数中的"启用往来业务核销"选项。

因本账套初始没有设置往来业务核算，所以涉及应收、应付的凭证暂没有录入业务编号，在此只讲原理，不讲操作。下面举例说明。

【例】10 月 1 日销售 A 公司产品，会计分录如下。

  借：应收账款——A 公司——123（业务编号）  RMB5 000
   贷：主营业收入           RMB5 000

10 月 2 日销售 A 公司产品，凭证如下。

  借：应收账款——A 公司——131（业务编号）  RMB680
   贷：主营业收入           RMB680

10 月 3 日销售 A 公司产品，凭证如下。

  借：应收账款——A 公司——133（业务编号）  RMB1 000
   贷：主营业收入           RMB1 000

假设 10 月 5 日收到 A 公司货款 5 500 元，凭证如下。

  借：银行存款   RMB5 500
   贷：应收账款——A 公司——123  RMB5 000
   贷：应收账款——A 公司——131  RMB500

由上可知，所收款项为 123 号单据的 5000 元和 131 号单据的 500 元，并且 131 号还欠 180 元。

核销管理功能就是对同一会计科目、同一核算项目或同一业务编号的业务进行核销处理，以便了解每张单据的款项已付、未付和欠款等情况。

### 4.5.2 往来对账单

往来对账单可用于查询会计科目设有"往来业务核算"属性的科目借方发生额、贷方发生额和余额。

（1）在主界面窗口中双击【财务会计】→【总账】→【往来】→【往来对账单】，系统弹出“过滤条件”窗口，如图 4-101 所示。

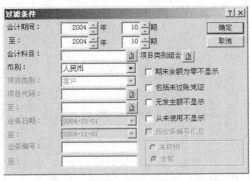

图 4-101

（2）会计科目按 F7 键选择“1122 应收账款”，选择项目类别“客户”，单击“确定”按钮，系统弹出“往来对账单”窗口，如图 4-102 所示。

| 业务日期 | 凭证日期 | 期间 | 凭证 | 摘要 | 业务编号 | 借方 | 贷方 | | 余额 |
|---|---|---|---|---|---|---|---|---|---|
| | | 2004.10 | | 期初余额 | | | | 借 | 28,600.00 |
| 2004-10-0 | 2004-10-03 | 2004.10 | 记 - 4 | 应收货款 | | | 8,600.00 | 借 | 20,000.00 |
| 2004-10-0 | 2004-10-03 | 2004.10 | 记 - 6 | 销售产品 | | 4,095.00 | | 借 | 24,095.00 |
| 2004-10-0 | 2004-10-05 | 2004.10 | 记 - 9 | 销售产品 | | 4,680.00 | | 借 | 28,775.00 |
| | | 2004.10 | | 本期合计 | | 8,775.00 | 8,600.00 | 借 | 28,775.00 |
| | | 2004.10 | | 本年累计 | | 85,195.00 | 56,420.00 | 借 | 28,775.00 |

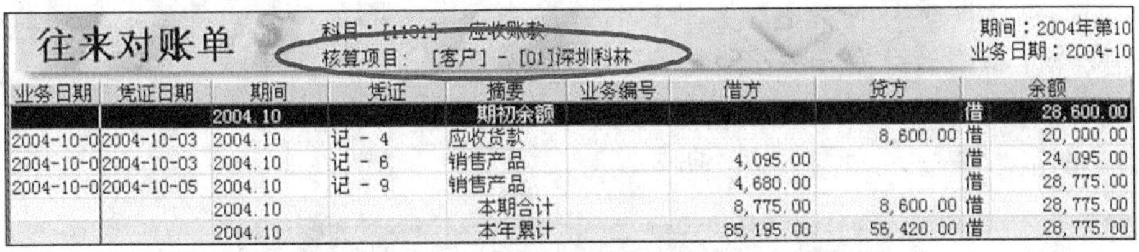

图 4-102

当前窗口显示的是“01 深圳科林”的对账单，若要查看其他客户的对账单，单击工具栏上的“上一、下一”按钮进行查询。

### 4.5.3 账龄分析表

账龄分析表用于对设有往来核算科目的往来款项余额的时间分布进行分析。

（1）在主界面窗口中双击【财务会计】→【总账】→【往来】→【账龄分析表】，系统弹出“过滤条件”窗口，如图 4-103 所示。

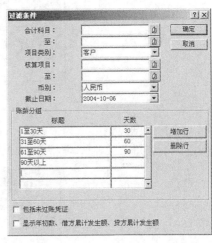

- **会计科目：** 选择要查询的会计科目。为空时，系统会自动将设有往来业务核算的科目显示出来。
- **项目类别：** 必选项。
- **账龄分组：** 录入天数后，标题会自动更改，可增加或删除行。

图 4-103

（2）项目类别选择“客户”，单击“确定”按钮，系统弹出“账龄分析表”窗口，如图 4-104 所示。

图 4-104

## 4.6 结账

本期业务处理完成后，可以进行期末处理，即期末调汇、自动转账、结转损益和期末结账操作。

 注意
1. 若用户只使用总账系统，可以直接做期末处理。若用户还与固定资产、应收和应付等其他系统联合使用，则建议其他系统先结账后总账系统再进行期末处理工作。
2. 建议先编制资产负债表和损益表，然后再进行期末结账。

### 4.6.1 期末调汇

期末调汇是在期末对有外币核算和设有"期末调汇"的会计科目计算汇兑损益，生成汇兑损益转账凭证及期末汇率调整表。

（1）在主界面窗口中选择【财务会计】→【总账】→【结账】→【期末调汇】，双击后弹出"期末调汇"窗口，如图 4-105 所示。

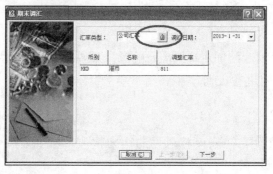

图 4-105

（2）假设调整汇率为"0.810"。建立调整汇率，单击窗口上部"汇率类型"旁的"获取"按钮，系统进入"汇率类型"窗口，如图 4-106 所示。

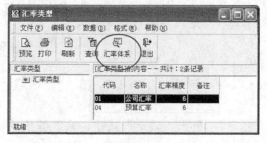

图 4-106

（3）单击工具栏上"汇率体系"按钮，系统弹出"汇率体系"窗口，选择左侧的"公司汇率"项，则右侧显示"港币"的汇率情况，如图4-107所示。

图 4-107

（4）选中右侧的汇率记录，单击"修改"按钮，系统弹出"汇率-修改"窗口，失效日期修改为"2013-01-30"，并保存，保存成功后如图4-108所示。

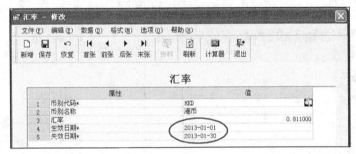

图 4-108

此处将日期修改为2013-1-30的目的是为建立2013-1-31的调整汇率挪出空间。

（5）单击"新增"按钮，系统弹出"汇率-新增"窗口，币别代码选择"HKD"，汇率录入"0.81"，生效日期设置为2013-1-31，失效日期设置为2013-2-28，如图4-109所示。

图 4-109

（6）单击"保存"按钮保存当前设置，单击"退出"按钮退出汇率新增窗口返回汇率体系窗口，再单击"退出"按钮返回汇率类型窗口，再单击"退出"按钮返回期末调汇窗口。

（7）为了获取新的汇率数据，单击"取消"按钮退出期末调汇窗口。再次双击"期末调汇"功能，系统进入"期末调汇"窗口，请注意此时的调整汇率已变更为"0.81"，如图4-110所示。

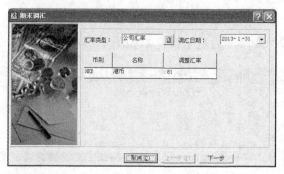

图 4-110

(8) 单击"下一步"按钮,如图 4-111 所示。在窗口中"汇兑损益科目"处按 F7 键选择"6603.03-调汇"科目,选择凭证字,录入凭证摘要。

(9) 科目选定后,勾选"生成转帐凭证"和"汇兑收益"选项,单击"完成"按钮,稍后系统弹出提示"已经生成一张调汇转账凭证,凭证字号为:记-××",如图 4-112 所示。

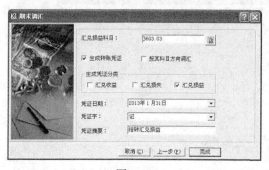

图 4-111

图 4-112

(10) 查看生成的凭证。选择【财务会计】→【总账】→【凭证处理】→【凭证查询】,双击该项,设定过滤条件后进入"会计分录序时簿"窗口,查询刚才生成的凭证如图 4-113 所示。

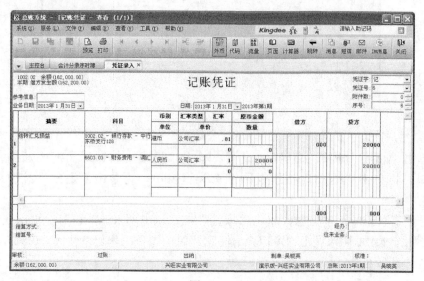

图 4-113

### 4.6.2 自动转账

使用自动转账功能要预先定义好转账公式。

下面以定义"制造费用转生产成本"的自动转账凭证为例，介绍自动转账的使用方法。

（1）在主界面窗口中选择【财务会计】→【总账】→【结账】→【自动转账】，双击后弹出"自动转账凭证"窗口，如图 4-114 所示。在浏览窗口中可以查看已设置好的自动转账凭证，在编辑窗口中可对自动转账凭证进行新增和编辑等操作。

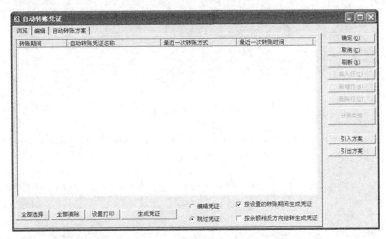

图 4-114

（2）在"编辑"窗口中单击"新增"按钮，录入名称"制造费用转生产成本"，选择机制凭证"自动转账"，按转账期间右边的编辑按钮，系统弹出"转账期间"设定窗口，单击"全选"按钮，单击"确定"按钮返回"自动转账凭证"窗口。

（3）录入凭证摘要"制造费用转生产成本"，科目选择"5001.03 制造费用转入"，选择方向"自动断定"，选择转账方式"转入"。

（4）在下一行录入摘要"制造费用转生产成本"，科目选择"5101.01 伙食费"，方向"自动断定"，转账方式为"按公式转出"，公式方法为"公式取数"，单击"下设"按钮，系统弹出"公式定义"窗口，如图 4-115 所示。

单击窗口右侧的"公式向导"按钮，系统弹出"报表函数"窗口，选择"ACCT"函数，单击"确定"按钮，系统弹出"公式向导"窗口，科目录入"5101.01 伙食费"，取数类型"Y 期末余额"，如图 4-116 所示。

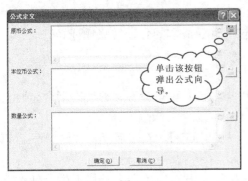

图 4-115

图 4-116

单击"确认"按钮返回"公式定义"窗口，单击"确定"按钮返回"自动转账凭证"窗口。

（5）按步骤（4）录入其余的科目，设置完成后如图4-117所示。

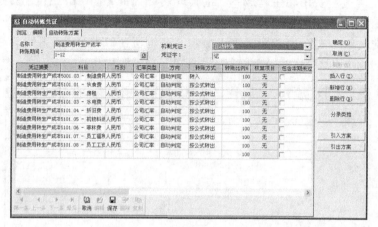

图 4-117

（6）单击"保存"按钮，切换到"浏览"窗口，选中刚才建立的转账凭证方案，如图4-118所示。

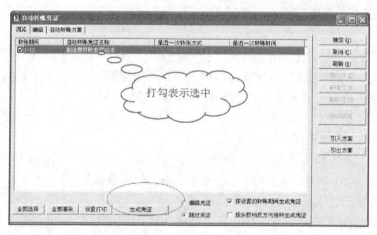

图 4-118

单击"生成凭证"按钮，系统会根据设置的转账凭证方案生成1张记账凭证，由于本练习账套数据暂时不全，所以在此不用"生成凭证"操作。

请自行设置生产成本转库存商品和库存商品转主营业成本的自动转账凭证。

### 4.6.3 凭证摊销、凭证预提

凭证摊销对待摊费用进行摊销，将其转入费用类科目。可以设置由系统在后台定时自动执行。

选择【财务会计】→【总账】→【结账】→【凭证摊销】，双击后弹出"过滤"窗口，单击"确定"按钮，系统进入"凭证摊销"窗口。

凭证摊销要设置一个"摊销方案"，然后每期执行该方案。单击工具栏上的"新增"按钮，系统弹出"方案设置-新增"窗口，如图 4-119 所示。
- **待摊销科目**：生成凭证的贷方科目。
- **摊销总额**：双击进入"公式设置"界面。可以用 K3 报表函数取数，可以进行加、减、乘、除的运算，也可以直接设置一个常数。
- **类推**：系统支持一个方案中同时设置多个待摊销科目，输入完一个待摊销科目后，可利用类推功能，将有规则的科目或核算项目自动填列出来。

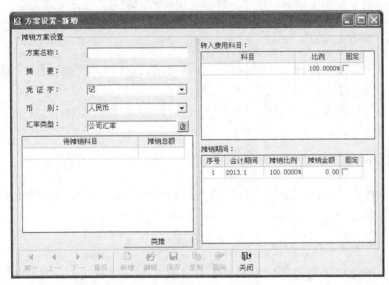

图 4-119

- **转入费用科目**：生成凭证的借方科目。
- **分配比例**：分配比例只提供手工输入的方式。
- **会计期间**：第 1 行手工输入会计期间，该行输入完成后回车跳到下 1 行，系统自动显示下 1 个会计期间。
- **摊销比例**：输入与分配比例相同，手工输入小数。
- **摊销金额**：根据"摊销总额×摊销比例"自动显示。如果修改了摊销金额或者首先填入摊销金额，则摊销比例根据"摊销金额÷摊销总额"显示。

凭证预提处理每期对租金、保险费、借款利息和固定资产修理费等的预提可以设置由系统在后台定时自动执行。凭证预提的处理方法同"凭证摊销"的操作方法类似。

### 4.6.4 结转损益

结转损益将损益类科目下的所有发生额汇总结转到"本年利润"科目，并生成 1 张结转损益的凭证。

> **注意** 在结转损益前，一定要将本期的凭证都过账（包括自动转账生成的凭证）。

（1）在主界面窗口中选择【财务会计】→【总账】→【结账】→【结转损益】，双击后弹出"结转损益"窗口，如图 4-120 所示。

图 4-120　　　　　　　　　　　图 4-121

（2）单击"下一步"按钮，系统弹出"损益类科目对应本年利润科目"窗口。

（3）单击"下一步"按钮，进入设置窗口，如图 4-121 所示。

（4）根据实际情况设置后单击"完成"按钮，稍后系统弹出提示已生成 1 张某字某号的凭证。

### 4.6.5　期末结账

本期会计业务全部处理完毕后，可以进行期末结账处理。本期期末结账后，系统才能进入下一期间进行业务处理。

> **注意**　期末结账的前提是本期所有凭证已过账完毕。

（1）在主界面窗口中选择【财务会计】→【总账】→【结账】→【期末结账】，双击后弹出"期末结账"窗口，如图 4-122 所示。

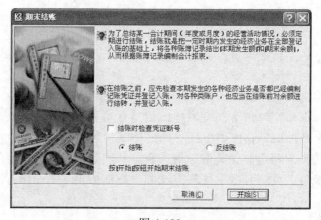

图 4-122

金蝶 K/3 系统为用户提供有结账和反结账功能。选中"结账"项，勾选"结账时检查凭证断号"，则凭证中有断号时弹出提示，提示用户是否结账。

（2）项目设置完成后，单击"开始"按钮即可结账。

> **注意**　总账系统与固定资产、应收和应付等系统联合使用时，一定要在固定资产、应收和应付等系统结账后再进行总账系统的结账。

## 4.7 课后习题

（1）审核凭证时对审核人有什么要求？

（2）在会计分录序时簿中选中要修改、删除的凭证，但是修改、删除功能不可用，要如何处理？

（3）凭证打印方式有几种？

（4）本期有外币业务，在查看试算平衡表时不平衡，怎样处理？

（5）应用"往来"功能的前提是什么？

（6）期末转账凭证有几种生成方式？

（7）总账系统期末结账的前提是什么？

# 第 5 章 应收款、应付款管理系统

**学习重点**

- 发票处理
- 其他应收单
- 收款单、退款单
- 票据处理
- 应收款核销
- 凭证处理
- 账表
- 合同

## 5.1 系统概述

应收款、应付款管理系统通过发票、应收单、应付单、收款单和付款单等单据,对企业的往来账款进行综合管理,及时、准确地提供往来账款资料,并提供各种分析报表(如账龄分析、周转分析、欠款分析、坏账分析、回款分析和合同收款情况分析等)。通过分析各种报表,帮助企业合理地进行资金调配,提高资金利用率。

系统还提供有各种预警和控制功能(如显示到期债权列表和合同到期款项列表),可以帮助企业及时对到期账款进行催收,防止产生坏账。信用额度的控制有助于随时了解客户的信用情况,防止产生呆坏账。此外,系统还提供应收票据的跟踪管理,可以随时对应收票据的背书、贴现、转出、贴现及作废等操作进行监控。

本章重点讲述应收款管理系统的应用,应付款管理系统的操作可参照进行。

## 5.2 应收款系统结构

应收款管理系统与其他系统的关系如图 5-1 所示。

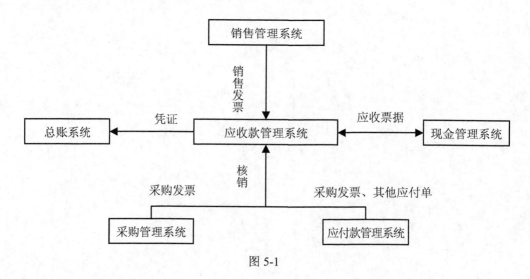

图 5-1

- **销售管理系统**：应收款管理系统与销售管理系统联合使用时，销售管理系统录入的销售发票传入应收款管理系统进行应收账款的核算；单独使用时，销售发票要在应收款管理系统中手工录入。
- **总账系统**：应收款管理系统与总账系统联合使用时，应收款管理系统生成的往来款凭证传递到总账系统；单独使用时，往来业务凭证要在总账系统中手工录入。
- **现金管理系统**：应收款管理系统与现金管理系统联合使用时，应收款管理系统的应收票据与现金管理系统中的票据可以互相传递，要设置应收款管理系统的系统参数勾选"应收票据与现金系统同步"选项。
- **采购管理系统、应付款管理系统**：应收款管理系统与采购管理系统、应付款管理系统联合使用时，采购管理系统、应付款管理系统中录入的采购发票、其他应付单与应收款管理系统进行应收冲应付核算。

## 5.3 应收款管理系统功能

应收款管理系统功能如表 5-1 所示。

表 5-1 系统功能

| 大　类 | 明细功能 | 大　类 | 明细功能 |
|---|---|---|---|
| 初始化 | 初始化检查 | 坏账处理 | 坏账收回 |
| | 初始对账 | | 坏账准备 |
| | 结束初始化 | | 坏账备查簿 |
| | 反初始化 | | 坏账计提明细表 |
| 发票处理 | 销售普通发票—新增 | 分析 | 账龄分析 |
| | 销售增值税发票—新增 | | 周转分析 |
| | 销售发票—维护 | | 欠款分析 |
| 其他应收单 | 其他应收单—新增 | | 坏账分析 |
| | 其他应收单—维护 | | 回款分析 |
| 收款 | 收款单—新增 | | 收款预测 |
| | 预收单—新增 | | 销售分析 |
| | 收款单—维护 | | 信用余额分析 |
| 退款 | 退款单—新增 | | 信用期限分析 |
| | 退款单—维护 | | 信用数量分析 |
| 应收票据 | 应收票据—新增 | | 应收票据贴现表 |
| | 应收票据—维护 | | 应收票据背书情况表 |
| 结算 | 到款结算 | | 应收票据转出情况表 |
| | 核销日志—维护 | | 应收票据收款情况表 |
| 凭证处理 | 凭证—生成 | | 合同金额执行明细表 |
| | 凭证—维护 | | 合同执行情况汇报表 |
| 坏账处理 | 坏账损失 | | 合同到期款项列表 |
| 账表 | 应收款明细表 | 合同 | 合同—维护 |
| | 应收款汇总表 | 担保 | 担保资料—新增 |
| | 往来对账 | | 担保资料—维护 |
| | 到期债权列表 | 期末处理 | 期末调汇 |

续表

| 大 类 | 明细功能 | 大 类 | 明细功能 |
| --- | --- | --- | --- |
| 账表 | 应收款计息表 | | 结账 |
| | 调汇差异表 | | 反结账 |
| | 应收款趋势分析表 | | 期末对账检查 |
| | 月结单连打 | | 期末总额对账 |
| 合同 | 合同—新增 | | 期末科目对账 |

## 5.4 应收款管理系统操作流程

应收款管理系统有两种操作流程，一种不参与合同管理，另一种参与合同管理，如下图所示。本章以方式2讲述应收款管理系统的应用。

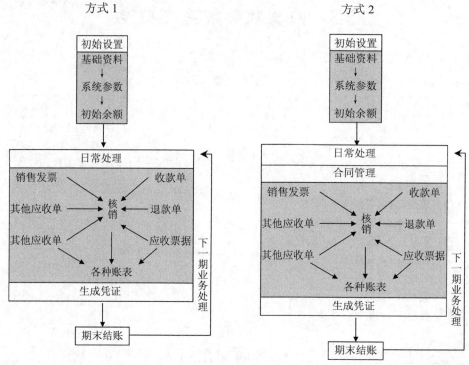

## 5.5 初始设置

应收款管理系统的初始设置主要包括基础资料、系统参数和初始余额录入工作。其中，基础资料包括公共资料（如客户档案等）信息，还包括收款条件、凭证模板和信用管理等。本节重点讲解针对应收款管理系统的基础资料设置。

选择【系统设置】→【基础资料】→【应收款管理】，展开应收款基础资料明细，如图5-2所示。

应收款管理系统的基础资料包括收款条件、类型维护、凭证模板、

图 5-2

信用管理、价格资料和折扣资料，是否设置视企业的管理要求和产品价格特点而定。

## 5.5.1 收款条件

收款条件是对收款结算日期进行设置（如 30 天结算、60 天结算等），收款条件建立后，当录入销售发票和其他应收单时，单据中的"收款计划"会给出收款日期。

基础资料的操作最好以具有"系统管理员"权限的用户登录，在此以"陈静"身份登录练习账套。在主界面窗口中选择【系统设置】→【基础资料】→【应收款管理】→【收款条件】，系统弹出"收款条件"管理窗口，如图 5-3 所示。

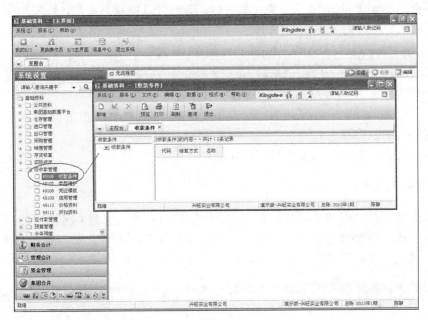

图 5-3

在收款条件中可以进行新增、修改和删除等操作。单击"新增"按钮，系统弹出"收款条件-新增"窗口，如图 5-4 所示。

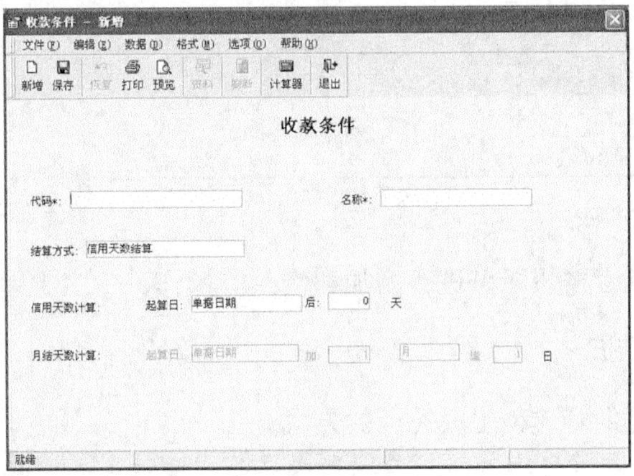

图 5-4

- **代码**：输入收款条件代码。

- **名称**：输入收款条件名称。
- **结算方式**：选择是信用天数结算还是月结方式结算。
- **信用天数计算**。起算日选择单据日期或单据月末日期，默认为单据日期；选择单据月末日期，则起算日为单据日期当月的最后一天。后（ ）天表示在起算日后多少天，可录入大于等于 0 的整数，不能录入其他类型值，默认值为 0。
- **月结天数计算**。起算日同前一方法。加（ ）月表示在起算日基础上加多少月或多少天，日期单位可在下拉框中选择月或天，默认为月。逢（ ）日录入 1 至 31 的数字，系统默认为 1；如果录入的日期当月没有这个日期，则默认为当月最后一天。

现在企业常用"月结 30 天"的收款条件，即上月单据次月收款，新增"01 月结 30 天"收款条件。

（1）在代码处录入"01"，名称录入"月结 30 天"。
（2）结算方式选择"月结方式结算"。
（3）月结天数计算起算日选择"单据月末日期"，加"1"月，逢"10"日收款，如图 5-5 所示。
（4）保存当前收款条件。

收款条件要在"客户"档案中设置后才能起作用。

### 5.5.2 类型维护

类型维护用于对单据类型进行设置，如合同类型有销售合同类和采购合同类等。

在主界面窗口中选择【系统设置】→【基础资料】→【应收款管理】→【类型维护】，双击后弹出"类型维护"窗口，如图 5-6 所示。

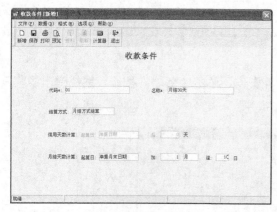

图 5-5

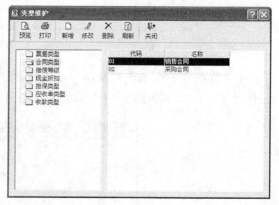

图 5-6

单击工具栏上的相应按钮即可进行增加和修改等操作。

### 5.5.3 凭证模板维护

应收款管理系统提供有 3 种生成凭证的方式。

- 新增单据时，在单据序时簿或单据新增界面中即时生成凭证。
- 采用凭证模板，根据模板生成凭证。
- 凭证处理中录入生成凭证。

第 2 种与第 3 种方式不能并存。采用第 1 种方式即时生成凭证的单据有销售发票、其他应收单、收款单和预收单等。一些特殊的事务类型（如预收冲应收、应收冲应付、应收款转销、预收款转销、收到应收票据、应收票据背书、应收票据贴现、应收票据转出和应收票据收款等）必须通过第 2 种或第 3 种方式进行凭证处理，坏账必须通过第 1 种方式进行处理（如坏账损失、坏账收回和坏账计提），应收票据退票必须通过第 3 种方式处理。

系统采用第 2 种方式时，必须先定义凭证模板。系统提供了所有应收事务类型的模板，包括销售普通发票、销售增值税发票、其他应收单、收款、退款、预收款、预收冲应收、应收冲应付、应收款转销、预收款转销、预收款冲预付款和收款冲付款等。

> **注意**　生成凭证的前提是凭证模板的科目资料和凭证字资料已录入完毕。

● 下面以新增"999 销售普通发票 02"模板为例，介绍凭证模板的维护方法。

（1）在主界面窗口中选择【系统设置】→【基础资料】→【应收款管理】→【凭证模板】，双击后弹出"凭证模板设置"窗口，如图 5-7 所示。

图 5-7

（2）选中左侧"销售普通发票"类型，单击工具栏上的"新增"按钮，系统弹出"凭证模板"窗口，如图 5-8 所示。

（3）录入模板编号"999（任意值，只要不与系统内已有编号重复即可）"，模板名称"销售普通发票 2"，选择凭证字"记"。

（4）单击科目来源的下拉按钮，系统弹出来源方式，如图 5-9 所示。选择"单据上单位的应收（付）账款科目"，借贷方向选择"借"方。

图 5-8　　　　　　　　　　　　图 5-9

- **凭证模板**：模板上设置的科目。选该项时，在科目处选择科目代码。
- **单据上单位的应收（付）账款科目**：指核算项目客户或供应商基础资料中设置的应收（付）账款科目。
- **单据上物料的销售收入科目**：商品（物料）属性中设置的销售收入科目。
- **单据上单位的应交税金科目**：指核算项目客户或供应商基础资料中设置的应交税金科目。

其他单据凭证模板上的会计科目来源包括如下内容：

- **单据上结算方式对应的会计科目**：主要针对收款单、预收单、应收退款单，是基础资料设置中结算方式所对应的会计科目。
- **背书时的对应科目**：用于票据背书时指定的对应科目。
- **冲销单位的应收（付）账款科目**：指进行预收冲应收时，应收单或者发票上客户或者供应商属性中设置的应收（付）账款科目。
- **冲销单位的预收（付）账款科目**：指进行预收冲预付、预收冲应收时，预收单上客户或者供应商属性中设置的预收（付）账款科目。

（5）单击金额来源选择"应收金额"。

- **销售普通发票**：分为不含税金额、税额和应收金额，应收金额为不含税金额与税额之和。
- **收款单**：收款金额指收到的现金或银行存款。折扣金额指现金折扣的金额，应收金额指核销的应收款金额，在不涉及多币别换算时，应收金额为收款金额与折扣金额之和；如果涉及多币别换算时，应收金额指要核销的应收款金额，与收款金额币别不一致。
- **票据背书**：票面金额指应收票据的票面金额，利息费用指票据背书时的利息及费用。背书冲应付金额指背书冲应付时应付账款核销的金额，背书冲应收金额指背书冲应收款时应收账款核销的金额。背书转其他、背书冲应付、背书冲应收不能同时存在，故背书金额、背书冲应付金额或背书冲应收金额一方有数时，另两方必为 0，设置凭证模板时可以同时包括这 3 种情况。另外背书金额为票面金额与利息费用之和。
- **票据贴现**：贴现额指应收票据的贴现净额，贴息指票据贴现时应付的利息，票面金额指应收票据的票面金额，票面利息指带息票据的利息（贴现额与贴息之和应等于票面金额与票面利息之和）。

（6）单击"摘要"定义按钮，系统弹出"摘要定义"窗口，在摘要公式处双击"单据头发票号码"，在后面录入"销售产品"，如图 5-10 所示。

这样处理在生成凭证时，摘要将显示为发票号码和销售产品字样。

（7）单击"确定"按钮返回"凭证模板"窗口，单击"核算项目"按钮，系统弹出"核算项目取数"窗口，如图 5-11 所示。

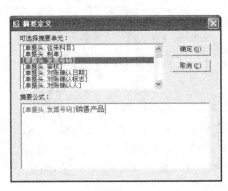

图 5-10　　　　　　　　　　　图 5-11

在此窗口是设置"单据上单位的应收（付）账款科目"所挂核算项目对应的项目。若会计科目未设置核算项目，此处可以不用设置。

（8）在第一行"001 客户"设置为对应单据上的核算项目，单击"确定"按钮返回"凭证模板"窗口。下一行科目来源选择"单据上物料的销售收入科目"，借贷方向选择"贷"方，金额来源为"应收款金额"，摘要设置同上，设置完成的模板如图 5-12 所示。

（9）单击工具栏上的"保存"按钮保存当前的凭证模板。单击"退出"按钮返回"凭证模板设置"窗口，可以看到新增的模板，如图 5-13 所示。

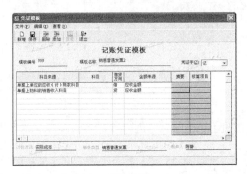
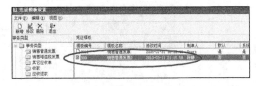

图 5-12　　　　　　　　　　　图 5-13

如果要对模板进行修改或删除，可以选中模板后单击工具栏上的相应按钮。

（10）调整默认凭证模板。可将自定义的凭证模板调整为默认模板，系统根据默认模板生成凭证。例如将"销售普通发票 2"设为"默认模板"，则选中该项目，单击菜单【编辑】→【设为默认模板】即可。

（11）请自行修改其他单据类型的凭证模板或者新增自定义模板。注意，使用的模板要设定"凭证字"。

> **注意**　若在生成凭证时发生错误，请进入"凭证模板"中对相关类型的模板进行修改。若凭证生成后发现科目不对，则建议删除凭证，重新修改模板，然后再生成凭证。

### 5.5.4 信用管理

信用管理用于对客户、业务员的信用额度和信用期限等进行设定。信用管理使用前该客户档案中要启用信用管理。

下面以设置"深圳科林"的信用额度为 20 000 元、信用期限为 60 天为例，介绍信用管理的设置。

（1）选择【系统设置】→【基础资料】→【应收款管理】→【信用管理】，系统弹出"信用管理"窗口，如图 5-14 所示。

（2）选中客户下的"深圳科林"，单击工具栏上的"管理"按钮，系统弹出"信用管理"设置窗口，在窗口中可以对不同币别进行信用额、信用期设置以及某种物料信用进行控制。币别选择"人民币"，信用额度录入"20 000"，信用期限录入"60"天，如图 5-15 所示。

（3）单击"保存"按钮保存设置，单击"退出"按钮退出信用设置窗口。

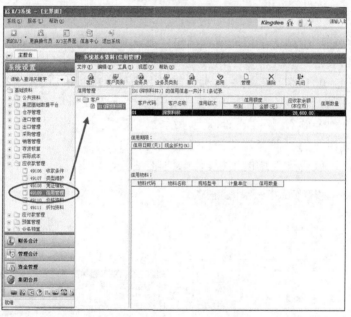

图 5-14

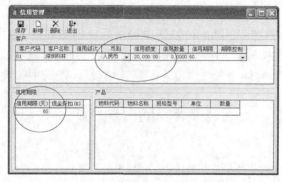

图 5-15

1. 若需要清除信用资料，可以单击"编辑"菜单下的"清除信用资料"。
2. 选择"工具"下的"选项"，系统弹出"选项设置"窗口，如图 5-16 所示。在该窗口中可以设置"信用管理对象"是客户还是业务员；"信用控制强度"是预警提示还是不予控制等；该客户的信用额和信用期超过所设置的数值时，是给予提示还是使用其他处理办法，如果超出时还可以设置"设置密码权限"，只有知道密码者才能决定是否授信；设置"信用管理选项"，指该信用设置对何种单据进行信用控制。

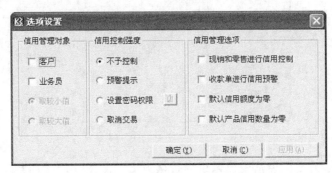

图 5-16

注意

3. 选择"工具"下的"公式"选项，系统弹出"信用公式设置"窗口，如图 5-17 所示。在该窗口中可以设置单据的信用控制时点、信用额度计算公式、信用期限计算公式和信用数量的计算公式。

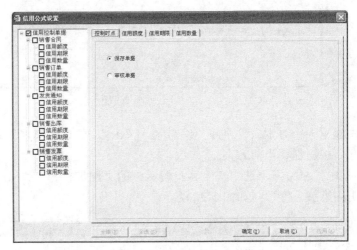

图 5-17

## 5.5.5 价格管理

价格管理用于设置客户在购买物料时的报价和物料的最低售价。使用该功能前要勾选应收款管理系统参数中的"启用价格管理"选项。

● "深圳科林"购买"不干胶贴"，数量 1000 以内时，报价为 20。

（1）在主界面窗口中选择【系统设置】→【基础资料】→【应收款管理】→【价格管理】，双击后弹出"过滤"窗口，保持默认条件，单击"确定"按钮，系统进入"价格方案"管理窗口，如图 5-18 所示。

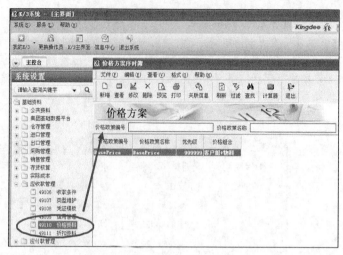

图 5-18

在"价格方案"窗口中可以进行价格方案的新增、修改和删除等操作。

（2）单击"新增"按钮，系统进入"价格方案维护"窗口，如图 5-19 所示。

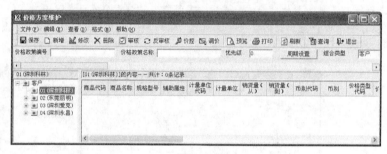

图 5-19

（3）先建立一个方案。价格政策编号录入"01"，价格政策名称录入"基本销售价格"，单击"保存"按钮保存当前方案。

（4）在 01 价格方案下选中左侧客户资料中的"深圳科林"，单击"新增"按钮，系统弹出"价格明细维护"窗口，如图 5-20 所示。

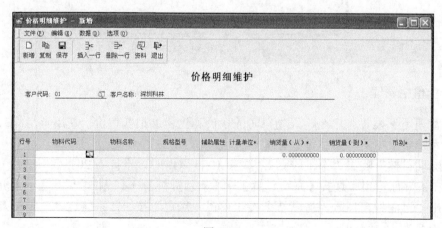

图 5-20

（5）在商品代码中选择"3.01 不干胶贴"，销货量从"0"到销货量"1 000"，报价录入"20"，其他项目保持默认值，如图5-21所示。

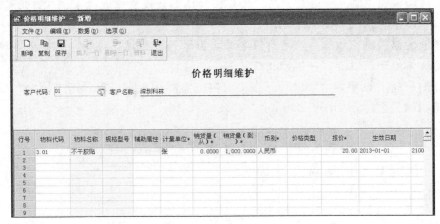

图 5-21

若还需要对该客户的其他产品进行价格管理，在下一行继续录入价格资料即可。

（6）单击"保存"按钮保存当前价格明细，单击"退出"按钮返回"价格方案维护"窗口，在窗口右侧可以查询到新增的价格资料，如图5-22所示。

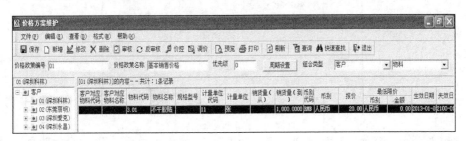

图 5-22

通常公司商品的销售价格要进行控制。选中价格记录后，单击"价控"按钮，系统弹出"价格控制设置"窗口，如图5-23所示。

图 5-23

- **限价应用范围**：下拉框形式，提供"当前类别"和"所有类别"两种可选项。

"当前类别"有客户、业务员和VIP组等。对某物料和"当前类别"设定了相应限价后，该类所有记录的限价都统一为当前所设定的限价。"所有类别"会将当前物料所有方案中的最低限价更新成此次所设定的值，下次新增该物料的记录时，能够自动取到当前物料中所保存的销售限价及其币别。

- **最低限价币别**：计量最低限价的货币名称。
- **最低限价**：针对当前（或所有）类、当前物料设置的最低限价。
- **允许销售**：控制是否进行销售，只有在价格参数设置中选择了"可销物料控制"后，该字段才在录入界面上可见。
- **最低价格控制**：该选项决定对设置的数据是否进行保护控制，选择后当单据中录入的价格低于最低价时将执行相应控制。

系统同时支持"批量调价"处理，在"价格方案维护"窗口中单击"调价"按钮，系统弹出"批量调价"窗口，如图 5-24 所示。

图 5-24

- **调价基准**：选择物料原来报价或当前录入的报价。物料原来报价指明细记录中的报价；当前录入的报价指自行录入一个报价，选择此方式后，"当前报价"字段变成可录入状态。
- **当前报价**：当"调价基准"选择"当前录入的报价"字段时，此字段可以编辑，用来录入调价的基准价。
- **调价率**：录入调价的百分比。
- **调价金额**：录入调价的金额。
- **调价范围**：选择针对当前选择记录进行调价还是对当前价格方案进行调价。
- **物料调价后低于最低价，对该物料进行调价**：该选项决定当调价后价格低于最低价时是否进行调价。勾选此选项，则调价后的价格低于最低价时也将进行调价，否则不允许调价。

### 5.5.6 折扣资料

折扣资料用于设置客户购买某种物料时的折扣情况，该信息会在录入销售发票等单据时引用。

在主界面窗口中选择【系统设置】→【基础资料】→【应收款管理】→【折扣资料】，

双击后弹出"过滤"窗口，单击"确定"按钮，系统弹出"折扣方案"管理窗口，如图 5-25 所示。

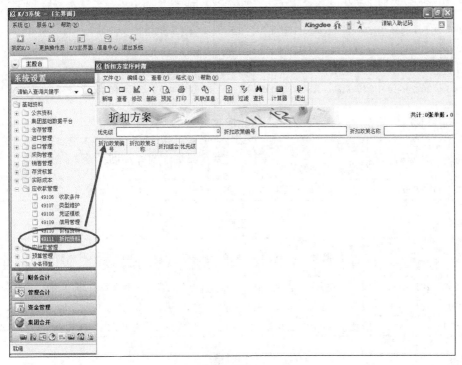

图 5-25

折扣资料的设置方法与价格管理操作方法类似，请自行参照"价格管理"进行练习。

## 5.6 日常处理

请以"王丽"的身份登录"兴旺实业有限公司"账套。表 5-2 至表 5-8 是应收系统的练习数据。

表 5-2　　　　　　　　　　　　　　　合同资料

| 合同名称 | 对方单位 | 合同日期 | 合同号 | 摘要 | 产品代码 | 数量 | 含税单价 | 部门 | 业务员 | 审核人 | 附注 |
|---|---|---|---|---|---|---|---|---|---|---|---|
| 产品销售合同 | 深圳科林 | 2013-1-7 | XSHT000002 | 销售产品 | 3.01 | 500 | 25 | 总经办 | 何陈钰 | 王丽 | 表面无油污 |
| 产品销售合同 | 东莞丽明 | 2013-1-8 | XSHT000003 | 销售产品 | 3.01 | 250 | 30 | 销售部 | 郝达 | 王丽 | 表面无油污 |
| 产品销售合同 | 深圳爱克 | 2013-1-9 | XSHT000004 | 销售产品 | 3.01 | 450 | 28 | 销售部 | 郝达 | 王丽 | 表面无油污 |
| 产品销售合同 | 深圳永昌 | 2013-1-10 | XSHT000005 | 销售产品 | 3.01 | 400 | 26 | 销售部 | 郝达 | 王丽 | 表面无油污 |

表 5-3　销售增值税发票

| 发票号 | 发票日期 | 客户 | 合同号 | 制单人 | 产品代码 | 数量 | 含税单价 | 金额 | 税率(%) | 税额 | 不含税金额 |
|---|---|---|---|---|---|---|---|---|---|---|---|
| XSZP000002 | 2013-1-7 | 深圳科林 | XSHT000002 | 王丽 | 3.01 | 500 | 25 | 12 500 | 17 | 1 816.24 | 10 683.76 |
| XSZP000003 | 2013-1-8 | 东莞丽明 | XSHT000003 | 王丽 | 3.01 | 250 | 30 | 7 500 | 17 | 1 089.74 | 6 410.26 |
| XSZP000004 | 2013-1-9 | 深圳爱克 | XSHT000004 | 王丽 | 3.01 | 450 | 28 | 12 600 | 17 | 1 830.77 | 10 769.23 |
| XSZP000005 | 2013-1-10 | 深圳永昌 | XSHT000005 | 王丽 | 3.01 | 400 | 26 | 10 400 | 17 | 1 511.11 | 8 888.89 |

表 5-4　其他应收单

| 单据日期 | 单据号 | 核算项目类别 | 核算项目名称 | 金额 | 摘要 | 部门 | 制单人 | 业务员 | 应收日期 | 收款金额 |
|---|---|---|---|---|---|---|---|---|---|---|
| 2013-1-12 | QTYS000002 | 客户 | 深圳永昌 | 5000 | 借款 | 销售部 | 王丽 | 郝达 | 2013-2-20 | 5000 |

表 5-5　收款单

| 单据号 | 单据日期 | 结算方式 | 摘要 | 客户 | 制单人 | 收款类型 | 源单类型 | 结算金额 | 源单编号 |
|---|---|---|---|---|---|---|---|---|---|
| XSKD000002 | 2013-1-12 | 支票 | 收货款 | 深圳科林 | 王丽 | 销售回款 | 销售发票 | 10 000 | OXZP000002 |
| XSKD000003 | 2013-1-13 | 支票 | 收货款 | 东莞丽明 | 王丽 | 销售回款 | 销售发票 | 7 500 | OXZP000003 |
| XSKD000004 | 2013-1-14 | 支票 | 收货款 | 深圳爱克 | 王丽 | 销售回款 | 销售发票 | 12 600 | OXZP000004 |

表 5-6　预收单

| 单据号 | 结算方式 | 单据日期 | 单据金额 | 摘要 | 客户 | 制单人 | 本位币实收金额 |
|---|---|---|---|---|---|---|---|
| XYSD000002 | 支票 | 2013-1-15 | 10 000 | 预收货款 | 深圳永昌 | 王丽 | 10000 |

表 5-7　退款单

| 单据号 | 单据日期 | 结算方式 | 源单编号 | 客户 | 结算实退金额 | 部门 | 业务员 | 制单人 |
|---|---|---|---|---|---|---|---|---|
| XTKD000002 | 2013-1-16 | 支票 | XYSD000002 | 深圳永昌 | 5 000 | 销售部 | 郝达 | 王丽 |

表 5-8　票据处理

| 票据类型 | 票据编号 | 签发日期 | 到期日期 | 票面金额 | 票面利率(%) | 到期利率(%) | 承兑人 | 出票人 | 付款人 | 摘要 | 制单人 |
|---|---|---|---|---|---|---|---|---|---|---|---|
| 银行承兑汇票 | YSPJ000002 | 2013-1-20 | 2013-7-20 | 10000 | 1.7 | 1.7 | 工行布吉支行 | 深圳科林 | 深圳科林 | 收货款 | 王丽 |

### 5.6.1　合同

合同是往来业务中重要的凭证资料。

合同管理在应收款管理系统中是可选用功能。根据合同号跟踪往来账款，能有效地知道与合同有关的每笔经济业务情况（如销售何种产品、回收款额、有哪些要求等）。在实际工作中，如果没有合同，可以把客户的采购订单作为合同来管理，或者把送货单以及由客户签收的单据作为应收款凭证。

## 1. 新增

下面以表 5-2 中数据为例，介绍如何新增合同，具体步骤如下。

（1）在主界面窗口中选择【财务会计】→【应收款管理】→【合同】→【合同-新增】，双击后弹出"合同（应收）新增"窗口，如图 5-26 所示。

图 5-26

- **合同种类**：选择合同类型。在类型维护中设置合同分类。
- **合同名称**：合同（应收）的名称，只支持手工录入。
- **合同日期**：签订合同的日期。
- **合同号**：根据用户定义的编码规则自动填充，也可以进行修改。
- **核算项目**：签订合同的客户，直接录入相应代码，或按 F7 键选择。
- **币别、汇率**：如果发生的业务为外币，设置币别和汇率。
- **总金额**：合同的总金额，未录入"产品明细"时需手工录入，已录入"产品明细"则由产品明细汇总生成。如果录入存货金额，系统会将存货价税合计金额填在此处。
- **收款计划明细表**：包括应收日期、收款金额和本位币收款金额。收款计划的金额合计必须与合同中的总金额相等。如果有产品明细则收款金额自动取产品明细价税合计金额。

（2）合同种类保持默认，日期为"2013-1-7"，录入合同名称"产品销售合同"，核算项目处获取"01 深圳科林"，录入摘要"销售产品"。

（3）产品明细表中，产品代码处选择"3.01 不干胶贴"，录入数量"500"，录入含税单价"25"，税率默认 17%。

（4）部门处选择"01 总经办"，业务员选择"01 何陈钰"，录入附注"表面无油污"。

（5）收款计划表日期修改为"2013-2-7"，如图 5-27 所示。

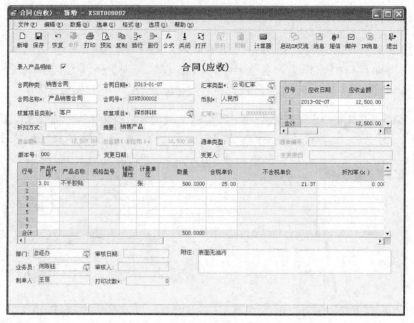

图 5-27

（6）单击"保存"按钮保存当前合同。

 注意
1. 产品明细表中的税率可以修改。
2. 收款计划日期根据客户的收款条件填列，若未设置收款条件时，手工修改。

（7）请自行录入其他合同资料。

### 2．维护

通过"合同——维护"，用户可以对录入的合同资料进行修改、删除、审核和打印等操作。

在主界面窗口中选择【财务会计】→【应收款管理】→【合同】→【合同—维护】，双击后弹出"过滤"窗口，如图 5-28 所示。

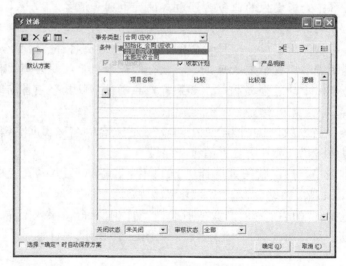

图 5-28

- **收款计划**：勾选此选项，合同资料中同时将收款计划显示出来。
- **产品明细**：勾选此选项，合同资料中同时将产品明细显示出来。

以上两个选项只能勾选其一。

在"过滤"窗口中共有 4 个"标签页选项"（条件、高级、排序和显示隐藏列）。条件标签页主要设置基本过滤条件；高级标签页设置高级过滤条件；排序标签页设置过滤出来的序时簿按某项目升序或者降序，默认为"单据号"；显示隐蔽列标签页设置过滤出来的序时簿的显示项目。

选中"收款计划"，其他采用默认值，单击"确定"按钮进入"合同（应收）序时簿"窗口，如图 5-29 所示。

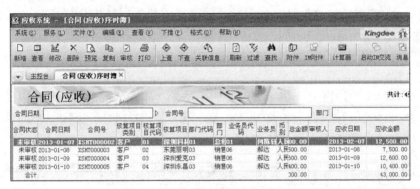

图 5-29

在序时簿窗口中可以对合同资料进行修改、删除和审核等处理，选中该条合同记录后，单击工具栏上的相应按钮即可。

只有审核后的合同资料才能被其他业务单据引用（如开销售发票等）。选中所有合同资料，单击菜单【编辑】→【成批审核】，可审核所有合同资料。

### 3．常用菜单

（1）下推。

- **销售普通发票**：下推合同资料生成销售普通发票。
- **销售增值税发票**：下推合同资料生成销售增值税发票。
- **销售订单**：下推合同资料生成销售订单（销售系统中的销售订单）。
- **收款单**：下推合同可以生成收款单。
- **预收单**：下推合同可以生成预收款单。

（2）查看。

- **单据上查**：向上查询关联的单据。向上查看该合同由什么单据生成。
- **单据下查**：向下查询关联的单据。向下查看该合同生成了什么单据。

### 5.6.2 发票处理

系统提供销售普通发票和销售增值税发票的新增、修改、删除、审核和打印等操作。

## 1. 新增

发票的新增有 3 种方式，第 1 种直接在发票处理功能下新增，第 2 种是利用合同资料下推式生成发票，第 3 种是与销售系统联用时，通过销售系统录入发票后传递到应收系统。

本账套以前两种方式录入表 5-3 中的数据。

> **注意** 销售普通发票和销售增值税发票操作基本相同。

下面以下推式生成 XSZP000001 和 XSZP000002 号发票，具体步骤如下。

（1）在主界面窗口中选择【财务会计】→【应收款管理】→【合同】→【合同—维护】，双击后弹出"过滤条件"，选择"产品明细"项，单击"确定"按钮进入"合同"查询窗口。

（2）选中"XSHT000002"号合同，单击菜单【下推】→【销售增值税发票】，系统弹出"销售增值税发票–新增"窗口，如图 5-30 所示。

窗口中的内容是根据合同号"XSHT000002"生成的发票，在窗口中可以根据自己的需要修改发票内容。

（3）单击"保存"按钮保存所生成的发票，单击"退出"按钮返回"合同"窗口。

（4）单击"过滤"按钮，系统弹出"过滤"窗口，切换到"显示隐藏列"，勾选发票关联基本数量和发票关联金额，如图 5-31 所示。

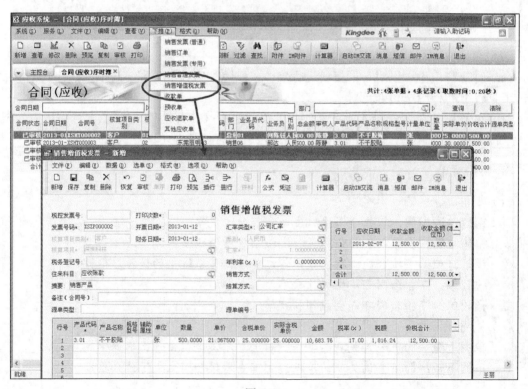

图 5-30

图 5-31

（5）单击"确定"按钮返回"序时簿"窗口，可以看到合同"XSHT000002"生成的销售发票关联情况，如图 5-32 所示。

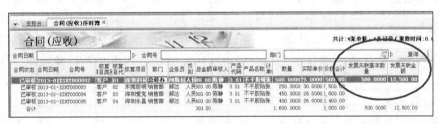

图 5-32

（6）以同样的操作方法生成"XSHT000003"号销售发票。

下面以直接新增方式生成 XSZP000004 和 XSZP000005 号发票，具体步骤如下。

（1）在主界面窗口中选择【财务会计】→【应收款管理】→【发票处理】→【销售增值税发票—新增】，双击后弹出"销售增值税发票—新增"窗口，如图 5-33 所示。

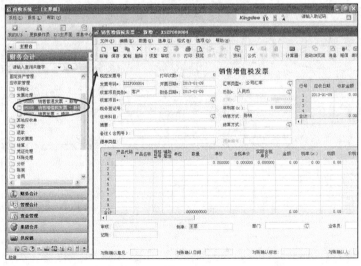

图 5-33

- 发票号：根据定义的编码规则自动填充。
- 核算项目类别：选择客户、供应商或自定义核算项目类别。
- 核算项目：根据选择的类别，按F7键选择核算项目。
- 开票日期：销售发票填开的日期。
- 财务日期：登记入账的日期，系统根据财务日期自动判断该单据所属的会计期间。为保证应收款管理系统与总账系统数据的一致性，建议财务日期与生成的凭证日期保持一致。
- 源单类型：选择需要关联的源单类型，可以不关联。
- 源单编号：选中源单类型后，在此处按F7键选择源单号码。
- 收款计划：包括应收日期、收款金额和本位币收款金额。
- 产品代码：可以手工录入和按F7键选择。
- 规格型号：根据商品代码自动带出，不允许手工修改。
- 数量、不含税单价：录入红字发票，只需添加负号即可。
- 含税单价：允许手工录入或者系统运算得出。
- 本位币金额：销售普通发票中对"金额""税额"和"不含税金额"等列提供本位币金额显示，分别显示在该列的后面，以不同颜色区分；销售增值税发票中对"金额""税额"和"价税合计"等列提供本位币金额显示，分别显示在该列的后面，以不同颜色区分；本位币金额一律由系统自动计算，用户不得修改和操作。

（2）将发票日期和财务日期修改为"2013-1-9"，核算项目类别选择"客户"，核算项目处按F7键选择客户"03 深圳爱克"。

（3）源单类型选择"合同（应收）"，光标移至"源单编号"处按F7键，系统弹出"合同"查询窗口，如图5-34所示。

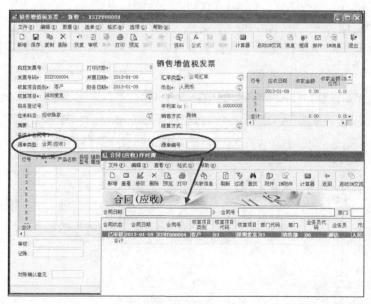

图 5-34

（4）选中"XSHT000004"合同，单击"返回"按钮返回"新增"窗口，系统会自动引入所选中的合同内容，如图5-35所示。

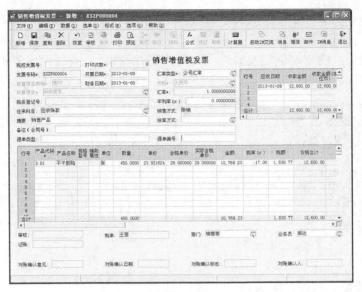

图 5-35

> **注意** 若不引用合同号，则窗口下部的产品明细要手工录入。

（5）单击"保存"按钮保存当前发票。
（6）单击"新增"按钮，系统弹出 1 张空白"新增"发票，录入表中"XSZP000005"号发票。

> **注意** 如果启用了信用管理并且客户设有信用额度，则保存时如果超过设置的信用额度，系统会给予提示。

### 2．维护

在主界面窗口中选择【财务会计】→【应收款管理】→【发票处理】→【销售发票—维护】，双击后弹出"过滤"窗口，如图 5-36 所示。

图 5-36

在窗口中可以选择要查询的事务类型发票、列表中是否显示收款计划和产品明细内容，请注意审核状态、记账状态和核销状态的选择，过滤条件的设置方法同总账系统中的凭证查询方法类似。

选择事务类型"销售增值税发票"，单击"确定"按钮，系统弹出"销售增值税发票序时簿"查询窗口，如图 5-37 所示。

图 5-37

### 3. 修改、删除、复制、审核

操作方法与合同管理的操作方法类似。以"陈静"的身份审核所有销售发票。

### 4. 打印

销售发票的打印设置与同其他单据打印设置类似，在此讲述"销售增值税发票"套打格式的引入方法。

（1）在发票序时簿查询窗口（见图 5-37）中单击菜单【文件】→【打印模板设置】，系统弹出"打印模板设置"窗口。

（2）单击"注册套打单据"选项卡中的"批量引入"按钮，系统弹出"浏览文件夹"窗口，选择金蝶安装目录文件，如图 5-38 所示。

（3）单击"确定"按钮返回"打印模板设置"窗口，单击"套打选项"选项卡，不勾选"超出纸边距时警告"选项。单击"确定"按钮返回销售发票序时簿窗口。

（4）单击菜单【文件】→【连续打印预览所选单据】，系统进入"打印预览"窗口，单击"打印设置"按钮，选择所需的纸张大小和方向，预览效果如图 5-39 所示。

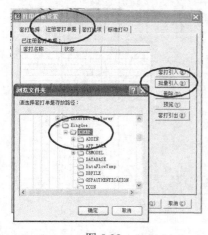

图 5-38

图 5-39

### 5.6.3 其他应收单

其他应收单处理非发票形式的应收单据，操作方法与合同管理和销售发票处理类似。下面以表 5-4 中数据为例，介绍具体的处理步骤。

（1）在主界面窗口中选择【财务会计】→【应收款管理】→【其他应收单】→【其他应收单-新增】，双击后弹出"其他应收单-新增"窗口，如图 5-40 所示。

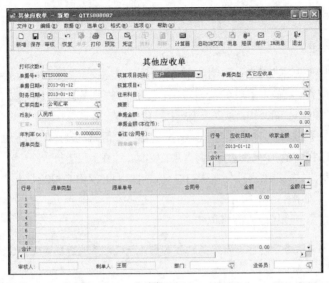

图 5-40

（2）单据日期修改为"2013-1-12"，单据类型选择"其他应收单"，选择核算项目类别"客户"，按 F7 键选择核算项目名称"04 深圳永昌"，录入摘要"借款"、金额"5 000"、收款计划的应收日期"2013-2-20"、收款金额"5 000"，选择部门"总经办"、业务员"何陈钰"，如图 5-41 所示。

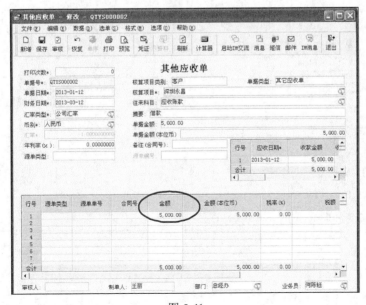

图 5-41

(3) 单击"保存"按钮保存当前单据,单击"审核"按钮审核当前单据。

其他应收单的修改、删除、复制和打印等操作请参考前面章节。以"陈静"的身份审核所有"其他应收单"。

### 5.6.4 收款单

收款单用于填制往来账款业务中收到的客户款项。收款单可以手工录入,可以关联销售发票和合同等单据,为核销依据。

**1. 新增收款单**

下面以表 5-5 中的数据为例,介绍收款单的录入方法。

(1) 在主界面窗口中选择【财务会计】→【应收款管理】→【收款单】→【收款单—新增】,双击后弹出"收款单新增"窗口,如图 5-42 所示。

(2) 收款类型是系统中"类型维护"预设的类型,在此选择"销售回款"。

(3) 客户类型选择"客户",选择客户"01 深圳科林",选择结算方式"支票","源单类型"选择"销售发票","源单编号"处按 F7 键选择"OXZP000002"号发票,结算实收金额处修改为"10 000",如图 5-43 所示。

(4) 单击"保存"按钮保存当前单据。

> **注意** 获取"源单编号"时,一定要先录入客户的代码,系统会自动查询包含该客户的单据。

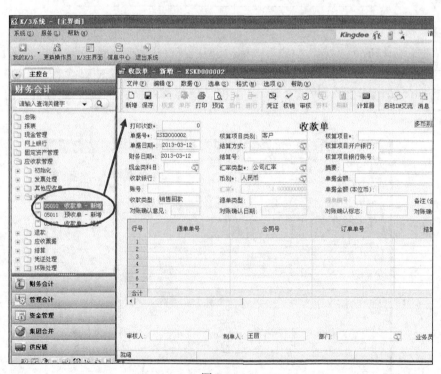

图 5-42

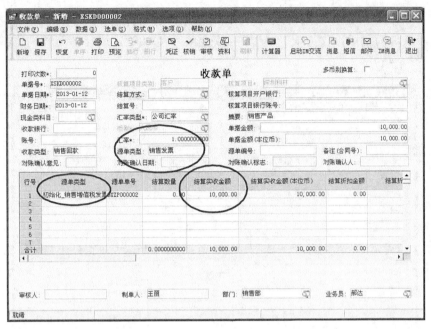

图 5-43

（5）请以同样的方法将剩余内容录入系统。

## 2．新增预收单

下面以表 5-6 中的数据为例，介绍预收单的录入方法。

（1）在主界面窗口中选择【财务会计】→【应收款管理】→【收款单】→【预收单-新增】，双击后弹出"预收单新增"窗口，如图 5-44 所示。

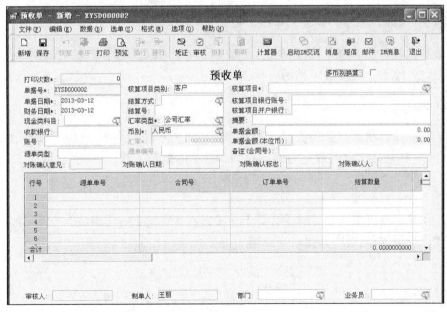

图 5-44

（2）将单据日期和财务日期修改为"2013-1-15"，选择客户"04 深圳永昌"，结算方式选择"支票"，录入摘要"预收货款"、结算实收金额"10 000"，选择部门"销售部"、业务员"郝达"，如图 5-45 所示。

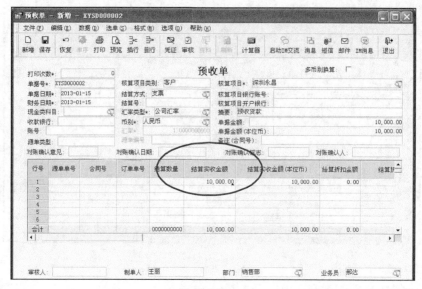

图 5-45

> **注意**
> 1. 录入的预收单关联合同时，可选择源单类型为"合同"后再选择合同资料。
> 2. 单据属"多币别核算"时，选中窗口右上角的"多币别核算"，系统会切换到"多币别"录入状态。

（3）单击"保存"按钮保存当前单据。

### 3. 查询、修改、删除、复制、审核、打印

收款单和预收单的查询、修改、删除、复制、审核和打印操作方法与前面单据的操作方法类似。请以"陈静"的身份审核所有单据。

### 5.6.5 退款单

退款单的操作方法同收款单类似。例如预收"深圳永昌"的"10 000"，因某种原因需要退款"5 000"，以表 5-7 中的数据为例，介绍退款单的处理方法。

### 1. 新增

（1）在主界面窗口中选择【财务会计】→【应收款管理】→【退款】→【退款单-新增】，系统弹出"应收退款单-新增"窗口，如图 5-46 所示。

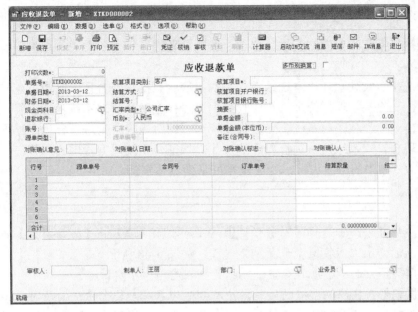

图 5-46

(2)客户选择"04 深圳永昌",结算方式选择"现金",单据和财务日期修改为"2013-1-16",摘要录入"退预收款",源单类型选择"收款单",源单编号获取"XYSD000002",如图 5-47 所示。

(3)结算方式修改为"现金",实退金额修改为"5 000",单击"保存"按钮保存当前单据。

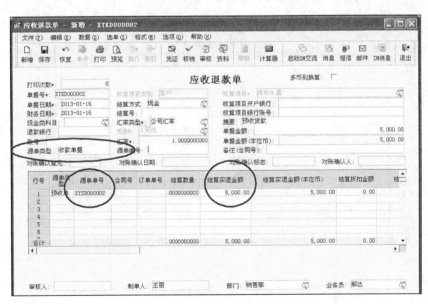

图 5-47

## 2. 查询、修改、删除、复制、审核、打印

退款单的查询、修改、删除、复制、审核、打印操作方法与前面单据的操作方法类似,以"陈静"的身份审核所有单据。

### 5.6.6 票据处理

票据处理包括应收票据的新增、修改、删除、背书、转出、贴现和退票等操作,可以生成收款单。

如果勾选了应收款管理"系统参数"中的"应收票据与现金系统同步"选项,则系统初始化结束后,应收款管理系统录入的应收票据可以传至现金管理系统,现金管理系统的应收票据也可以传至应收款管理系统。当应收款管理系统对应收票据进行转出、贴现、收款或背书操作时,现金管理系统同时进行相应的操作,保证两系统票据管理的同步。

下面以表 5-8 中的数据为例,介绍票据处理的具体步骤。

**1. 新增**

(1)在主界面窗口中选择【财务会计】→【应收款管理】→【应收票据】→【应收票据-新增】,双击后弹出"应收票据—新增"窗口,如图 5-48 所示。

- **票据类型**:选择票据的类型,票据类型在类型维护中设置。
- **票据编号**:指应收票据的号码。应收款管理系统与现金系统同步时,系统根据该号码与现金管理系统的票据进行对应。初始化时,应收款系统的票据与现金管理系统的票据分别录入,初始化结束后可以互相传递,同步更新。
- **到期日期**:票据兑现日期。
- **票面金额**:票据的金额。

图 5-48

- **到期值**:票据到期时的价值,到期值 = 票面金额+票面金额×票面利率÷360×付款期限(天)。系统根据公式自动计算。
- **承兑人**:可手工录入承兑银行名称或按 F7 键选择。

- **出票人**：录入出票人的名称，可手工录入或按 F7 键选择。若出票人为无关第三方，可以手工录入，同时在前手栏录入客户信息资料；如果有多个前手信息，则无关前手可以手工录入，单击【↓】，增加下一个前手的录入信息框，依次录入，系统默认最后一个前手必须为客户。
- **合同号**：若不按合同进行往来款的管理，此处可以为空。如果录入了合同号，则审核生成的收款单或预收单可以携带合同号，据此可以进行合同收款的跟踪。
- **背书人（前手）**：是应收票据背书记录中的前手。如果有多个前手信息，则无关前手可以手工录入，单击【↓】，增加下一个前手的录入信息框，依次录入，系统默认最后一个前手必须为客户。

（2）选择票据类型"银行承兑汇票"，签发日期修改为"2013-1-20"，到期日期修改为"2013-7-20"、票面金额"10 000"、承兑人"工行布吉支行"、票面利率和到期利率"1.7%"，选择核算类别"客户"、出票人"01 深圳科林"、付款人"01 深圳科林"，录入摘要"收货款"，部门选择"销售部"，业务员选择"郝达"，如图 5-49 所示。

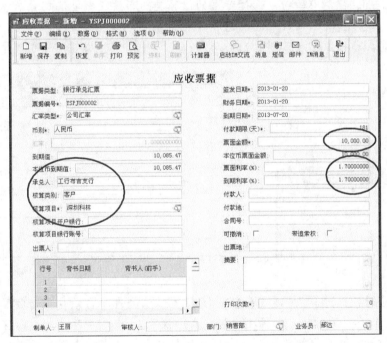

图 5-49

（3）单击"保存"按钮保存当前单据。

### 2. 查询、修改、删除、复制、打印

应收票据的查询、修改、删除、复制、打印操作方法同前面单据。

### 3. 审核

应收票据审核后可生成收款单或预收单，以"陈静"的身份审核刚才新增的"YSPJ000002"应收票据。

（1）在应收票据序时簿窗口中选中"YSPJ000002"，单击工具栏上的"审核"按钮，系统弹出"提示"窗口,如图 5-50 所示。

(2) 选择"生成收款单",单击"确定"按钮,稍后系统提示生成 1 张"XSKD000005"号收款单。

单击工具栏上的"连查"按钮,可以连查到生成的"收款单"情况。若取消审核,单击菜单中【编辑】→【取消审核】即可。

### 4. 背书

在"应收票据"查询窗口中选中要背书的票据(如"YSPJ000002"票据),单击工具栏上的"背书"按钮,系统弹出"应收票据背书"窗口,如图 5-51 所示。

- **背书日期**:应收票据背书处理的日期。背书处理时系统会产生相应的单据(付款单、应收单、预付单),产生的单据日期和财务日期均取背书日期。
- **背书金额**:默认取应收票据的票面金额,不允许修改。背书时产生单据的实付金额(或金额)和单据金额取背书金额。
- **核算类别、被背书单位**:选择背书的核算类别和被背书单位。
- **利息、费用**:背书处理时的利息和产生的费用。
- **对应科目**:指生成凭证时对应的会计科目,票据背书生成凭证时可以自动获取该科目。

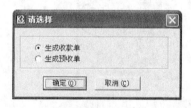

图 5-50

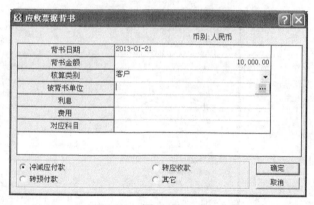

图 5-51

- **冲减应付款**:选择"冲减应付款",系统在背书处理时自动在应付款管理系统中产生 1 张付款单,该付款单的摘要中显示"应收票据×××背书"字样,以区别于手工录入的付款单,并且付款单处于未审核未核销状态。背书所生成的付款单不能在应付款系统中删除;如要删除,在应收款管理系统取消应收票据背书即可。不可以修改金额、币别和汇率。如果付款单已经审核,则该应收票据不能取消背书。
- **转预付款**:选择"转预付款",系统在进行背书处理时自动在应付款管理系统中产生 1 张预付单,处于未审核未核销状态。其他同"冲减应付款"。
- **转应收款**:选择"转应收款",系统在进行背书处理时自动在应收款管理系统中产生 1 张其他应收单,处于未审核未核销状态。背书生成的其他应收单不能在应收款管理系统中删除;如要删除,则取消应收票据背书。不可以修改金额、币别和汇率。若其他应收单已经审核,则该应收票据不能取消背书。
- **其它**:选择"其它",如直接增加原材料或材料采购等,不涉及冲销应收应付账款,生成背书凭证冲消应收票据即可，并且不在应收应付系统中增加任何单据。

应收票据只有"审核"后才能进行"背书"处理，应收票据背书成功后会在查询窗口的"状态"栏中显示"背书"。

### 5．转出

应收票据到期，不能收到钱款，可以做转出处理，增加应收账款。

在"应收票据"查询窗口中选中要转出的票据，单击工具栏上的【转出】按钮，系统弹出"应收票据转出"窗口，如图 5-52 所示。

应收票据只有审核后才能做转出处理，应收票据转出成功后状态显示"转出"。应收票据做转出处理时，应收票据减少，同时系统自动在应收单中产生 1 张其他应收单。应收票据转出生成的其他应收单不能在应收单序时簿中删除；如要删除，取消应收票据转出即可。其他应收单对应的凭证字号自动取应收票据转出凭证的凭证字号。若其他应收单已经审核，则不能取消应收票据转出。如果其他应收单未审核，则应收票据转出不能生成凭证。

### 6．贴现

收到应收票据后，若应收票据没有到期且急需资金，可以对票据进行贴现处理。

在"应收票据"查询窗口中选中要贴现的票据，单击工具栏上的"贴现"按钮，系统弹出"应收票据贴现"窗口，如图 5-53 所示。

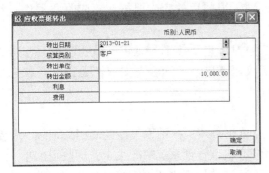

图 5-52

图 5-53

只有审核后的票据才能贴现。应收票据贴现后不会在应收款管理系统产生任何单据，并且应收票据的状态变为"贴现"。取消贴现的方法是在"应收票据"查询窗口中单击菜单【编辑】→【取消处理】。

应收款系统与现金管理系统同步时，在应收系统中进行了贴现的应收票据，传到现金管理系统时会增加相关的贴现信息。

### 7．收款

应收票据到期后可以收取现金或银行存款，此时要进行收款处理。

在"应收票据"查询窗口中选中票据，单击工具栏上的"收款"按钮，系统弹出"应收票据到期收款"窗口，如图 5-54 所示。

必填项包括结算日期、金额和结算科目。

应收票据只有审核后才能作收款处理,应收票据收款凭证只能在凭证处理模块中生成。应收票据收款后,不会在应收款管理系统中产生任何单据,只是状态变为"收款"。应收票据收款后,也不应再作收款单的录入。取消票据的收款处理,在"应收票据"查询窗口中单击菜单【编辑】→【取消处理】选项。

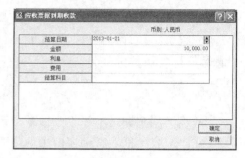

图 5-54

**8. 退票**

在"应收票据"查询窗口中选中要退票的票据,单击工具栏上的"退票"按钮,可以对应收票据进行退票操作。

应收票据退票时可能有应收票据审核后、应收票据背书冲减应付款、应收票据背书转预付款、应收票据背书转其它、期初应收票据、期初应收票据背书冲减应付款、期初应收票据背书转预付款和期初应收票据背书转其他等情况。

● 应收票据审核后退票。

对已审核的应收票据进行退票处理时,首先必须反核销已核销的相关记录(如收款单、预收单等),退票成功后在应收款管理系统中自动产生1张应收退款单,与原票据审核时自动产生的收款单(或预收单)自动核销。应收退款单摘要中注明了"票据×××退票"的字样。退票的凭证在凭证处理模块的应收票据退票中处理。退票后的应收票据在"应收票据"查询窗口的状态栏中显示"作废"字样。

如果取消退票,要手工删除相关凭证并在核销日志中反核销收款单(或预收单)与应收退款单的记录,同时系统会删除原退票产生的应收退款单,该应收票据取消退票并且状态变为"审核"。

● 应收票据背书冲减应付款退票。

应收票据背书冲减应付款后进行退票处理时,首先必须反核销原已核销的相关记录(包括应收款管理系统与应付款管理系统),退票成功后在应收款管理系统中产生1张应收退款单,在应付款管理系统中产生1张应付退款单,应收退款单冲销原应收票据审核时自动产生的收款单(或预收单),应付退款单冲销背书冲减应付款处理时产生的付款单。应收退款单和应付退款单的摘要中均注明"票据×××退票"字样。退票的凭证在凭证处理模块的应收票据退票中处理。背书冲减应付款退票后的应收票据在"应收票据"查询窗口状态栏中显示为"背书、作废"。

如果取消退票,应手工删除相关凭证并在应收款管理系统的核销日志中反核销收款单(或预收单)与应收退款单、付款单和应付退款单的记录,同时系统会删除原退票产生的应收退款单和应付退款单,并且取消该应收票据背书冲减应付款的退票操作,应收票据的状态变为"背书"。

● 应收票据背书转预付款退票。

应收票据背书转预付款后进行退票处理时,首先必须反核销原已核销的相关记录(包括应收款管理系统与应付款管理系统),退票成功后在应收款管理系统中产生1张应收退款单,在应付款管理系统中产生1张应付退款单,应收退款单冲销原应收票据审核时自动产生的收款单(或预收单),应付退款单冲销背书转预付款处理时产生的预付单。应收退款单和应付退款单的摘要中均注明"票据×××退票"字样。退票的凭证在凭证处理模块的应收票据退票中处理。背书转预付款的应收票据退票后在"应收票据"查询窗口状态栏中显示为"背书、作废"。

如果取消退票，应手工删除相关凭证并在应收款管理系统的核销日志中反核销收款单（或预收单）与应收退款单、预付单和应付退款单的记录，同时系统会删除原退票产生的应收退款单和应付退款单，并且取消该应收票据背书转预付款的退票操作，应收票据的状态变为"背书"。

- 应收票据背书转其他退票。

应收票据背书转其他进行退票处理时，系统直接在应收票据序时簿的状态栏中显示"背书、作废"，不在应收应付系统中增加任何单据。

- 期初应收票据退票。

期初应收票据进行退票处理时，系统在应收款管理系统中自动产生1张其他应收单，摘要中注明"期初票据×××退票"，并且该应收单处于未审核未核销状态，由用户自行核销。期初应收票据退票的凭证只能在凭证处理模块的应收票据退票中处理。

- 期初应收票据背书冲减应付款退票。

期初应收票据背书冲减应付款后进行退票处理时，首先必须反核销原已核销的相关记录（应付款管理系统），退票成功后在应付款管理系统中产生1张应付退款单，并与期初应收票据背书冲减应付款生成的付款单自动核销，该应付退款单摘要中注明"期初票据×××退票"字样；同时在应收款管理系统中产生1张其他应收单，并且该其他应收单处于未审核未核销状态，由用户自行核销，该应收单的摘要中注明"期初票据×××退票"字样。期初应收票据背书冲减应付款退票的凭证只能在凭证处理模块的应收票据退票中处理。

- 期初应收票据背书转预付款退票。

期初应收票据背书转预付款后进行退票处理时，首先必须反核销原已核销的相关记录，退票成功后在应付款管理系统中产生1张应付退款单，并与期初应收票据背书转预付款生成的预付单自动核销，该应付退款单摘要中注明"期初票据×××退票"字样；同时在应收款管理系统中产生1张其他应收单，并且该其他应收单处于未审核未核销状态，由用户自行核销，其他应收单的摘要中注明"期初票据×××退票"字样。期初应收票据背书转预付款退票的凭证只能在凭证处理模块的应收票据退票中处理。

- 期初应收票据转其他退票。

期初应收票据背书转其他进行退票处理时，系统自动产生1张其他应收单，摘要中注明"期初票据×××退票"，其他应收单是未审核未核销状态，由用户自行核销。期初应收票据转其他退票的凭证只能在凭证处理模块的应收票据退票中处理。

> **注意** 退票后不能查看原背书记录。取消退票只能对当前期间的退票操作。

### 5.6.7 结算

结算管理主要是应收发票、其他应收单与收款单、退款单的核销处理，系统提供7种核销类型和3种核销方式。

#### 1. 核销类型

（1）到款结算：收款单、退款单与销售发票、其他应收单核销，收款单与退款单互冲，红字销售发票、其他应收单与蓝字销售发票、其他应收单互冲，不包括预收单。

（2）预收款冲应收款：预收款与销售发票、其他应收单核销或预收单与退款单互冲。预收款冲应收款与到款结算的区别之处在于，预收款冲应收款要根据相应的核销记录生成预收款冲应收凭证，而到款结算不用。

（3）应收款冲应付款：销售发票、其他应收单与采购发票、其他应付单的核销处理。

（4）应收款转销：属于单边核销，即从一个客户转为另一个客户，实际应收款的总额并不减少。

（5）预收款转销：属于单边核销，即从一个客户转为另一个客户，实际预收款的总额并不减少。

（6）预收款冲预付款：预收单与预付单进行核销。

（7）收款冲付款：收款单与付款单进行核销。

2．核销方式

（1）单据：选择单据进行核销，系统内部按行次核销。

（2）存货数量：用户可以对发票上的存货数量行进行选择核销。

（3）关联关系：对存在结算关联关系的单据进行核销，包括收款单关联应收单、退款单关联负数应收单、退款单关联收款单和退款单关联预收单。

3．到款结算

（1）在主界面窗口中选择【财务会计】→【应收款管理】→【结算】→【到款结算】，双击后弹出"单据核销"窗口，如图 5-55 所示。

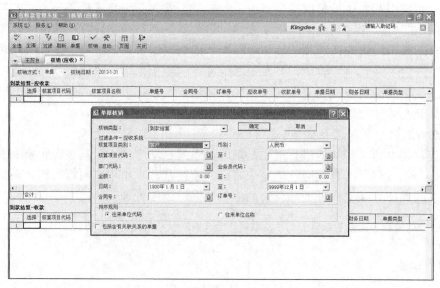

图 5-55

（2）核销类型选择"到款结算"，勾选"包括含有关联关系的单据"，单击"确定"按钮，系统弹出"单据核销"窗口，如图 5-56 所示。

第 5 章 应收款、应付款管理系统

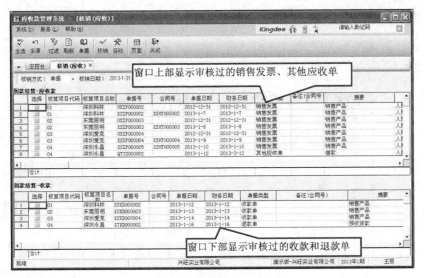

图 5-56

（3）选择核销方式"关联关系"，系统将具有关联关系、处于未核销状态的单据显示出来，在窗口下部选中"到款"中的"XSKD000002"单据。请注意，窗口上部"OXZP000002"号销售发票同时被选中。

（4）单击"核销"按钮，稍后窗口中被选中的记录被隐藏，表示核销成功。

（5）再选择核销方式"单据"，向右移动光标可以看到"本次核销金额"，如图 5-57 所示。

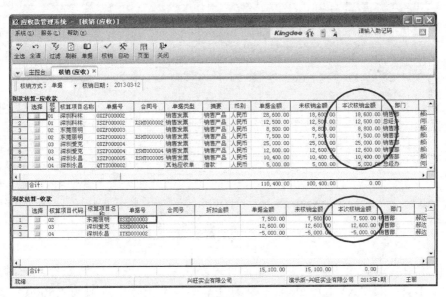

图 5-57

（6）选中"应收款"中"OXZP000003"销售发票，选中"收款"中"东莞丽明"的单据，单击核销按钮，核销成功后，应收款下"OXZP000003"的记录"未核销金额"已经由"8800"自动改为"1300"，这是因为对应的收款单上金额只有"7500"。

— 181 —

## 4. 预收款冲应收款

（1）单击"过滤"按钮，系统弹出"单据核销"设置窗口，选择核销类型"预收款冲应收款"，如图 5-58 所示。

图 5-58

（2）单击"确定"按钮，系统将符合条件的单据显示，请注意，窗口下部只显示了两张单据，1 张是预收单，1 张是退款单，如图 5-59 所示。

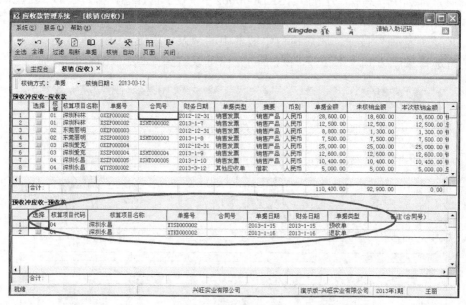

图 5-59

（3）收款单与退款单为同一客户并且有关联关系，先进行核销处理。同时选中窗口下部的两张单据，将"XYSD000002"单的"本次核销金额"修改为"5000"，如图 5-60 所示。

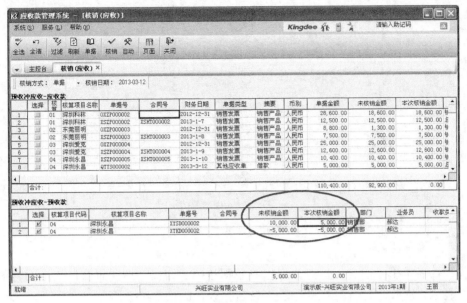

图 5-60

（4）单击"核销"按钮，核销成功后，在窗口下部只显示 1 条记录。

（5）再选中"应收款"下的"QTYS000002"号记录，选中"预收款"下的"XYSD000002"号记录，如图 5-61 所示。

（6）单击"核销"按钮进行核销处理。

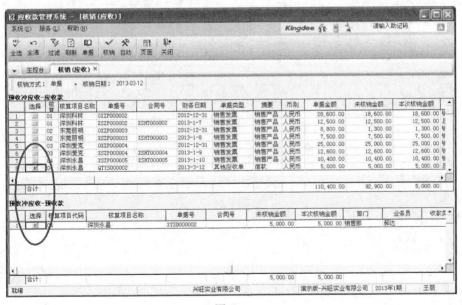

图 5-61

## 5．应收款冲应付款

单击"过滤"按钮，系统弹出"单据核销"设置窗口，选择核销类型"应收款冲应付款"，如图 5-62 所示。

– 183 –

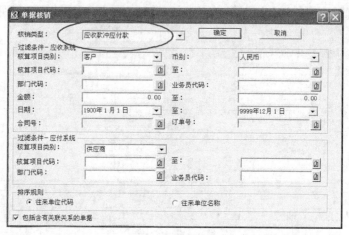

图 5-62

设置条件后单击"确定"按钮,弹出"单据核销"窗口,请注意窗口显示内容的变化,窗口上部显示"应收款",窗口下部显示"应付款",如图 5-63 所示。

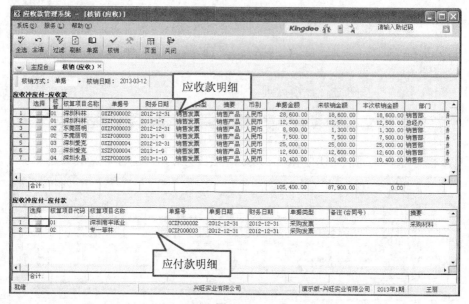

图 5-63

### 6. 应收款转销

在"过滤"窗口中选择核销类型"应收款转销",单击"确定"按钮,窗口切换到"应收款转销"状态,如图 5-64 所示。

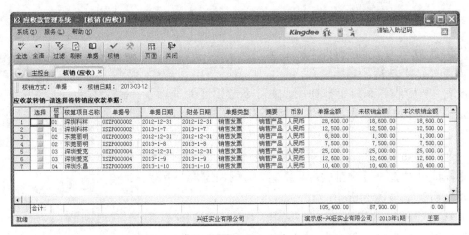

图 5-64

转销方法是选中要转销的记录,录入正确的"本次核销金额","转销客户"即该记录下的金额要转到的某个客户(可按 F7 键选择),金额和客户编辑后单击工具栏上的"转销"即可。

### 7．预收款转销、预收款冲预付款、收款冲付款

预收款转销、预收款冲预付款和收款冲付款的操作方法同前。

### 8．核销日志

核销日志用于查看当前系统中的单据核销情况(如×××应收单与×××收款单进行核销时核销了多少金额等)。当已核销的单据需要修改时,可以在"核销日志"中反核销单据后再进行修改。

在主界面窗口中选择【财务会计】→【应收款管理】→【结算】→【核销日志-维护】,双击后弹出"过滤条件"窗口,设置查询条件后单击"确定"按钮进入"核销日志"窗口,如图 5-65 所示。

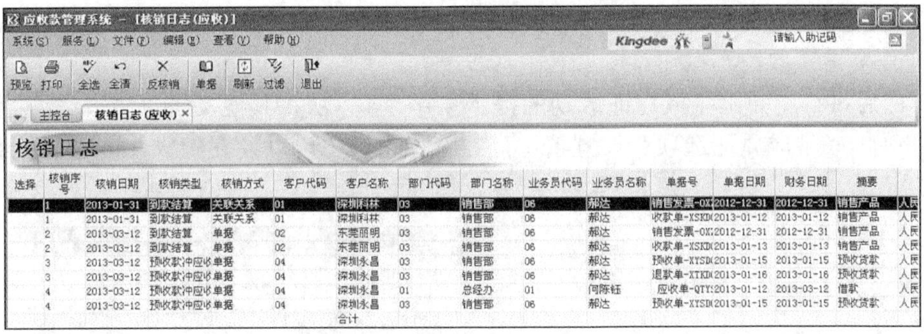

图 5-65

通过核销日志能有效地查询每笔单据的结算情况。若要查看记录的单据,选中记录后单击"单据"按钮即可。

反核销的方法是双击该单据,再单击工具栏上的"反核销"按钮。

### 5.6.8 凭证处理

这里的凭证处理是指将应收款系统中的各种单据生成凭证并传到总账系统，总账经过过账、汇总后得出相关的财务报表。若应收款系统单独使用，则可不做凭证处理。

下面以"销售增值税发票"生成凭证为例，介绍凭证处理的步骤。

（1）在主界面窗口中选择【财务会计】→【应收款管理】→【凭证处理】→【凭证-生成】，双击后弹出"选择事务类型"窗口，如图 5-66 所示。

（2）选中"销售增值税发票"，单击"确定"按钮，系统进入"过滤"窗口，保持默认条件，单击"确定"按钮，系统进入"单据序时簿"窗口，系统将"销售增值税发票"类单据全部显示出来，如图 5-67 所示。

在窗口中可以选择是按单还是按汇总方式生成凭证。一次选中多张单据时，单击"按单"，则系统为每张单据生成 1 张凭证；单击"汇总"，则系统生成 1 张汇总凭证。

图 5-66

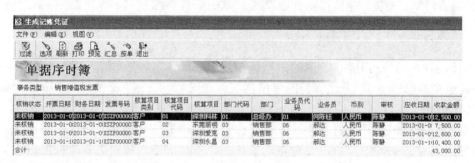

图 5-67

（3）选中第 1 张单据，单击"按单"按钮，系统弹出提示窗口，如图 5-68 所示。若不想生成凭证，单击"取消"按钮。

（4）稍后系统将弹出生成凭证成功的提示。用同样方法将其他发票也生成凭证。单击"选项"按钮弹出"生成凭证选项"设置窗口，在选项窗口中可以设置生成凭证时的控制选项，如图 5-69 所示。

图 5-68

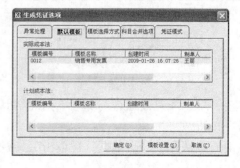

图 5-69

- **默认模板**：查看当前的默认模板，单击"模板设置"可以随时更改凭证模板。
- **模板选择方式**：设置生成凭证时使用默认模板还是从模板列表中选择模板。
- **科目合并选项**：设置凭证中有相同科目时的处理方法。

要查询生成凭证情况，可以选择【财务会计】→【应收款管理】→【凭证处理】→【凭证-维护】，双击后弹出过滤窗口，保持默认条件，单击"确定"按钮，系统进入"会计分录序时簿"窗口，如图 5-70 所示。在该窗口中进行凭证的修改、审核或删除等操作。

> **注意**　应收款管理系统下生成的凭证会自动传递到总账系统，在总账过账后，可以查看科目的发生额。

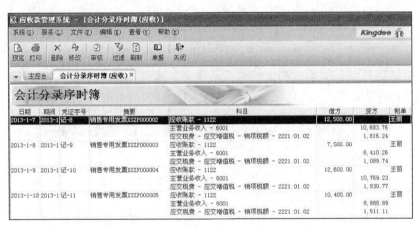

图 5-70

以"陈静"的身份在"应收款管理系统"中审核所有凭证后，返回总账系统对所有凭证"过账"，然后再查询"1 122"科目的各种账簿，查看数据的变化。

### 5.6.9　坏账处理

坏账处理包括坏账损失、坏账收回、计提坏账准备、坏账备查簿和坏账计提明细表。

#### 1．坏账损失

坏账损失处理的单据只能是初始化的销售发票、其他应收单及初始化结束后新增的已生成凭证的销售发票、其他应收单。

（1）在主界面窗口中选择【财务会计】→【应收款管理】→【坏账处理】→【坏账损失】，双击后弹出"过滤条件"窗口，如图 5-71 所示。

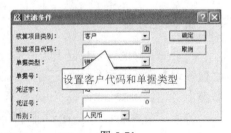

图 5-71

（2）在条件窗口中录入"核算项目的代码"，并选择要处理的"单据类型"。选择核算项目代码"01 深圳科林"，选择单据类型"销售发票"，单击"确定"按钮，系统弹出"坏账损失处理"窗口，如图 5-72 所示。

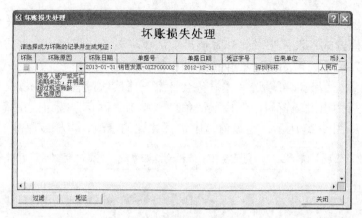

图 5-72

（3）在"坏账"项目下的方框上打勾表示选中，将科林的"坏账"项目打上勾，坏账原因选择"超过规定账龄"，本次坏账金额修改为"10000"，如图 5-73 所示。

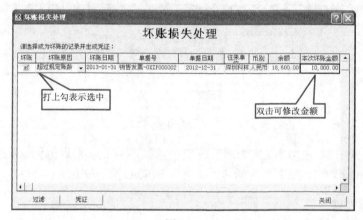

图 5-73

单击"凭证"按钮，系统弹出"凭证—新增"窗口，将"坏账损失"凭证修改并保存后，坏账损失的处理才结束。若生成的凭证没有保存，则操作无效。

### 2．坏账收回

（1）在主界面窗口中选择【财务会计】→【应收款管理】→【坏账处理】→【坏账收回】，双击后弹出"过滤条件"窗口，如图 5-74 所示。

（2）在条件窗口中设置要进行坏账收回的客户代码，选择单据类型、单据号和凭证字等。如果收回的是期初坏账，则单击右下角的"期初坏账"。选择核算项目代码"01 深圳科林"，单击"确定"按钮，系统弹出"坏账收回"窗口，如图 5-75 所示。

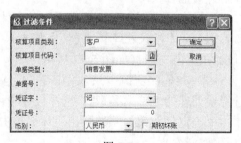

图 5-74

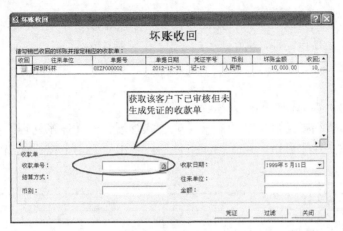

图 5-75

> **注意** 进行坏账收回时，一定要有该客户的收款单，只有已审核但未生成凭证的收款单才可以参与坏账收回处理。

(3) 在要处理单据的"收回"项上打勾，修改"收回金额"，选择对应的收款单，1次只能选择1张收款单进行坏账收回处理。坏账收回金额与收款单的金额必须相等。

(4) 单击"凭证"按钮，系统将生成1张坏账收回凭证，保存该凭证。

### 3．计提坏账准备

坏账准备可以一年计提一次，也可以随时计提。坏账准备的计提方法可以随时更改。系统根据"应收款管理系统参数"设置的方法计提坏账准备，并产生相应的凭证。

(1) 在主界面窗口中选择【财务会计】→【应收款管理】→【坏账处理】→【坏账准备】，双击后弹出"计提坏账准备"窗口，如图 5-76 所示。

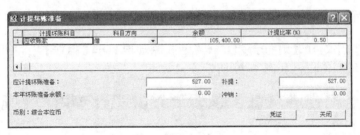

图 5-76

> **注意** 该窗口随"应收款管理系统参数"下设置方法的不同而不同。

计提坏账科目、科目方向、余额、计提比率和计提金额都是根据系统参数显示。

- **应计提坏账准备**：等于计提金额。
- **本年坏账准备余额**：坏账准备科目的余额。
- **补提**：如果应计提坏账准备大于本年坏账准备余额，则补提金额为应计提坏账准备减去本年坏账准备余额。
- **冲销**：如果应计提坏账准备小于本年坏账准备余额，则冲销金额为本年坏账准备余额减去应计提坏账准备。

（2）各项数据录入完成后单击"凭证"按钮，系统生成 1 张 "计提坏账准备"的凭证，单击"保存"按钮保存该凭证。

### 4. 坏账备查簿

坏账备查簿用于查询坏账的损失和收回情况。

在主界面窗口中选择【财务会计】→【应收款管理】→【坏账处理】→【坏账备查簿】，双击后弹出"过滤条件"窗口，设置相应条件后，单击"确定"按钮弹出"坏账备查簿"窗口，如图 5-77 所示。

图 5-77

### 5. 坏账计提明细表

坏账计提明细表用于查询坏账计提情况。

在主界面窗口中选择【财务会计】→【应收款管理】→【坏账处理】→【坏账计提明细表】，双击后弹出"过滤条件"窗口，如图 5-78 所示。

在窗口中录入要查询的年度范围（默认为本年度），选择"计提方法"（在此选择"应收账款百分比法"），单击"确定"按钮进入"坏账计提明细表"窗口。

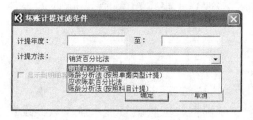

图 5-78

## 5.6.10 担保资料

在主界面窗口中选择【财务会计】→【应收款管理】→【担保】→【担保资料-新增】，双击后弹出"担保"窗口，如图 5-79 所示。

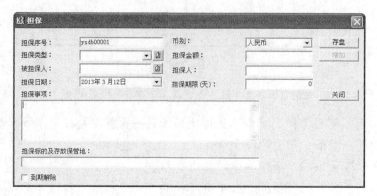

图 5-79

在"担保"窗口中新增担保资料后，可以通过"担保资料-维护"进行查询、修改和删除等操作。

## 5.7 账表与分析

### 5.7.1 账表

**1. 应收款明细表**

应收款明细表用于查询系统中应收账款的明细情况，可以按期间或日期查询，也可以通过应收款明细表查询往来账款的日报表。

（1）在主界面窗口中选择【财务会计】→【应收款管理】→【账表】→【应收款明细表】，双击后弹出"查询条件"窗口，如图 5-80 所示。

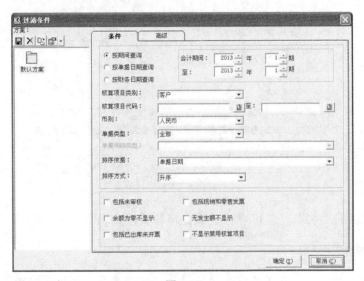

图 5-80

（2）在窗口中可以选择"按期间查询""按单据日期查询"或"按财务日期查询"，并设置期间或日期范围，设定查询的"核算项目代码"范围、单据类型等条件，单击"高级"按钮，可设定"地区"范围和"行业"范围。查询条件设置完成后，单击"确定"按钮弹出"应收明细账"窗口，如图 5-81 所示。

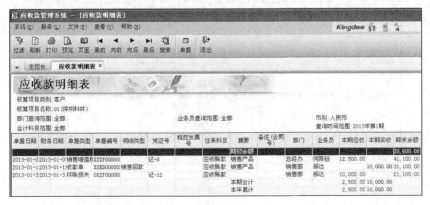

图 5-81

单击“最前、向前、向后、最后”按钮可查询不同客户的明细账，选中记录单击“单据”按钮，弹出该记录的单据查看窗口，单击“过滤”按钮可重新设定查询条件。

## 2. 应收款汇总表

应收款汇总表用于查询客户在当前会计期间应收款的汇总情况。

在主界面窗口中选择【财务会计】→【应收款管理】→【账表】→【应收款汇总表】，双击后弹出“查询条件”窗口，设置方法与应收款明细表的设置方法相同，单击“确定”按钮弹出“应收款汇总表”窗口，如图 5-82 所示。

| 核算项目代码 | 核算项目名称 | 期间 | 期初余额 | 本期应收 | 本期实收 | 本年累计应收 | 本年累计实收 | 期末余额 |
|---|---|---|---|---|---|---|---|---|
| 01 | 深圳科林 | 2013.1 | 28,600.00 | 2,500.00 | 10,000.00 | 2,500.00 | 10,000.00 | 21,100.00 |
| 02 | 东莞丽明 | 2013.1 | 8,800.00 | 7,500.00 | 7,500.00 | 7,500.00 | 7,500.00 | 8,800.00 |
| 03 | 深圳爱克 | 2013.1 | 25,000.00 | 12,600.00 | 12,600.00 | 12,600.00 | 12,600.00 | 25,000.00 |
| 04 | 深圳永昌 | 2013.1 | | 10,400.00 | 5,000.00 | 10,400.00 | 5,000.00 | 5,400.00 |
| | 合计 | 2013.1 | 62,400.00 | 33,000.00 | 35,100.00 | 33,000.00 | 35,100.00 | 60,300.00 |

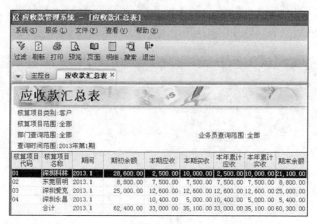

图 5-82

单击工具栏上的“明细表”可以查看该客户的明细账情况。

## 3. 往来对账单

往来对账单用于查询客户在某个时间范围内的往来情况，通过对账单能了解哪张单据欠款、是否已核销等情况。

在主界面窗口中选择【财务会计】→【应收款管理】→【账表】→【往来对账单】，双击后弹出“过滤”窗口，设置方法与应收款明细表的设置方法相同，选中“即时余额”，单击“确定”按钮弹出“往来对账单”窗口，如图 5-83 所示。

| 客户代码 | 客户名称 | 部门代码 | 部门名称 | 业务员代码 | 业务员名称 | 单据日期 | 财务日期 | 到期日期 | 单据类型 | 单据号码 | 凭证字号 | 摘要 | 备注(合同号) | 应收 | 已收 | 现金折扣 | 状态 |
|---|---|---|---|---|---|---|---|---|---|---|---|---|---|---|---|---|---|
| 01 | 深圳科林 | | | | | | | | 期初余额 | | | | | | | | |
| | | 01 | 总经办 | 01 | 何陈钰 | 2013-01-0 | 2013-01-0 | 2013-01-0 | 销售发票 | XSZP00000 | 记-8 | 销售产品 | | 12,500.00 | | | 未核销 |
| | | 03 | 销售部 | 06 | 郝达 | 2013-01-1 | 2013-01-1 | | 收款单 | XSKD00000 | | 销售产品 | | | 10,000.00 | | 完全核销 |
| | | 03 | 销售部 | 06 | 郝达 | 2013-01-3 | 2013-01-3 | | 坏账损失 | OXZP00000 | 记-12 | 销售产品 | | 10,000.00 | | | 完全核销 |
| 小计 | 深圳科林( | | | | | | | | | | | | | 2,500.00 | 10,000.00 | | |
| 02 | 东莞丽明 | | | | | | | | 期初余额 | | | | | | | | |
| | | 03 | 销售部 | 06 | 郝达 | 2013-01-0 | 2013-01-0 | 2013-01-0 | 销售发票 | XSZP00000 | 记-9 | 销售产品 | | 7,500.00 | | | 未核销 |
| | | 03 | 销售部 | 06 | 郝达 | 2013-01-1 | 2013-01-1 | | 收款单 | XSKD00000 | | 销售产品 | | | 7,500.00 | | 未核销 |
| 小计 | 东莞丽明( | | | | | | | | | | | | | 7,500.00 | 7,500.00 | | |
| 03 | 深圳爱克 | | | | | | | | 期初余额 | | | | | | | | |
| | | 03 | 销售部 | 06 | 郝达 | 2013-01-0 | 2013-01-0 | 2013-01-0 | 销售发票 | XSZP00000 | 记-10 | 销售产品 | | 12,600.00 | | | 未核销 |
| | | 03 | 销售部 | 06 | 郝达 | 2013-01-1 | 2013-01-1 | | 收款单 | XSKD00000 | | 销售产品 | | | 12,600.00 | | 未核销 |
| 小计 | 深圳爱克( | | | | | | | | | | | | | 12,600.00 | 12,600.00 | | |
| 04 | 深圳永昌 | 03 | 销售部 | 06 | 郝达 | 2013-01-1 | 2013-01-1 | 2013-01-1 | 销售发票 | XSZP00000 | 记-11 | 销售产品 | | 10,400.00 | | | 未核销 |
| | | 01 | 总经办 | 01 | 何陈钰 | 2013-01-1 | 2013-03-1 | 2013-01-1 | 其他应收单 | QTYS00000 | | 借款 | | 5,000.00 | | | 未核销 |
| | | 03 | 销售部 | 06 | 郝达 | 2013-01-1 | 2013-01-1 | | 预收款 | XYSD00000 | | 预收货款 | | | 10,000.00 | | 未核销 |
| | | 03 | 销售部 | 06 | 郝达 | 2013-01-1 | 2013-01-1 | | 退款单 | XTKD00000 | | 预收货款 | | | -5,000.00 | | 未核销 |
| 小计 | 深圳永昌( | | | | | | | | | | | | | 15,400.00 | 5,000.00 | | |
| | 总计 | | | | | | | | | | | | | 38,000.00 | 35,100.00 | | |

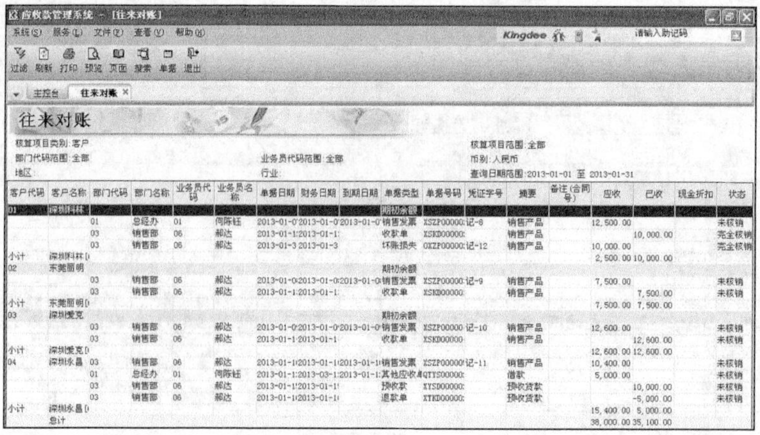

图 5-83

其他账表的查询方法都可以参照前面的查询方法，请自行练习。

## 5.7.2 分析

在应收款管理系统中可以生成账龄分析表、周转分析表和合同金额执行明细表。

### 1. 账龄分析表

账龄分析表用来对未核销的往来账款进行分析。

在主界面窗口中选择【财务会计】→【应收款管理】→【分析】→【账龄分析】，双击后弹出"查询条件"窗口，如图 5-84 所示。

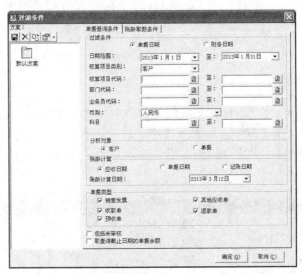

图 5-84

在窗口中可以设置日期、方向和账龄分组。设定账龄分组的方法是切换到"账龄取数条件"窗口，在想要的账龄下录入要分组的"数值"即可，如图 5-85 所示。

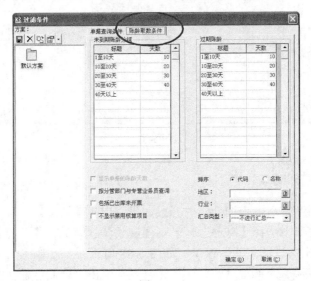

图 5-85

条件设置完成，单击"确定"按钮弹出"账龄分析表"窗口，如图 5-86 所示。

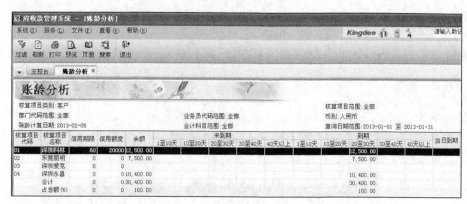

图 5-86

### 2. 周转分析表

周转分析表用来分析往来单位在某段时间的应收账款周转率及周转天数。

在主界面窗口中选择【财务会计】→【应收款管理】→【分析】→【周转分析】，双击后弹出"查询条件"窗口，设定查询条件后，单击"确定"按钮，系统弹出"周转分析"窗口，如图 5-87 所示。

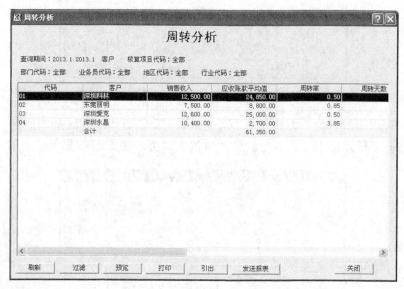

图 5-87

### 3. 合同金额执行明细表

合同金额执行明细表用于查询合同的开票、出库或收款情况。

（1）在主界面窗口中选择【财务会计】→【应收款管理】→【分析】→【合同金额执行明细表】，双击后弹出"过滤条件"窗口，如图 5-88 所示。

（2）设置过滤条件后，单击"确定"按钮，系统弹出"合同金额执行明细表"窗口，如

图 5-89 所示。

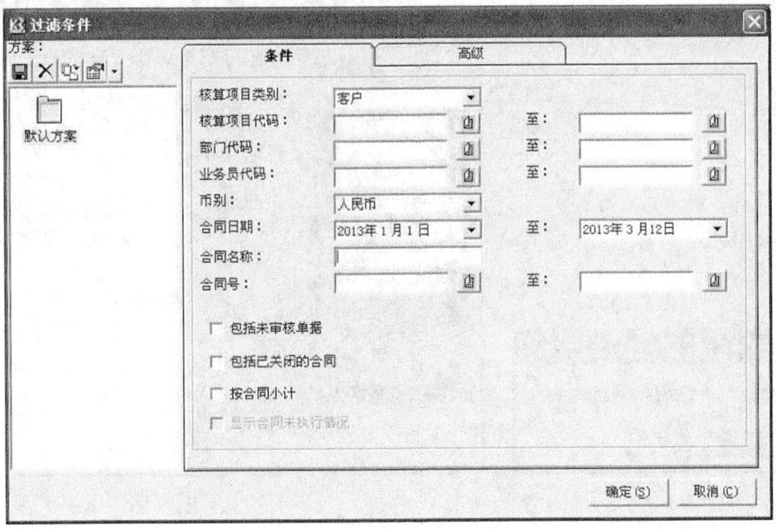

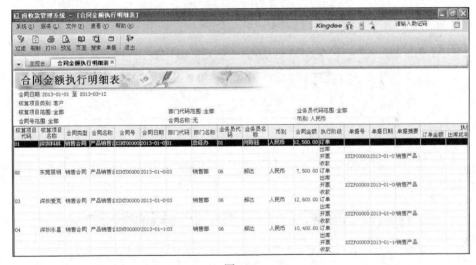

图 5-88

图 5-89

其他分析报表可以参照上面的查询方法进行操作。

## 5.8 期末处理

本期的所有业务处理完成之后，如果所有单据已审核、核销，相关单据已生成凭证，同时与总账等系统已核对完毕，可以进行期末结账，期末结账完毕后系统进入下一会计期间。期末处理同时提供反结账功能。

选择【财务会计】→【应收款管理】→【期末处理】→【结账】，双击后弹出"提示"窗口，如图 5-90 所示。

这是系统为了防止数据出错提供的检查功能。单击"是"按钮，系统弹出"对账检查"

窗口，如图 5-91 所示。

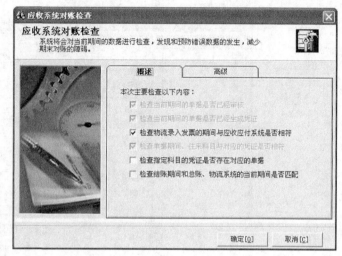

图 5-90　　　　　　　　　　　　　图 5-91

保持默认条件，单击"确定"按钮开始检查。如果检查不通过，系统会弹出未通过检查的单据情况，检查通过后，系统会弹出"对账检查已通过"提示，单击"确定"按钮，系统弹出"科目对账"提示，如图 5-92 所示。

图 5-92

单击"是"按钮，系统弹出"受控科目对账"过滤窗口，科目代码分别选择 1 122 和 2 203 科目，如图 5-93 所示。

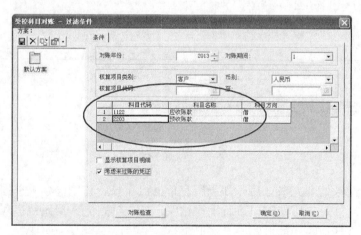

图 5-93

同时勾选"显示核算项目明细"和"考虑未过账的凭证"选项，单击"确定"按钮，系统弹出"期末科目对账"窗口，如图 5-94 所示。

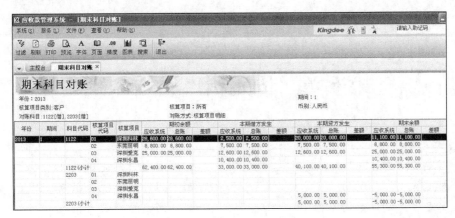

图 5-94

检查通过后，再次选择【财务会计】→【应收款管理】→【期末处理】→【结账】，双击后弹出提示，单击"否"按钮，系统将弹出"期末处理"窗口，如图 5-95 所示。

单击"继续"开始结账，稍后系统弹出结账完毕提示。

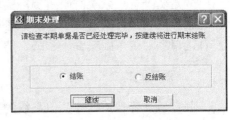

图 5-95

若系统参数勾选"期末处理前凭证处理应该完成"和"期末处理前单据必须全部审核"选项，结账前必须保证本期所有的单据已生成凭证并且本期所有的单据已全部审核，否则弹出不予结账的提示。

对已结账期间的单据不能再进行反审、修改等操作。若要修改已结账的数据，可以反结账，系统回到上一会计期间，重新录入、修改上一期间的数据资料。

> **注意** 反结账前，必须保证当前期间的单据已取消审核、取消核销且取消坏账处理。

# 5.9 课后习题

（1）应收款管理系统提供哪 3 种生成凭证方式？
（2）收款计划日期是怎样计算的？
（3）合同在什么情况下才能修改？
（4）结算处理提供哪些核销类型和核销方式？
（5）应收款系统生成的凭证在什么模块中过账？
（6）做坏账收回时，一定要有什么单据？

# 第6章 固定资产管理系统

> **学习重点**
> - 固定资产卡片新增
> - 固定资产卡片变动
> - 固定资产卡片查询
> - 固定资产凭证处理
> - 固定资产统计报表
> - 固定资产管理报表

## 6.1 系统概述

固定资产管理系统对固定资产的增加、变动和设备维护情况进行管理。可以生成凭证并传递到总账系统。固定资产系统与资产购置系统联合使用时,可以从资产购置系统填写"资产领用单"后传入固定资产系统,然后生成固定资产卡片。

### 1. 系统结构

固定资产管理系统与其他系统的数据传输如图6-1所示。

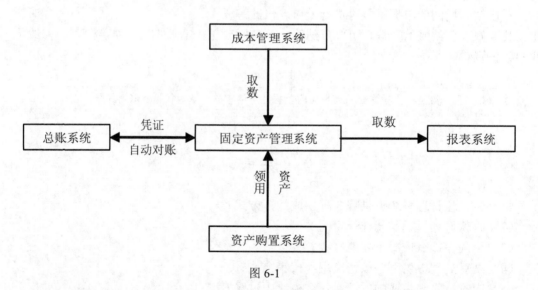

图 6-1

- **总账系统**:可以接收固定资产业务处理后生成的凭证以及固定资产的初始余额。
- **报表系统**:自定义报表时可以利用公式向导从固定资产管理系统中取数。
- **成本管理系统**:可以从固定资产管理系统中提取成本数据。
- **资产购置系统**:可从资产购置系统填写"资产领用单"传递数据,然后转为固定资产卡片进行管理。

## 2. 固定资产管理系统功能

系统功能如表 6-1 所示。

表 6-1　　　　　　　　　　　　　　　系统功能

| 大　类 | 明细功能 | 大　类 | 明细功能 |
| --- | --- | --- | --- |
| 基础资料 | 变动方式类别 | 领用申请 | 领用申请单—新增 |
| | 使用状态类别 | | 领用申请单—维护 |
| | 折旧方法定义 | 业务处理 | 新增卡片 |
| | 卡片类别管理 | | 变动处理 |
| | 存放地点维护 | | 卡片查询 |
| | 折旧政策管理 | | 标准卡片引入 |
| | 资产组管理 | | 标准卡片引出 |
| | 资产账簿管理 | | 设备检修 |
| 统计报表 | 资产清单 | 管理报表 | 资产变动及结存表 |
| | 固定资产价值变动表 | | 折旧费用分配表 |
| | 数量统计表 | | 固定资产明细账 |
| | 到期提示表 | | 折旧明细表 |
| | 处理情况表 | | 折旧汇总表 |
| | 附属设备明细表 | | 资产构成表 |
| | 修购基金计提情况表 | | 变动历史记录表 |
| 期末处理 | 工作量管理 | 凭证管理 | 资产折旧对比表 |
| | 计提折旧 | | 卡片凭证管理 |
| | 折旧管理 | | 凭证模板 |
| | 期末结账 | | 凭证生成 |
| | 工作量查询 | | 凭证查询 |
| | 自动对账 | | |
| | 计提修购基金 | | |

## 3. 应用流程

新用户的使用需要从系统初始设置开始。若已经完成了系统初始设置，可直接进行日常业务处理即可。系统初始化结束以后的基础资料设置（如卡片类别维护、存放地点维护等），可以随时在业务处理时进行设置。

固定资产管理系统的基础资料录入和初始设置请参照第 3 章。

应用流程如下图所示。

1. 新用户操作流程　　2. 日常操作流程

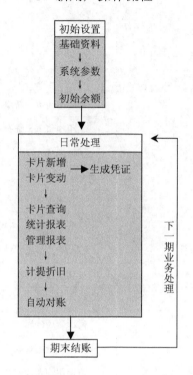

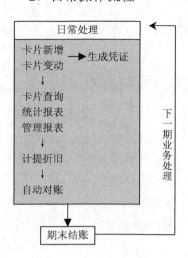

## 6.2 日常处理

固定资产的日常处理包括固定资产的增加、固定资产的清理、固定资产的变动、卡片查询和凭证管理等。

下面以表 6-2 至表 6-4 中的数据为例，介绍日常处理的方法。

表 6-2　　　　　　　　　　　　　　新增固定资产

| 基本信息 | | 部门及其他 | | 原值与折旧 | |
| --- | --- | --- | --- | --- | --- |
| 资产类别 | 机械设备 | 固定资产科目 | 1601.02 | 币别 | 人民币 |
| 资产编码 | J002 | 累计折旧科目 | 1602 | 原币金额 | 58000 |
| 名称 | 彩印机 | 使用部门 | 丝印部 | 开始使用日期 | 2013-1-10 |
| 计量单位 | 台 | 折旧费用科目 | 5101.04-折旧费 | 预计工作量 | 20000 |
| 数量 | 1 | | | 预计净残值 | 5800 |
| 入账日期 | 2013-1-10 | | | 折旧方法 | 工作量法 |
| 存放地点 | 生产车间 | | | 工作量计量单位 | 小时 |
| 使用状况 | 正常使用 | | | | |
| 变动方式 | 购入 | | | | |

表 6-3　　　　　　　　　　　　出售五十铃人货车并收款

| 变动日期 | 备注 | 编码 | 名称 | 变动方式 | 原值原币 | 出售价(已收款) |
| --- | --- | --- | --- | --- | --- | --- |
| 2013-1-13 | 清理 | Y001 | 五十铃人货车 | 出售 | 96000 | 90000 |

表6-4 将总经办计算机改由财务部使用,因某种原因原值减少200元

| 变动日期 | 编码 | 名称 | 类别 | 原使用部门 | 现使用部门 | 变动方式 | 原值调整 |
|---|---|---|---|---|---|---|---|
| 2013-1-13 | B002 | 办公计算机 | 办公设备 | 总经办 | 财务部 | 002.002 减少—盘亏 | -200 |

### 6.2.1 固定资产新增

下面以新增表6-2中的数据为例,介绍固定资产新增的操作方法。

(1)以"吴晓英"的身份登录系统。在主界面窗口中选择【财务会计】→【固定资产管理】→【业务处理】→【新增卡片】,双击后弹出固定资产卡片管理窗口,同时弹出"新增"窗口,如图6-2所示。

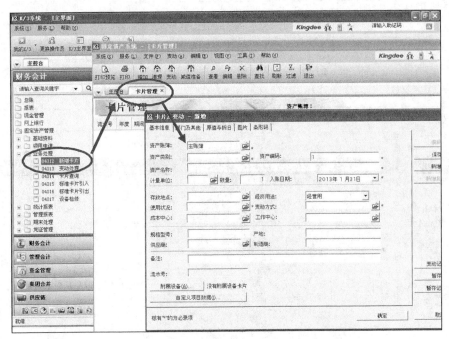

图6-2

窗口中各项目的释义请参照第3章。

(2)在"基本信息"窗口中选择资产类别"02 机械设备",资产编码自动更新为"J002",资产名称"彩印机",选择计量单位"台",修改入账日期为"2013-1-10",选择存放地点"生产车间"、使用状况"正常使用"、经济用途"经营用"、变动方式"购入",录入完成的窗口如图6-3所示。

(3)单击"部门及其他"选项卡,切换到"部门及其他"窗口,选择固定资产科目"机械设备"、累计折旧科目"累计折旧"、使用部门"单一"下的"丝印部"、折旧费用分配"单一",科目选择"5101.04—折旧费",设置完成的窗口如图6-4所示。

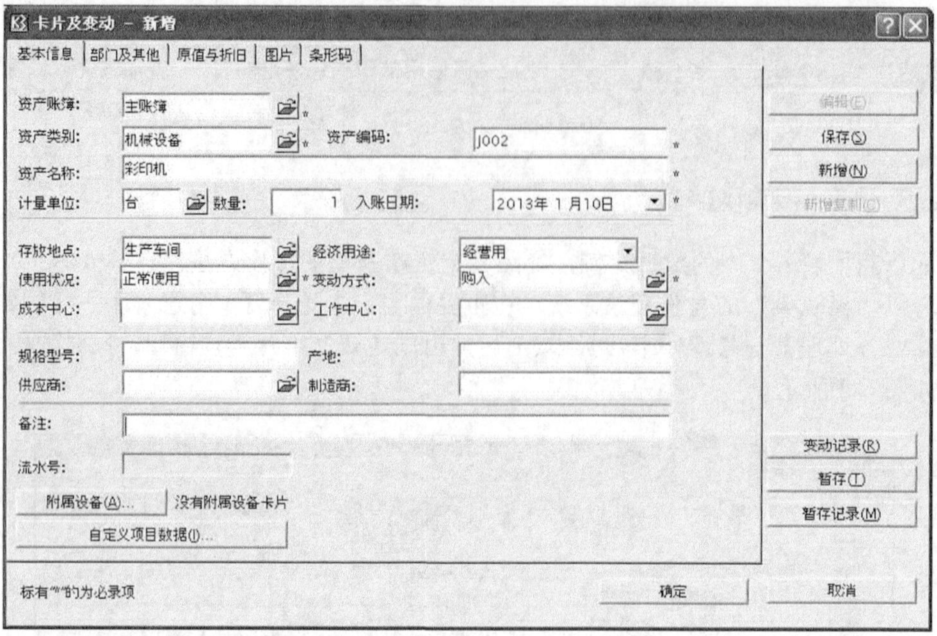

图 6-3

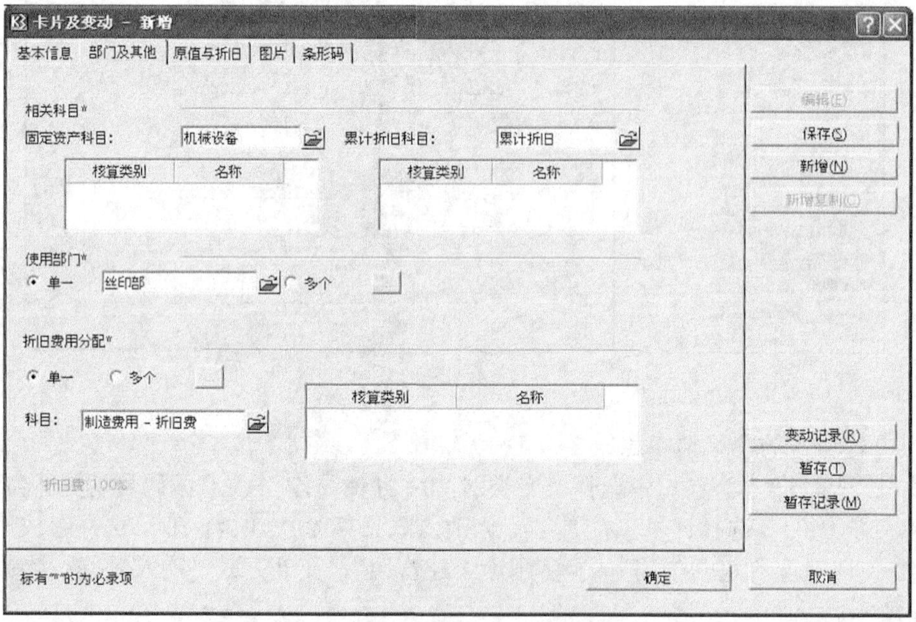

图 6-4

（4）单击"原值与折旧"选项卡，切换到"原值与折旧"窗口，录入原币金额"58000"、预计工作总量"20000"、预计净残值"5800"、工作量计量单位"小时"，设置完成的窗口如图 6-5 所示。

注意　因在第 3 章中已将"机械设备"类别的折旧方法设置为"工作量法"，所以当前类别下新增的固定资产都采用"工作量法"计提折旧。也可以根据工作实际需要选择其他折旧方法，选择折旧方法不受"固定资产类别"限制。

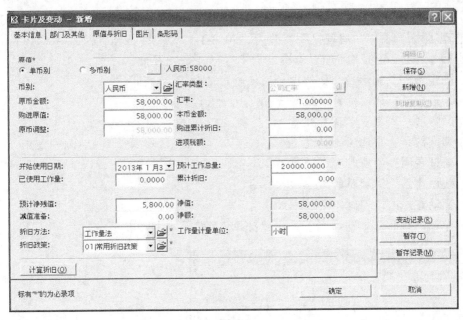

图 6-5

（5）单击“保存”按钮保存当前资料。若继续新增卡片，单击“新增”按钮。

（6）单击“关闭”按钮返回“卡片管理”窗口，系统将刚才新增的固定资产卡片资料显示在窗口中，如图 6-6 所示。

| 流水号 | 年度 | 期间 | 入账日期或变动日期 | 摘要 | 编码 | 名称 | 型号 | 类别 | 变动方式 | 使用状态 | 部门 | 单位 | 数量 | 期初数量 | 币别 | 汇率 | 原值原币 | 原值本币 |
|---|---|---|---|---|---|---|---|---|---|---|---|---|---|---|---|---|---|---|
| 5 | 2013 | 1 | 2013-1-10 | 新增: | J002 | 彩印机 | | 机械设备 | 购入 | 正常使用 | 丝印部 | 台 | 1.00 | 0.00 | 人民币 | 1 | 58,000.00 | 58,000.00 |

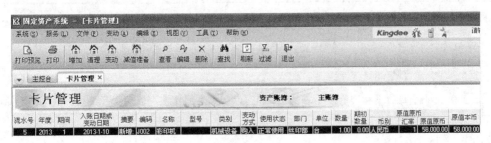

图 6-6

## 6.2.2　固定资产清理

下面以表 6-3 中的数据为例，介绍固定资产清理的操作方法。

（1）在主界面窗口中选择【财务会计】→【固定资产管理】→【业务处理】→【变动处理】，双击后弹出“卡片管理”窗口，如图 6-7 所示。

在“卡片管理”窗口中可以进行固定资产卡片的新增、清理、变动和编辑等操作。

| 流水号 | 年度 | 期间 | 入账日期或变动日期 | 摘要 | 编码 | 名称 | 型号 | 类别 | 变动方式 | 使用状态 | 部门 | 单位 | 数量 | 期初数量 | 币别 | 汇率 | 原值原币 | 原值本币 |
|---|---|---|---|---|---|---|---|---|---|---|---|---|---|---|---|---|---|---|
| 1 | 2013 | | 2012-2-1 | 新增: | B001 | 瑞风商务 | | 办公设备 | 购入 | 正常使用 | 总经办 | 辆 | 1.00 | 1.00 | 人民币 | 1 | 180,000.00 | 180,000.00 |
| 2 | 2013 | | 2012-2-6 | 新增: | B002 | 办公电脑 | | 办公设备 | 购入 | 正常使用 | 总经办 | 台 | 1.00 | 1.00 | 人民币 | 1 | 4,800.00 | 4,800.00 |
| 3 | 2013 | | 2012-1-10 | 新增: | J001 | 丝印机 | | 机械设备 | 购入 | 正常使用 | 丝印部 | 台 | 1.00 | 1.00 | 人民币 | 1 | 9,800.00 | 9,800.00 |
| 4 | 2013 | | 2012-1-15 | 新增: | Y001 | 五十铃人 | | 运输设备 | 购入 | 正常使用 | 运输部 | 辆 | 1.00 | 1.00 | 人民币 | 1 | 96,000.00 | 96,000.00 |
| 5 | 2013 | 1 | 2013-1-10 | 新增: | J002 | 彩印机 | | 机械设备 | 购入 | 正常使用 | 丝印部 | 台 | 1.00 | 0.00 | 人民币 | 1 | 58,000.00 | 58,000.00 |

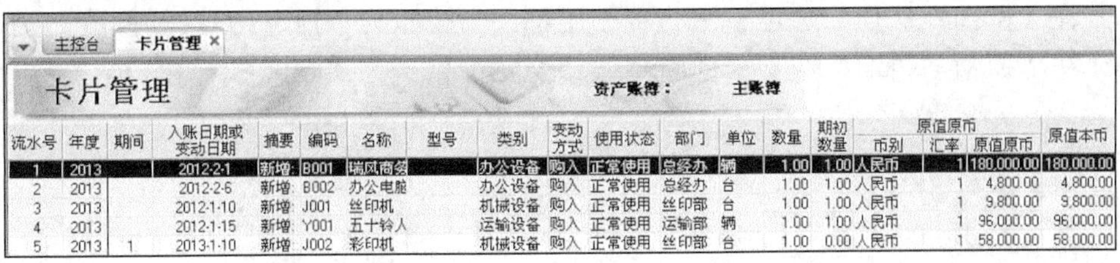

图 6-7

（2）选中编码为"Y001"号的固定资产，单击工具栏上的"清理"按钮，系统弹出"固定资产清理-新增"窗口，清理日期修改为"2013-1-13"，录入残值收入"90000"，选择变动方式"出售"，录入摘要"清理五十铃人货车"，如图6-8所示。

- **固定资产**：显示当前要处理的固定资产名称。
- **清理日期**：固定资产清理的日期。
- **原数量**：固定资产现有数量。
- **清理数量**：要清理的数量。
- **清理费用**：清理时发生的费用。
- **残值收入**：清理时的残值收入。
- **变动方式**：清理时的变动方式。

（3）单击"保存"按钮，系统弹出"提示"窗口，如图6-9所示。

图6-8

图6-9

（4）单击"确定"按钮，在"卡片管理"窗口中显示一条清理记录，单击"关闭"按钮返回"卡片管理"窗口。

> **注意** 当期已进行变动的资产不能清理。清理功能只适用于单个固定资产清理，不适用于批量清理。

### 6.2.3 固定资产变动

固定资产变动业务包括固定资产原值、部门、使用情况、类别和使用寿命等发生变动。下面以表6-4中的数据为例，介绍固定资产变动的操作方法。

（1）在"卡片管理"窗口中选中编码为"B002"号的固定资产，单击工具栏上"变动"按钮，系统弹出该固定资产的"卡片及变动-新增"窗口。

（2）选择变动方式"盘亏"，如图6-10所示。

> **注意** 在选择变动方式时，可增加变动方式。

（3）在"部门及其他"选项卡中将"使用部门"修改为"财务部"，如图6-11所示。

（4）在"原值与折旧"选项卡中将"原币金额"修改为"4600"，如图6-12所示。

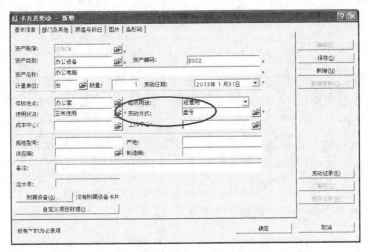

图 6-10

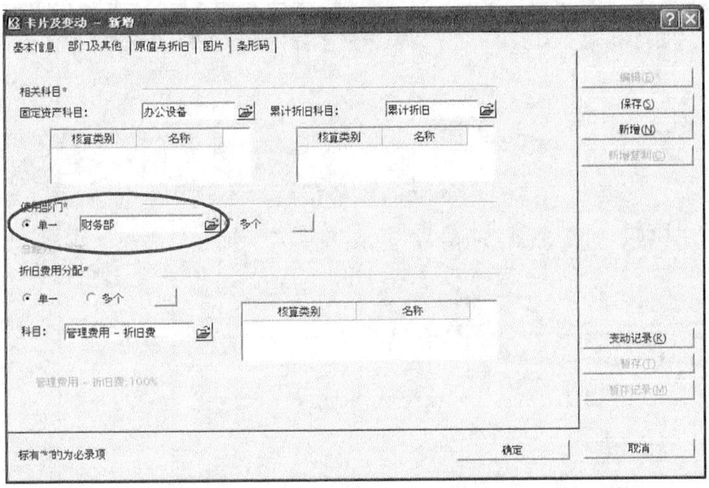

图 6-11

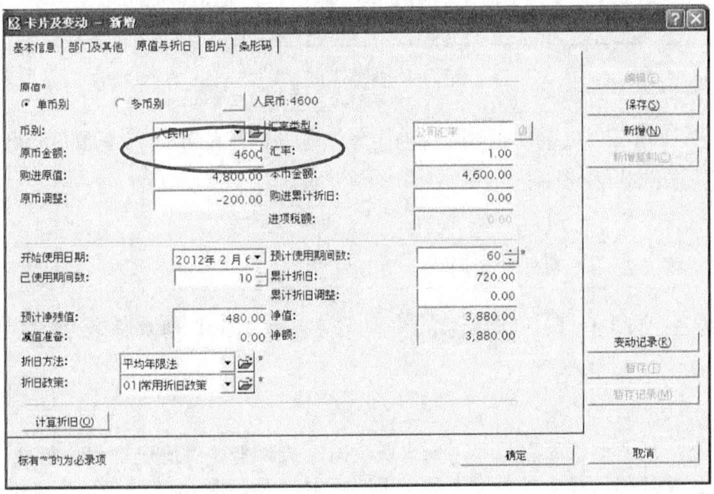

图 6-12

（5）单击"确定"按钮，系统保存当前变动资料并返回"卡片管理"窗口。

### 6.2.4 批量清理、变动

系统提供有固定资产的批量清理功能。在"卡片管理"窗口中按住 Shift 键或 Ctrl 键选中多条需要清理的固定资产，单击菜单【变动】→【批量清理】，系统弹出"批量清理"窗口，录入清理数量、清理收入、清理费用和变动方式等内容后，单击"确定"按钮。

系统也提供固定资产批量变动功能，在"卡片管理"窗口中按住 Shift 键或 Ctrl 键选中多条需要变动的固定资产，单击菜单【变动】→【批量变动】，系统弹出"批量变动"窗口，录入变动内容后单击"确定"按钮。

### 6.2.5 固定资产卡片查看、编辑、删除

在"卡片管理"窗口中选中要查看的卡片（含变动卡片），单击工具栏上的"查看"按钮，系统弹出"查看"窗口，如图 6-13 所示。

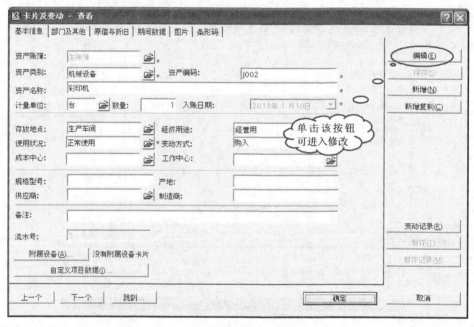

图 6-13

在"卡片管理"窗口中选中要修改的内容，单击"编辑"按钮即可调出"卡片及变动-修改"窗口，可以修改卡片资料。

> 注意　只能修改当前会计期间的资料。

在"卡片管理"窗口中选中要删除的变动资料，单击"删除"按钮即可取消该固定资产的变动。

> 注意　固定资产清理记录的编辑和删除有所不同，选中生成的清理记录，单击工具栏的"清理"按钮，系统弹出提示窗口，单击"是"按钮，系统弹出"固定资产清理-编辑"窗口，可

以修改清理内容,单击"删除"按钮,可以取消该固定资产的清理工作,如图 6-14 所示。

图 6-14

### 6.2.6 固定资产拆分

固定资产拆分功能可以将原来成批、成套资产拆分成单个资产进行管理。卡片拆分既可以处理当期新的卡片,也可以拆分以前期间录入的卡片。

在"卡片管理"窗口中选中要拆分的卡片(如编码为"B001"的固定资产),单击菜单【变动】→【拆分】,系统弹出"卡片拆分"窗口,如图 6-15 所示。

- **按金额进行拆分**:系统自动按金额百分比进行拆分,不对资产数量进行控制。
- **按数量进行拆分**:系统自动按数量所占百分比对金额

图 6-15

进行拆分,并且使拆分后卡片上的资产数量之和与原卡片上的资产数量之和相等。

选中"按金额进行拆分",拆分的数量录入"4",单击"确定"按钮,系统弹出"卡片拆分"窗口,如图 6-16 所示。

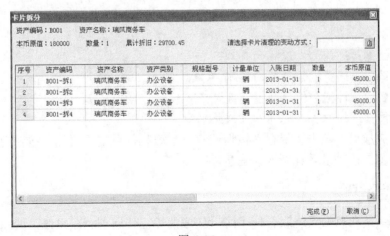

图 6-16

在窗口中可以录入拆分后每项资产的原值和累计折旧等内容,还可以设置"变动方式"。设置完成后单击"完成"按钮即可。

> **注意** 拆分后卡片的原值、累计折旧、净值和减值准备等和拆分前的卡片一致。为了保证固定资产的完整,请把刚才所做的拆分业务删除掉。

### 6.2.7 固定资产审核、过滤

以"陈静"的身份登录后审核全部变动资料。

### 6.2.8 设备维修

系统提供"设备检修"功能,可以录入设备的维修情况(如费用、检修员等内容),并可查询设备检修序时簿、设备检修日报表和设备保养序时簿。

在主界面窗口中选择【财务会计】→【固定资产管理】→【业务处理】→【设备检修】,双击后弹出过滤条件窗口,设定条件后单击"确定"按钮,进入"固定资产设备检修表"窗口,单击工具栏上的"增加"按钮,系统弹出"设备检修记录单-新增"窗口,如图6-17所示。

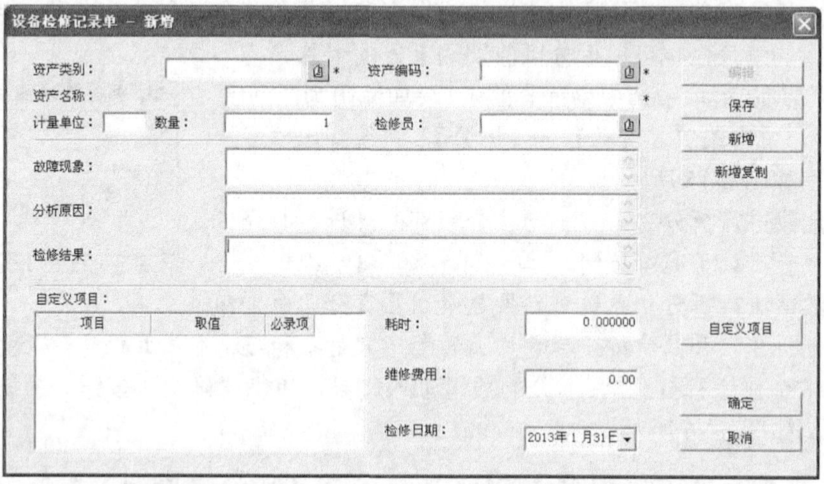

图 6-17

- 资产类别:选择检修设备的类别。
- 资产编码:选择检修设备的编码。
- 资产名称、计量单位、数量:选定资产编码后自动显示。
- 检修员:选择职员,也可以录入。

信息录入完成后,单击"保存"按钮保存当前资料,单击"关闭"按钮返回"固定资产设备检修表"窗口,可以看到录入的信息。

### 6.2.9 凭证管理

固定资产系统和总账系统联合使用时,生成的凭证传递到总账系统,两系统的固定资产科目和累计折旧科目数据一致。

将本账套中固定资产的新增和变动资料生成凭证,操作步骤如下。

(1)在主界面窗口中选择【财务会计】→【固定资产管理】→【凭证管理】→【卡片凭证管理】,双击后弹出"过滤方案设置"窗口,如图6-18所示。

在窗口中可以设置过滤的事务类型、会计年度、会计期间和审核等项目。

（2）事务类型选择"全部"，其他保持不变，单击"确定"按钮，系统进入"凭证管理"窗口，如图6-19所示。

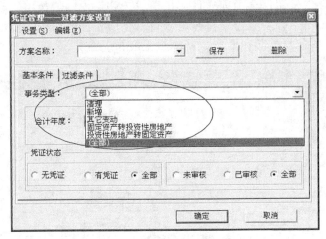

图6-18

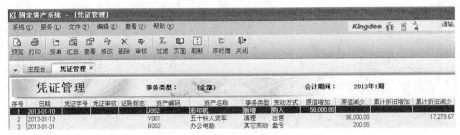

图6-19

（3）选中第1条记录，单击工具栏上的"按单"按钮，系统弹出"按单生成凭证"窗口，如图6-20所示。

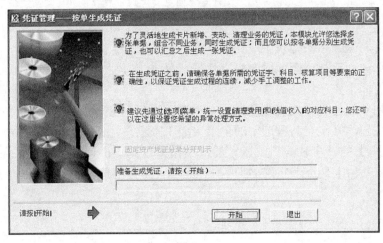

图6-20

(4)单击"开始"按钮,稍后系统弹出提示"凭证保存出错,是否手工调整"的对话框,单击"是"按钮,系统进入"记账凭证"窗口,贷方科目选择"1002.01"科目,选择结算方式"支票",录入结算号"124567",修改后的凭证如图 6-21 所示。

(5)单击"保存"按钮保存当前凭证,单击"关闭"返回"按单生成凭证"窗口,系统显示生成的凭证,单击"查看报告"按钮可以查看生成凭证的过程,单击"退出"按钮返回"凭证管理"窗口。请注意生成凭证后记录的显示颜色。

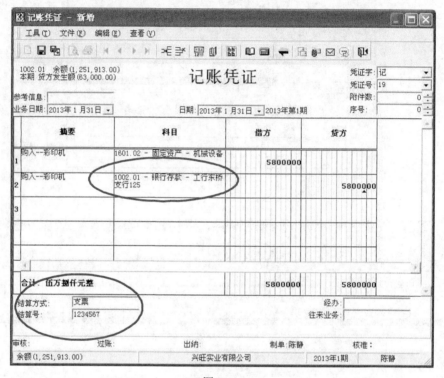

图 6-21

> **注意** 生成凭证时出错是因为系统无法确定该固定资产对方科目,如固定资产增加时,系统无法确定对方科目是现金还是银行存款,所以需要手工将凭证补充完整。

(6)请自行将剩余两条记录生成凭证。

要查看、修改、审核或删除固定资产凭证,单击工具栏上的相应按钮即可。以"陈静"的身份审核所有固定资产凭证。

系统可以用"汇总"方式生成凭证。在"凭证管理"窗口中选中多条记录,单击工具栏上的"汇总"按钮,系统会为所选中的记录生成 1 张汇总凭证。

单击工具栏上的"序时簿"按钮,系统弹出"过滤"窗口,保持默认条件,单击"确定"按钮,系统弹出"会计分录序时簿"窗口,查看生成的凭证记录情况,如图 6-22 所示。

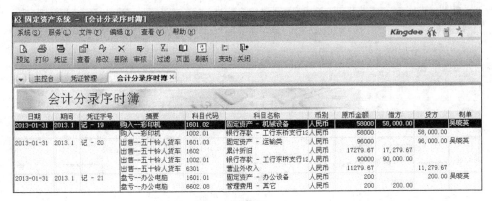

图 6-22

## 6.3 报 表

### 6.3.1 统计报表

**1. 固定资产清单**

在主界面窗口中选择【财务会计】→【固定资产管理】→【统计报表】→【固定资产清单】，双击后弹出"方案设置"窗口，如图 6-23 所示。

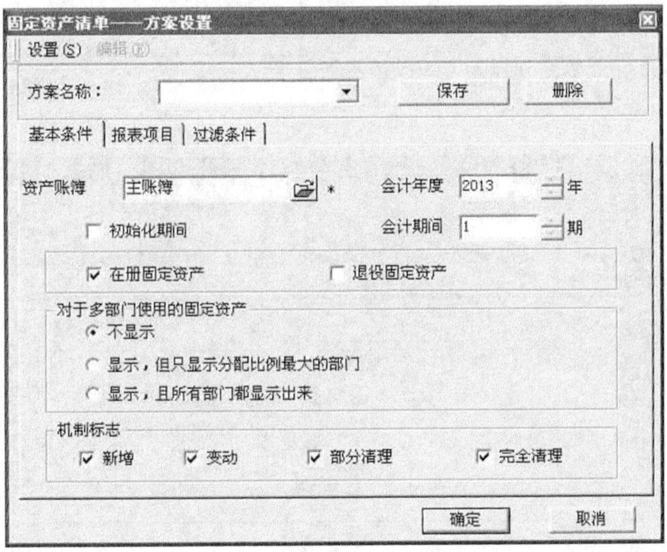

图 6-23

在窗口中可以设置查询的期间、固定资产状态、显示部门资料和报表项目显示等内容。

过滤条件设置完成后单击"确定"按钮，系统弹出"固定资产清单"窗口，如图 6-24 所示。

图 6-24

若要查看固定资产的卡片情况,选中记录后单击工具栏上的"卡片"按钮即可。

### 2. 固定资产价值变动表

在主界面窗口中选择【财务会计】→【固定资产管理】→【统计报表】→【固定资产价值变动表】,双击后弹出"过滤"窗口,如图6-25所示。

在"基本条件"选项卡中设置要查询的期间和是否"包含本期已清理的卡片",在"汇总设置"选项卡中设置汇总条件,在"过滤条件"选项卡中设置更详细的过滤条件。

保持默认条件,单击"确定"按钮,系统弹出"固定资产变动情况表"窗口,如图6-26所示。

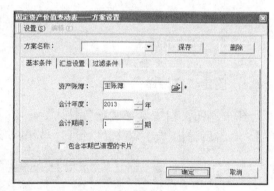

图 6-25

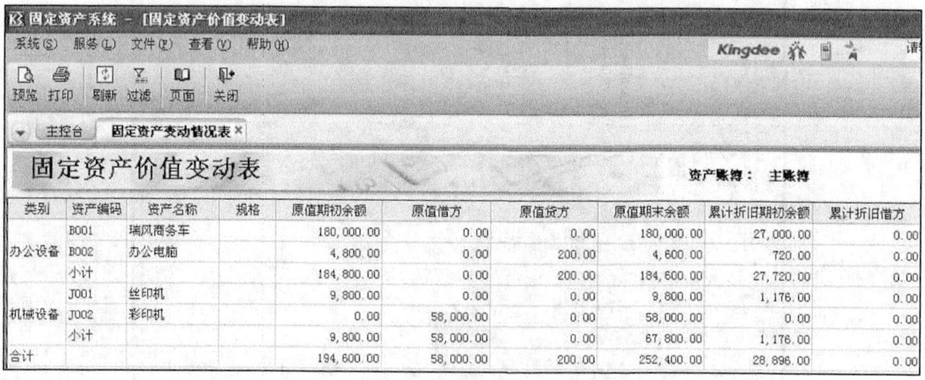

图 6-26

### 3. 数量统计表

在主界面窗口中选择【财务会计】→【固定资产管理】→【统计报表】→【数量统计表】,双击后弹出"方案设置"窗口,过滤条件设置完成,单击"确定"按钮系统弹出"固定资产数量统计表",如图6-27所示。

### 4．到期提示表、处理情况表、附属设备明细表

到期提示表、处理情况表、附属设备明细表的查询方法与前面报表相同。修购基金计提情况表因本账套未使用，故无法查询。

## 6.3.2　管理报表

管理报表用于查询、分析固定资产的使用情况。

### 1．固定资产变动及结存表

固定资产变动及结存表反映固定资产的增加和减少情况。

在主界面窗口中选择【财务会计】→【固定资产管理】→【管理报表】→【固定资产变动及结存表】，双击后弹出"方案设置"窗口，如图 6-28 所示。

在窗口中可以选择查询会计期间或初始化期间的数据以及是否显示明细级别。条件设置完成，单击"确定"按钮弹出"固定资产变动及结存表"窗口，如图 6-29 所示。

### 2．其他管理报表

其他管理报表（如折旧费用分配表、固定资产明细账和折旧明细表等报表）的查询方法与前面报表相同。

主控台 | 固定资产数量统计表

固定资产数量统计表

| 类别 | 计量单位 | 数量 | 原值 |
|---|---|---|---|
| 办公设备 | 辆 | 1.00 | 180,000.00 |
| | 台 | 1.00 | 4,600.00 |
| | 小计 | 2.00 | 184,600.00 |
| 机械设备 | 台 | 2.00 | 67,800.00 |
| | 小计 | 2.00 | 67,800.00 |
| 合计 | | 4.00 | 252,400.00 |

图 6-27

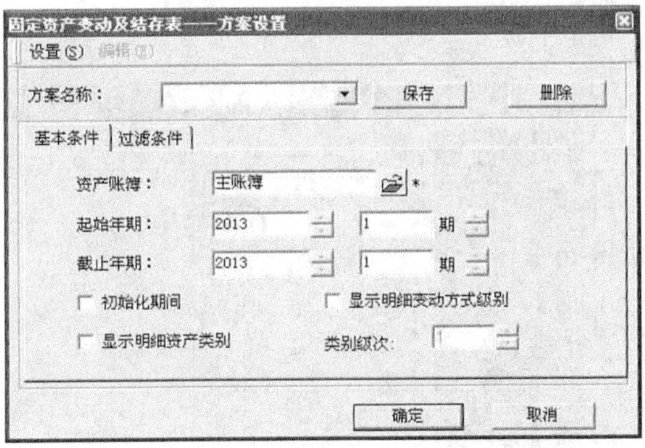


图 6-28

主控台 | 固定资产增减表

固定资产变动及结存表

| 项目 | | 合计 |
|---|---|---|
| 一、固定资产年初原值 | | 290,600.00 |
| 二、固定资产期初原值 | | 290,600.00 |
| 三、本年原值累计增加 | | 58,000.00 |
| 四、固定资产期间原值增加数 | 1.购入 | 58,000.00 |
| | 2.接受投资 | |
| | 3.接受捐赠 | |
| | 4.融资租入 | |
| | 5.自建 | |
| | 6.盘盈 | |
| | 7.在建工程转入 | |
| | 8.其它增加 | |
| | 期间增加合计 | 58,000.00 |
| 五、本年原值累计减少 | | 96,200.00 |
| 六、固定资产期间原值减少数 | 1.出售 | 96,000.00 |
| | 2.盘亏 | 200.00 |
| | 3.其它减少 | |
| | 期间减少合计 | 96,200.00 |
| 七、本年累计折旧总额 | | -15,840.00 |
| 八、期间折旧 | | -15,840.00 |
| 九、固定资产原值期末数 | | 252,400.00 |
| 十、累计折旧总额 | | 28,896.00 |
| 十一、固定资产净值 | | 223,504.00 |
| 十二、减值准备总额 | | 0.00 |
| 十三、固定资产净额 | | 223,504.00 |

查询完毕，共返回数据24行。

图 6-29

## 6.4 期末处理

期末处理包括计提折旧和期末结账。

### 6.4.1 工作量管理

如果账套中有采用工作量法计提折旧的固定资产，则在计提折旧时需输入本期发生的实际工作量。

在主界面窗口中选择【财务会计】→【固定资产管理】→【期末处理】→【工作量管理】，双击后弹出"工作量编辑过滤"窗口，在此保持默认条件，条件设置完成，单击"确定"按钮，系统弹出"方案名称"录入窗口，如图6-30所示。

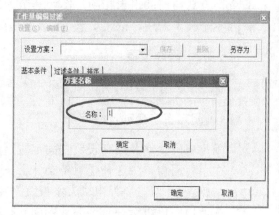

图 6-30

录入名称后，单击"确定"按钮，系统弹出"工作量管理"窗口，录入本期工作量"1250"，如图6-31所示。

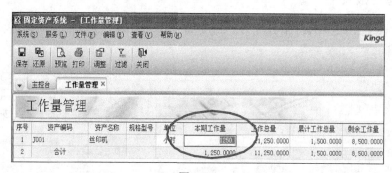

图 6-31

单击工具栏上的"保存"按钮，保存对工作量的修改。

### 6.4.2 计提折旧

在主界面窗口中选择【财务会计】→【固定资产管理】→【期末处理】→【计提折旧】，双击该后弹出"计提折旧"向导窗口，如图6-32所示。

选中左侧"主账簿"，单击">"按钮，表示对该主账簿的固定资产计提折旧，再单击"下一步"按钮，系统弹出"说明"窗口，如图6-33所示。

单击"下一步"按钮，在弹出窗口中录入凭证摘要和凭证字，如图6-34所示。

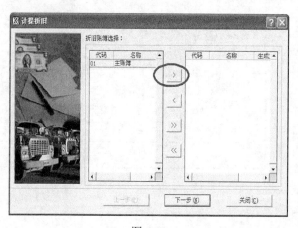

图 6-32

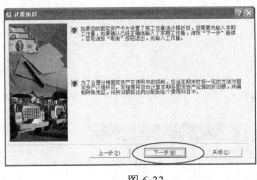
图 6-33

图 6-34

单击"下一步"按钮，在弹出的窗口中单击"计提折旧"按钮，稍后系统提示计提成功，如图 6-35 所示。

图 6-35

单击"完成"按钮结束"计提折旧"工作。

计提折旧生成的凭证可以在"会计分录序时簿"中查看在"凭证管理"窗口中单击工具栏上的"序时簿"按钮，系统弹出"会计分录序时簿"，找到"计提"凭证进行相应的操作即可。该笔计提凭证在总账系统中可以进行查询，但不能编辑。

### 6.4.3 折旧管理

折旧管理是对已提折旧的金额进行查看和修改。

在主界面窗口中选择【财务会计】→【固定资产管理】→【期末处理】→【折旧管理】，双击后弹出"过滤"窗口，单击"确定"按钮弹出如图 6-36 所示的窗口。

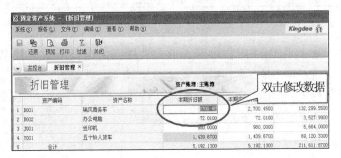
图 6-36

在"本期折旧额"中双击修改数据,单击"保存"按钮,系统保存当前修改并修改"计提折旧凭证"的数据。

### 6.4.4 工作总量查询

工作总量查询方法与前面报表的查询方法相同,"工作量汇总查询"窗口如图6-37所示。

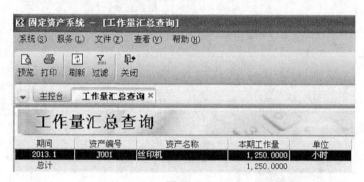

图6-37

### 6.4.5 自动对账

固定资产系统与总账系统联合使用时,自动对账功能可将固定资产系统的数据与总账系统的数据进行核对。

在主界面窗口中选择【财务会计】→【固定资产管理】→【期末处理】→【自动对账】,双击后弹出"对账方案"窗口,如图6-38所示。

首先增加一个方案。单击"增加"按钮,系统弹出"固定资产对账"窗口,单击"固定资产原值科目"选项卡,单击"增加"按钮,分别选择"1601.01-办公设备""1601.02-机械设备"和"1601.03-运输类"3个科目,如图6-39所示。

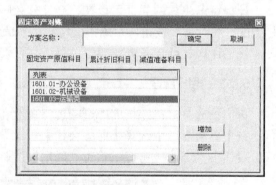

图6-38                    图6-39

单击"累计折旧科目"选项卡,单击"增加"按钮,选择科目"1602-累计折旧",如图6-40所示。

单击"减值准备科目"选项卡,单击"增加"按钮,选择科目"1603-固定资产减值准备",科目设置完成后在"方案名称"处录入"1",如图6-41所示。

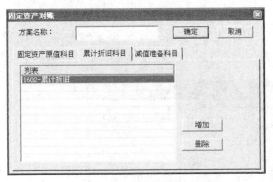
图 6-40

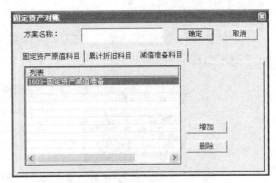
图 6-41

单击"确定"按钮,系统弹出提示,单击"确定"按钮并返回"对账方案"窗口,可以看到新增的"方案名称"。

选中"1"方案,单击"默认设置",将当前方案设定为"默认方案",勾选"包括未过账凭证"选项,单击"确定"按钮弹出"自动对账"窗口,如图 6-42 所示。

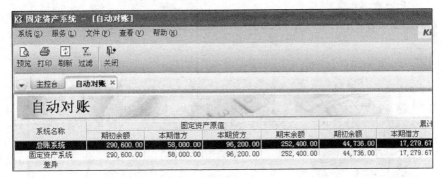
图 6-42

> **注意**　自动对账时,建议审核并过账本期所有的固定资产业务凭证。

### 6.4.6 计提修购基金

计提修购基金和计提折旧不能同时进行,可由系统参数"不折旧(对整个系统)"进行控制。

如果没有选中"不折旧(对整个系统)"参数,则对整个系统都允许计提固定资产折旧,但不允许对固定资产计提修购基金。因本账套没有选中该参数,故不能计提修购基金。

选中"不折旧(对整个系统)"参数,则对整个系统都允许计提固定资产的修购基金,不允许计提固定资产折旧。

### 6.4.7 期末结账

在主界面窗口中选择【财务会计】→【固定资产管理】→【期末处理】→【期末结账】,双击后弹出"期末结账"窗口,如图 6-43 所示。

单击"开始"按钮,如果符合结账条件会弹出"结账成功"提示窗口,单击"确定"按钮结束"期末结账"工作。

系统提供了反结账功能。在期末处理模块中，按住 Shift 键并双击"期末结账"，系统弹出"期末结账"窗口，选择"反结账"，单击"开始"按钮即可完成反结账，如图 6-44 所示。

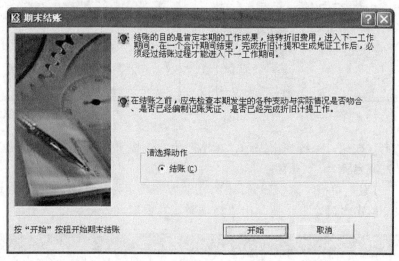

图 6-43

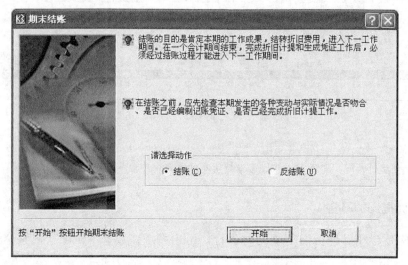

图 6-44

> **注意** 只有系统管理员才能进行反结账。

## 6.5 课后习题

（1）当期变动的资产能否清理？
（2）固定资产清理资料怎样删除？
（3）工作量管理在什么情况下用不到？
（4）固定资产系统反结账的方法和要求是什么？

# 第 7 章 现金管理系统

> **学习重点**
> - 现金日记账管理
> - 银行对账单管理
> - 银行存款日记账管理
> - 票据管理

## 7.1 系统概述

现金管理系统主要处理企业日常出纳业务,包括现金业务、银行业务、票据管理及其相关报表和系统维护等内容。该系统可以根据出纳录入的收付款信息生成凭证并将其传递到总账系统。

### 1. 系统结构

现金管理系统与其他系统的数据传输如图 7-1 所示。

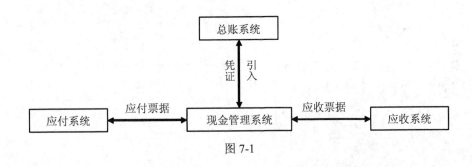

图 7-1

- **总账系统**:现金管理系统从总账系统引入现金和银行存款日记账数据,根据录入的收付款数据生成凭证并传递到总账系统。
- **应收系统**:应收票据完全与应收款管理系统中的应收票据共享。此参数在"应收款系统"中设置。
- **应付系统**:应付票据中完全与应付款管理系统中的应付票据共享。此参数在"应付款系统"中设置。

### 2. 现金管理系统功能

现金管理系统的功能如表 7-1 所示。

表 7-1 系统功能

| 总账数据 | 现金 | 银行存款 | 票据 | 往来结算 | 报表 | 现金流预测 | 期末处理 |
|---|---|---|---|---|---|---|---|
| 复核记账<br>引入日记账<br>与总账对账 | 现金日记账<br>现金盘点单<br>现金对账 | 银行存款日记账<br>银行对账单 | 支票管理<br>票据备查簿 | 收款通知录入<br>收款通知序时簿<br>收款单录入 | 现金日报表<br>银行存款日报表<br>余额调节表 | 预测项目<br>预测模型<br>预测报表时簿 | 会计分录序<br>期末结账 |
|  | 现金收付流水账<br>现金日报表 | 银行存款对账<br>已勾对账单<br>余额调节表<br>长期未达账<br>银行对账日报表<br>银行存款日报表<br>银行存款与总账对账 |  | 收款单序时簿<br>付款申请录入<br>付款申请序时簿<br>付款单录入<br>付款单序时簿 | 长期未达账<br>资金头寸表<br>到期预警表 |  |  |

### 3．应用流程

应用流程如下图所示。

1．新用户操作流程　　　　　　　　2．日常操作流程

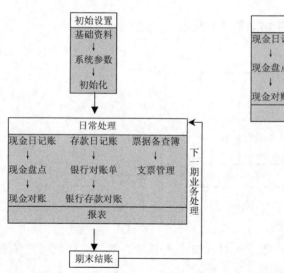
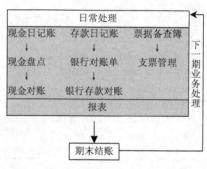

新用户的使用需从系统初始设置开始；若已经完成系统初始设置，可直接进行日常业务处理即可。

## 7.2　日常处理

### 7.2.1　总账数据

总账数据从总账系统引入现金日记账和银行存款日记账，引入数据后可与总账系统的

数据进行对比。若现金管理系统单独使用,则不能使用该功能。

### 1. 复核记账

复核记账将总账系统中有关现金和银行存款科目的凭证引入到现金管理系统。

(1) 以"张春"的身份登录本账套。选择【财务会计】→【现金管理】→【总账数据】→【复核记账】,双击后弹出"到期预警表"提示窗口,如图7-2所示。

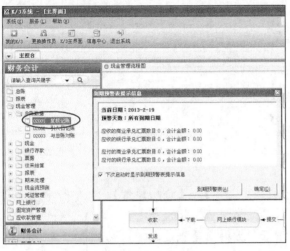

图 7-2

此预警是系统为用户预设的,为了提高资金管理的即时性。单击"到期预警表"按钮,可以进入预警表查询窗口;单击"确定"按钮,可以跳过预警查询,直接进入"复核记账"窗口;取消选中"下次启动时显示到期预警表提示信息"窗口,则下次打开"现金管理"模块时,不会出现此提示窗口。

(2) 单击"确定"按钮,跳过预警表,系统弹出"复核记账"窗口,如图7-3所示。

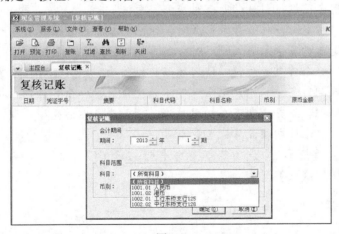

图 7-3

在窗口中可以设置复核的期间、科目范围和币别范围。

> **注意** 科目范围是"初始化"从"总账引入科目"时生成的。若要新增科目,需要在现金管理系统的"初始数据录入"窗口中通过"从总账引入科目"引入新增的科目。

(3) 选择科目范围"所有科目",单击"确定"按钮,稍后系统弹出"复核记账"窗口，如图 7-4 所示。

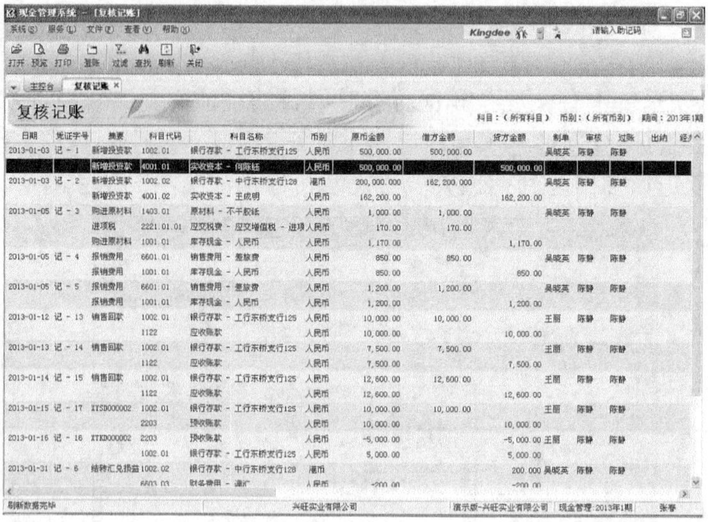

图 7-4

（4）登账设置。单击菜单【文件】→【登账设置】，系统弹出"登账设置"窗口，如图 7-5 所示。

● **按现金科目、银行存款科目登账**：选择按现金科目或银行存款科目登账，系统会根据凭证中的现金、银行科目的第一个对应科目登记日记账。凭证是一对多、多对一分录形式时，记账的摘要、金额为对方第一科目的内容；凭证是多对多分录形式时，对方科目为对方的第一科目。

● **按对方科目登账**：选择按对方科目登账，系统会根据凭证中的现金、银行科目的所有对应科目登记日记账。凭证是一对多、多对一分录形式时，记账的摘要、金额是对方科目是对方第一科目的内容；凭证是多对多分录形式时，对方科目为对方的第一科目。

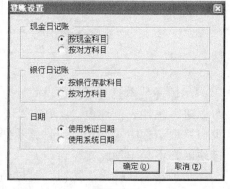

图 7-5

● **登账日期**：登账日期有两种。使用凭证日期作为登账日期时，系统首先取凭证的业务日期，若业务日期为空，取凭证记账日期；若凭证日期和业务日期在相同月份，则取业务日期；若凭证日期和业务日期不在相同月份，则登账日期为凭证日期。使用系统日期作为登账日期时，日记账日期取计算机当前日期。

（5）"登账设置"保持不变。选中要复核的凭证（如选中"记-1"），单击工具栏上的"登账"按钮，稍后系统隐藏该条记录，表示登账成功。

## 2. 引入日记账

引入日记账是从总账系统中引入现金日记账和银行存款日记账。

（1）选择【财务会计】→【现金管理】→【总账数据】→【引入日记账】，双击后弹出"引入日记帐"窗口，如图 7-6 所示。

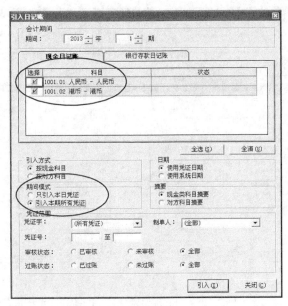

图 7-6

选中现金日记账科目和银行存款日记账科目,设置引入方式、日期和期间模式等 条件。

(2) 在"现金日记账"窗口,期间模式选择"引入本期所有凭证",其他保持默认设置,单击"引入"按钮,稍后系统弹出提示"引入现金日记账完毕",注意科目名称后的状态栏。

(3) 单击"银行存款日记账"选项卡,采用默认设置,单击"引入"按钮,稍后系统弹出引入成功提示。

### 3. 与总账对账

与总账对账是指现金管理系统中的现金、银行存款日记账与总账系统中的日记账进行核对,保证现金管理系统的日记账和总账系统日记账的一致性。

(1) 选择【财务会计】→【现金管理】→【总账数据】→【与总账对账】,双击后弹出"与总账对账"窗口,如图 7-7 所示。

(2) 勾选"显示明细记录"和"显示科目对账",单击"确定"按钮,系统弹出"与总账对账"窗口,如图 7-8 所示。

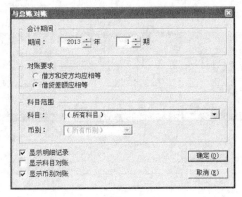

图 7-7

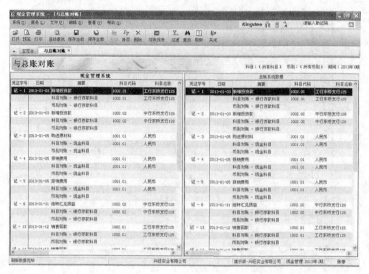

图 7-8

窗口左侧显示已登记的日记账数据,右侧显示总账系统的日记账数据。

若要修改、删除日记账,选中后单击工具栏上的相应按钮即可。日记账修改后,单击工具栏上的"对账报告"按钮,可以重新查看对账情况,只有现金系统生成的日记账才能修改。

### 7.2.2 现金

现金模块主要处理现金日记账的新增、修改、盘点和对账等操作。

**1. 现金日记账**

现金日记账处理包括新增、修改、删除和打印等操作,具体步骤如下。

(1)选择【财务会计】→【现金管理】→【现金】→【现金日记账】,双击后弹出"现金日记账"窗口,如图 7-9 所示。

图 7-9

在窗口中选择要过滤的期间和在报表中要显示的项目。

(2)选中"显示所有记录",其他保持默认设置,单击"确定"按钮,系统弹出"现金日记账"窗口,如图 7-10 所示。

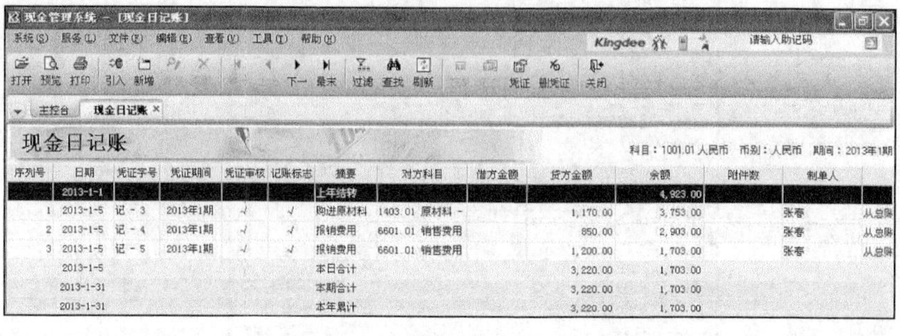

图 7-10

若账套中有多个现金日记账科目,单击工具栏上的"第一、上一、下一、最末"按钮可进行不同科目数据的查看。

（3）现金日记账新增方式有 3 种。第 1 种是"总账数据"下的"复核记账"；第 2 种是单击工具栏上的"引入"按钮，从总账系统引入现金日记账，该方式与"总账数据"下的"引入日记账"相同；第 3 种是单击工具栏上的"新增"按钮，系统进入"现金日记账录入"窗口，如图 7-11 所示。

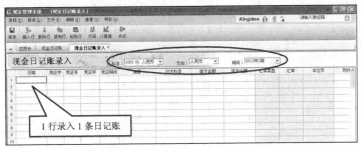

图 7-11

在窗口中选择科目、币别和期间，双击表格中的日期栏修改日期，录入现金日记账的凭证字、凭证号和对方科目等内容。录入完成后单击工具栏上的"保存"按钮。单击"关闭"按钮，退出录入窗口返回现金日记账管理窗口。

> **注意**
> 1. 若单独使用现金管理系统，不用录入凭证字、凭证号及对方科目。
> 2. 以上录入窗口称做多行录入窗口。系统同时提供单张记录录入窗口，前提是在"现金日记账"窗口中将菜单【编辑】→【多行输入】功能的勾选去掉。单击工具栏上的"新增"按钮，系统弹出单张式"现金日记账-新增"窗口，如图 7-12 所示。

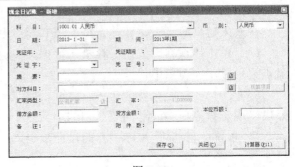

图 7-12

若要修改某条现金日记账的内容，则在"现金日记账"窗口中选中记录，单击工具栏上的"修改"按钮，系统弹出"现金日记账-查看"窗口，如图 7-13 所示。

修改完成后，单击"保存"按钮保存修改工作。

若要删除某条日记账，则在"现金日记账"窗口中选中记录，单击工具栏上的"删除"按钮即可。若重新设置窗口项目，单击"打开"按钮，系统弹出"现金日记账"窗口，在窗口中重新设置要显示的项目。

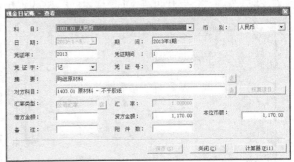

图 7-13

### 2．现金盘点单

现金盘点单显示出纳人员在每天业务完成以后对现金进行盘点的结果。

下面以录入人民币的盘点单为例，介绍具体操作步骤。

（1）选择【财务会计】→【现金管理】→【现金】→【现金盘点单】，双击后弹出"现金盘点单"窗口，如图 7-14 所示。

（2）单击工具栏上的"新增"按钮，系统弹出"现金盘点单–新增"窗口，如图 7-15 所示。

图 7-14

图 7-15

（3）选择科目"1001.01 人民币"，日期修改为"2013-1-1"。1 月期初为 4923 元，假设 100 元的有 40 张，50 元的有 18 张，20 元的有 1 张，1 元的有 3 张，在窗口中相应位置录入数据，如图 7-16 所示。

在录入数据时，一定要注意把、卡和尾款数的含义。

（4）单击"保存"按钮保存录入数据，返回"现金盘点单"窗口，系统将刚才新增的盘点记录显示在窗口中。

（5）2013-1-2 没有现金业务，可以不用录入盘点单，也可以单击"新增"按钮，系统弹出"现金盘点单–新增"窗口，日期修改为"2013-1-2"，单击窗口左下角的"取上次盘点数"，系统会自动将 2013-1-1 的盘点数引入，引入后可以修改数据，然后单击"保存"按钮。

（6）2013-1-5 付出 1170 元，100 元的有 11 张，50 元 1 张，20 元 1 张。单击工具栏上"新增"按钮，系统弹出"现金盘点单–新增"窗口，日期修改为"2013-1-5"，单击"取上次盘点数"，然后在此基础上减去 11 张 100 元，1 张 50 元，1 张 20 元，如图 7-17 所示。

图 7-16

图 7-17

（7）单击"保存"按钮，保存当前录入并返回"现金盘点单"窗口，实存金额与账存金额刚好相符，如图 7-18 所示。

若要修改、删除某日的盘点单，选中窗口左侧的日期或科目中的记录后单击相应按钮即可。

3．现金对账

现金对账是指现金管理系统的出纳账与总账的日记账当期现金发生额和现金余额进行核对，并生成对账表。

（1）选择【财务会计】→【现金管理】→【现金】→【现金对账】，双击后弹出"现金对账"窗口，如图 7-19 所示。

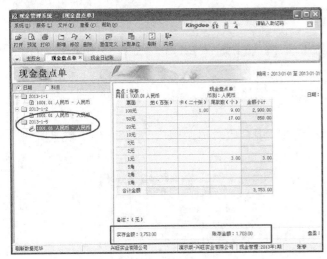

图 7-18

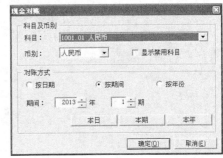

图 7-19

在窗口中可以选择要对账的科目和期间范围。

（2）保持默认值，单击"确定"按钮弹出"现金对账"窗口，如图 7-20 所示。

单击工具栏上的"第一、上一、下一、最末"按钮，可以进行不同科目的查询。

"现金盘点"下的"实存金额"为 0，这是因为查询范围为当期的最后一天，系统没有录入当期的盘点单导致的。如果录入盘点单，对账表上会显示实存金额。单击工具栏上的"打开"按钮，以"日期"方式查询日期"2013-1-5"的现金对账表，即可看到实存金额。

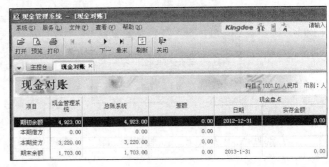

图 7-20

4．现金收付流水账

现金收付流水账处理出纳根据现金收付时间顺序登记的流水账。在现金收付流水账中，系统可以根据收付款信息直接生成凭证，并将其传递到总账系统。

选择【财务会计】→【现金管理】→【现金】→【现金收付流水账】，双击后弹出"提示"窗口，单击"确定"按钮，系统弹出"初始数据录入"窗口，在各项目下录入相应的金额，如图 7-21 所示。

图 7-21

> **注意** 第一次使用该功能要初始化。

初始数据录入完成，单击菜单【编辑】→【结束初始化】，系统弹出"启用会计期间"窗口，如图 7-22 所示。

期间选择"2013-1"，单击"确定"按钮，系统弹出提示，单击"确定"按钮结束初始化，稍后系统弹出结束成功的提示。

单击"关闭"按钮退出初始化窗口，双击"现金收付流水账"，系统弹出"现金收付流水账"窗口，如图 7-23 所示。

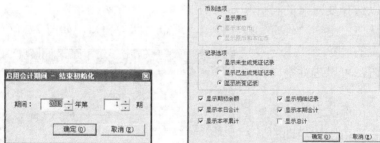

图 7-22　　　　　　　　　　图 7-23

币别选择"人民币"，单击"确定"按钮，系统弹出"现金收付流水账"窗口，如图 7-24 所示。

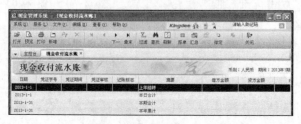

图 7-24

单击工具栏上的"新增"按钮,系统弹出"现金收付流水账录入"窗口,如图 7-25 所示。

图 7-25

现金收付流水账的录入方法与"现金日记账"的直接新增类似,录入日期、凭证字、凭证号、摘要和金额等内容,录入完成后单击"保存"按钮保存录入资料。

 注意　录入的现金收付流水账带有凭证字和凭证号时,系统会检测该记录是否与总账系统中的记录相匹配,若不匹配则不能保存。若录入的流水账带有凭证字和凭证号也可以保存,在返回的"现金流水账"窗口中选中该条目,单击工具栏上的"按单、汇总"按钮,则可以生成凭证传递到总账系统。

若要修改流水账记录,在"现金收付流水账"窗口中选中记录,单击相应按钮即可,要查看、删除该记录的凭证时,单击工具栏上的删除凭证按钮即可。

注意　生成凭证时,操作员一定要有操作总账的凭证权限。

### 7.2.3 银行存款

银行存款进行银行存款日记账的新增、修改等操作,并与银行对账单进行对账。

#### 1. 银行存款日记账

银行存款日记账进行银行存款科目日记账的新增、修改、删除和打印等操作。

选择【财务会计】→【现金管理】→【银行存款】→【银行存款日记账】,双击后弹出"银行存款日记账"过滤窗口,如图 7-26 所示。

在窗口中选择要查询的科目和期间范围等内容,选中"显示所有记录",设置完成后单击"确定"按钮,系统弹

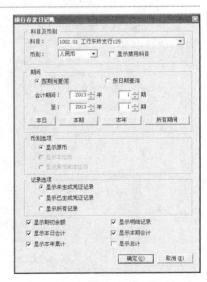

图 7-26

出"银行存款日记账"窗口，如图 7-27 所示。

银行存款日记账新增方式有 3 种。第 1 种是"总账数据"下的"复核记账"；第 2 种是单击工具栏上的"引入"按钮，从总账系统引入银行存款日记账，该方式与"总账数据"下的"引入日记账"相同；第 3 种是单击工具栏上的"新增"按钮，系统弹出"银行存款日记账录入"窗口，在窗口中录入银行存款日记账。

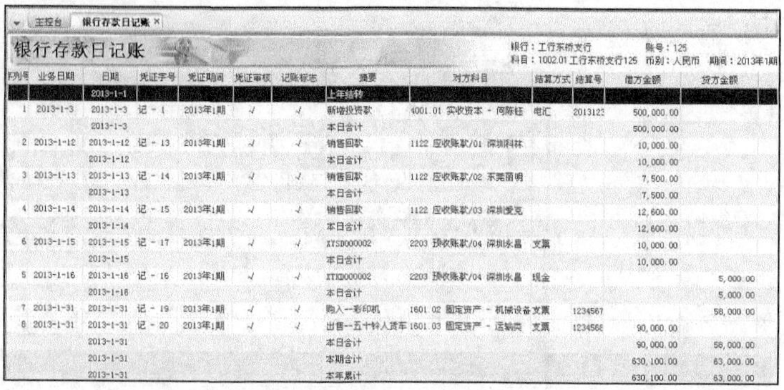

图 7-27

修改、删除银行存款日记账的方法是选中要进行修改和删除的记录，单击工具栏上的相应按钮即可。

勾对项目下显示"未勾对"，是指该条日记账暂未与银行对账单进行对账。

### 2．银行对账单

现金管理系统提供两种录入银行对账单方式，一种是根据银行对账单的打印文本手工录入，另一种是从银行取得对账单数据文件（要求必须转化成文本文件，即扩展名为 txt 文件）直接引入。在本教程中讲述第 1 种方式。下面以表 7-2 中的数据为例，介绍银行对账单的处理方法。

表 7-2　　　　　　　　　　　工行东桥支行 125 银行对账单

| 日期 | 摘要 | 结算方式 | 结算号 | 借方金额 | 贷方金额 |
| --- | --- | --- | --- | --- | --- |
| 2013-1-3 | 实收投资款 | 电汇 | 2013123 | 0 | 500000 |
| 2013-1-12 | 收货款 | 支票 | 20131235 | 0 | 10000 |
| 2013-1-13 | 收货款 | 支票 | 20131236 | 0 | 7500 |
| 2013-1-14 | 收款单 | 支票 | 123456 | 0 | 12600 |

（1）选择【财务会计】→【现金管理】→【银行存款】→【银行对账单】，双击后弹出"银行对账单"窗口，如图 7-28 所示。

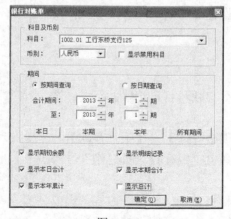

图 7-28

（2）保持默认值，单击"确定"按钮，系统弹出"银行对账单"窗口，如图7-29所示。

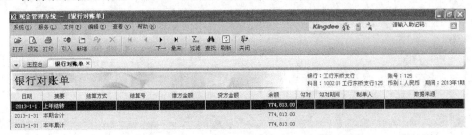

图7-29

（3）单击工具栏上的"新增"按钮，系统弹出"银行对账单录入"窗口，选择科目、币别和期间。在此选择科目"1002.01"，币别"人民币"，会计期间"2013年1期"。

（4）银行对账单第1条记录日期录入"2013-01-03"，录入摘要"实收投资款"，选择结算方式"电汇"，录入结算号"2013123"、贷方金额"500000"，如图7-30所示。

图7-30

（5）单击"保存"按钮保存当前录入资料。

> **注意** 以上录入方式属"多行输入"，即在窗口中一次输入所有对账单记录后，再单击"保存"按钮。

（6）单张录入对账单。单击"关闭"按钮返回"银行对账单"窗口，不要选中菜单【编辑】→【多行输入】功能，单击"新增"按钮，系统弹出"银行对账单-新增"窗口，选择科目"1002.01"、币别"人民币"，修改日期为"2013-01-12"，录入摘要或选择"收货款"，选择结算方式"支票"，录入结算号"20131235"、贷方金额"10000"，如图7-31所示。

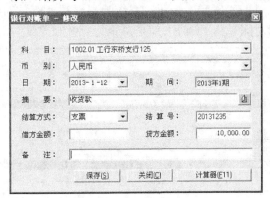

图7-31

（7）单击"保存"按钮保存当前录入。请自行录入剩余对账单，录入完成的"银行对账单"窗口如图7-32所示。

修改、删除对账单记录的方法是选中要设置的记录，单击相应按钮。单击"第一、上一、下一、最末"按钮可切换不同的银行存款科目。

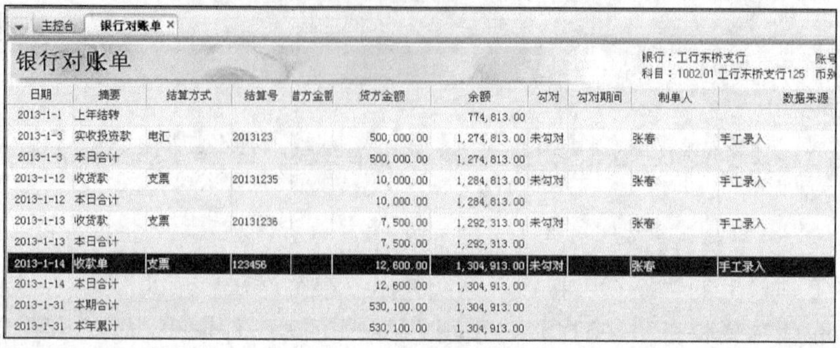

图 7-32

### 3. 银行存款对账

银行存款对账是指银行对账单与银行存款日记账进行核对。

（1）选择【财务会计】→【现金管理】→【银行存款】→【银行存款对账】，双击后弹出"银行存款对账"窗口，如图 7-33 所示。

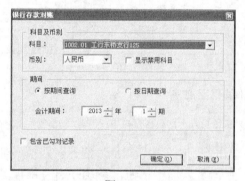

图 7-33

在窗口中可以设置要对账的科目、期间范围和是否包含已勾对记录等选项。

（2）保持默认设置，单击"确定"按钮，系统弹出"银行存款对账"窗口，如图 7-34 所示。窗口上部是"银行对账单"，窗口下部是"银行存款日记账"。

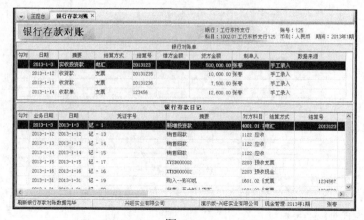

图 7-34

（3）对账设置。单击工具栏上的"设置"按钮，系统弹出"银行存款对账设置"窗口，单击"表格设置"选项卡，在"表格设置"窗口中设置对账单和日记账的显示位置，如图 7-35 所示。

单击"自动对账设置"选项卡，切换到"自动对账设置"窗口，如图 7-36 所示。在窗口中设置"自动对账条件"选中"日期相同"，表示对账时对账单中的日期与银行存款日记账的日期必须相同才勾对；勾选"结算方式及结算号都为空不允许对账"，则在系统中的记录没有录入结算方式和结算号时不能对账。

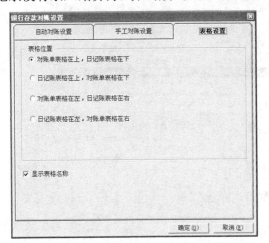

图 7-35

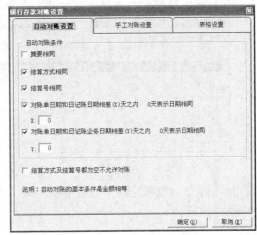

图 7-36

单击"手工对账设置"选项卡，如图 7-37 所示。手工对账一般是处理不能自动对账的记录，手工对账设置可以设置记录的查找条件，方便手工对账。

对账设置完成，单击"确定"按钮返回"银行存款对账"窗口。

（4）单击工具栏上的"自动"按钮，系统弹出"银行存款对账设置"窗口，对账条件保持不变，单击"确定"按钮，稍后弹出信息提示窗口，如图 7-38 所示。

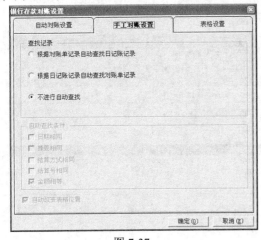

图 7-37

图 7-38

（5）单击"确定"按钮，系统返回"银行存款对账"窗口，将已经对上账的记录隐藏。

（6）以手工对账方式勾对剩余数据。选中"银行对账单"中结算号为"20131235"和"银行存款日记账"中凭证号为"记-13"的记录，单击工具栏上的"手工"按钮，成功后再以手工对账方式勾对剩余两条"银行对账单"记录。

> **注意** 自动对账的基本条件是金额相等,若不相等,系统弹出提示不给予勾对。

(7)单击工具栏上的"已勾对"按钮,系统进入"已勾对记录列表"窗口,如图 7-39 所示。

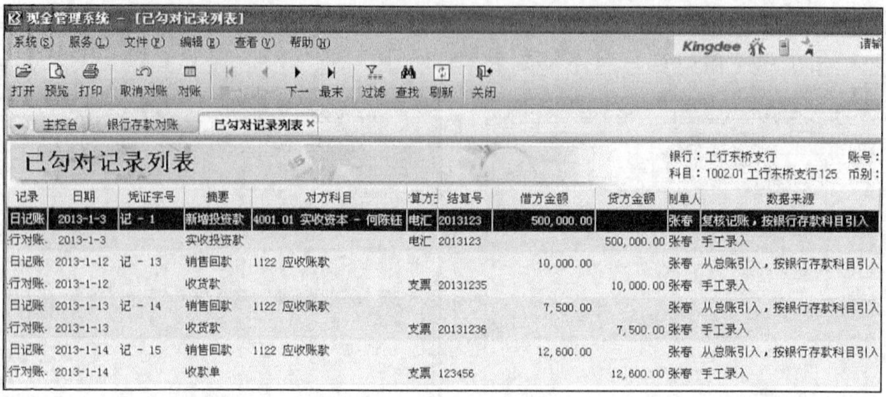

图 7-39

单击"对账"按钮返回"银行存款对账"窗口,单击"第一、上一、下一、最末"按钮进行科目切换。

### 4.银行存款与总账对账

银行存款与总账对账用于对银行存款日记账与日记账(总账系统)当期银行存款发生额、余额进行核对,并生成对账表。

选择【财务会计】→【现金管理】→【银行存款】→【银行存款与总账对账】,双击后弹出"银行存款与总账对账"窗口,如图 7-40 所示。

在窗口中设置要对账的科目和期间范围等内容,设置完成后单击"确定"按钮,系统弹出"银行存款与总账对账"窗口,如图 7-41 所示。

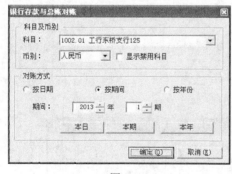

图 7-40

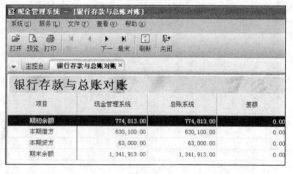

图 7-41

### 7.2.4 票据

票据主要用于管理企业使用的支票、本票和汇票等各种票据以及汇兑、托收承付、委托收款、贷记凭证和利息单等结算凭证,还可以根据出纳录入的票据信息生成凭证。

## 1. 支票管理

支票管理是对企业的现金支票、转账支票和普通支票进行管理，以表 7-3 和表 7-4 中的数据为例介绍支票管理方法。

表 7-3　　　　　　　　　　　购置支票

| 银行名称 | 币别 | 支票类型 | 支票规则 | 起始号码 | 结束号码 | 购置日期 |
|---|---|---|---|---|---|---|
| 工行东桥支行125 | 人民币 | 转账支票 | XW**** | 0001 | 0010 | 2013-1-8 |

表 7-4　　　　　　　　　　　领用支票

| 银行名称 | 支票号码 | 领用日期 | 领用部门 | 领用人 | 对方单位 | 使用限额 | 领用用途 | 预计报销日期 |
|---|---|---|---|---|---|---|---|---|
| 工行东桥支行125 | XW0001 | 2013-1-11 | 采购部 | 张琴 | 深圳南丰纸业 | 10000 | 付货款 | 2013-1-12 |

（1）购置支票。

① 以"张春"的身份登录本账套。选择【财务会计】→【现金管理】→【票据】→【支票管理】，双击后弹出"支票管理"窗口，如图 7-42 所示。

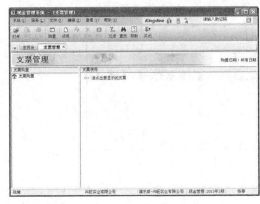

图 7-42

图 7-43

② 单击工具栏上的"购置"按钮，系统弹出"支票购置"窗口，如图 7-43 所示。

③ 单击工具栏上的"新增"按钮，系统弹出"新增支票购置"窗口，选中账号"工行东桥支行125"，选择支票类型"转账支票"，录入支票规则"XW****"、起始号码"0001"、结束号码"0010"，购置日期修改为"2013-01-08"，如图 7-44 所示。

图 7-44

④ 输入完成后单击"确定"按钮，系统保存当前录入资料并返回"支票购置"窗口，系统将新增的信息显示在窗口中，如图7-45所示。

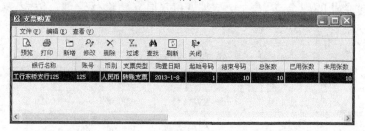

图7-45

若要修改、删除购置记录，单击相应按钮即可。

（2）支票领用。

① 在"支票管理"窗口中选中要领用的"支票购置"记录，如图7-46所示。

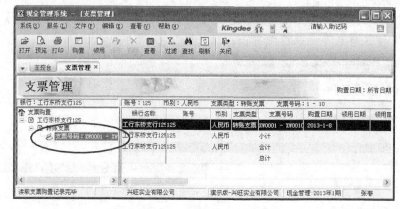

图7-46

② 单击工具栏上的"领用"按钮，系统弹出"支票领用"窗口，保持支票号码不变，录入领用日期"2013-01-11"、预计报销日期"2013-01-12"、使用限额"10000"，获取领用部门"采购部"、领用人"张琴"、领用用途"付货款"，对方单位"深圳南丰纸业"，如图7-47所示。

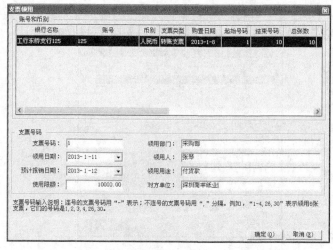

图7-47

③ 单击"确定"按钮保存当前领用记录,系统弹出提示,单击"确定"按钮返回"支票管理"窗口,同时在窗口中显示领用的记录。

若要修改、删除领用记录,选中该记录后单击相应工具按钮即可。

(3) 支票作废、审核、核销。

在"支票管理"窗口中选中要作废、审核、核销的支票记录(例如选中"XW0001"),单击工具栏上的"查看"按钮,系统弹出"支票–查看"窗口,如图7-48所示。

在查看窗口中单击作废、审核和核销按钮可完成相应操作,若取消相应操作,则单击菜单【编辑】下相应的取消功能即可。

> **注意** 支票的审核人不能是制单人。

### 2. 票据备查簿

票据备查簿用于对本账套中除空头支票以外的所有票据的信息进行登记和管理。

选择【财务会计】→【现金管理】→【票据】→【票据备查簿】,双击后弹出"票据备查簿"窗口,如图7-49所示。

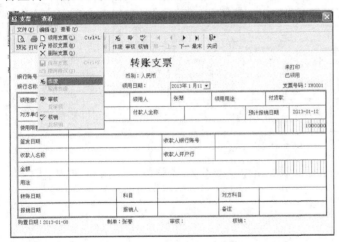

图 7-48

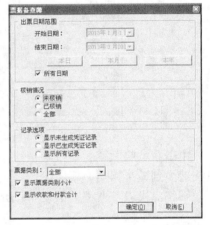

图 7-49

可以设置要查询的日期和各种核销情况,设置完成后单击"确定"按钮,系统进入"票据备查簿"窗口,如图7-50所示。

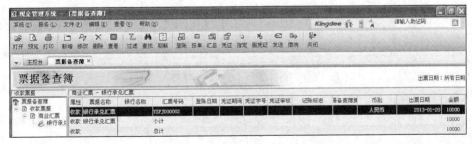

图 7-50

窗口左侧显示当前账套中所建立的票据类型,右侧显示所选类型下的详细票据信息。

(1) 新增。以表7-5中的数据为例,介绍票据的新增方法。

表 7-5　　　　　　　　　　　　新增商业承兑汇票

| 属性 | 票据名称 | 汇票号码 | 币别 | 出票日期 | 金额 | 出票人名称 | 出票人账号 | 出票人开户行名称 |
|---|---|---|---|---|---|---|---|---|
| 收款 | 商业承兑汇票 | 123456 | 人民币 | 2013-1-18 | 8800 | 深圳科林 | 110 | 工行南桥支行 |
| 出票人开户行行号 | 收款人名称 | 收款人账号 | 收款人开户行名称 | 收款人开户行行号 | 票据到期日 | 交易合同号码 | 利率 | 计息方式 |
| 911 | 兴旺实业 | 125 | 工行东桥支行 | 515 | 2013-4-18 | 555 | 1.7 | 按月计息 |

① 在"票据备查簿"窗口中单击工具栏上的"新增"按钮，系统弹出"票据-新增"窗口，如图 7-51 所示。

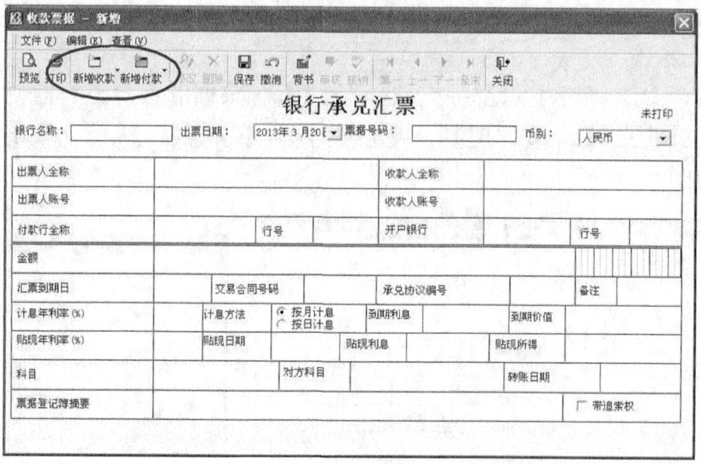

图 7-51

单击新增收款或新增付款按钮，系统弹出"票据类型"选择菜单，单击相应类型票据系统切换到该票据类型新增窗口。

系统提供以下票据，如表 7-6 所示。

表 7-6　　　　　　　　　　　　　　票据

| 大类 | 票据类型 | 备注 |
|---|---|---|
| 收款票据 | 现金支票、转账支票、普通支票、不定额本票、定额本票、银行汇票、商业承兑汇票、银行承兑汇票、电汇凭证、信汇凭证、托收承付结算凭证、委托银行收款结算凭证、贷记凭证、利息单 | |
| 付款票据 | 现金支票、转账支票、普通支票、不定额本票、定额本票、银行汇票、商业承兑汇票、银行承兑汇票、电汇凭证、信汇凭证、托收承付结算凭证、委托银行收款结算凭证、贷记凭证 | 现金支票、转账支票和普通支票只能在支票管理中处理 |

② 单击"新增收款"按钮，系统弹出票据类型选择菜单，选择"商业承兑汇票"，系统切换到"商业承兑汇票"窗口。

③ 出票日期修改为"2013-01-18"，录入票据号码"123456"，付款人全称按 F7 键选择"深圳科林"，录入付款人账号"110"、开户银行"工行南桥支行"、行号"911"，收款人信息可选择，这里录入收款人"兴旺实业"、收款人账号"125"、开户银行"工行东桥支行"、行号"515"，在右侧的金额栏上录入"8800"，录入汇票到期日"2013-04-18"，交易合同号录入"2013001"，计息年利率"1.7"，选择计息方法"按月计息"，录入完成后的窗口如

图 7-52 所示。

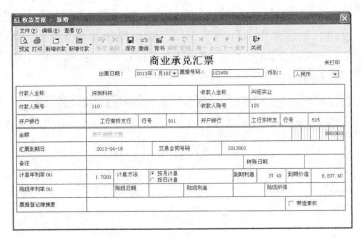

图 7-52

> **注意** 录入金额时，先在右侧的金额处录入数字，左侧大写会自动显示。若有贴现信息可以直接录入。

④ 单击"保存"按钮保存当前的录入资料，单击"关闭"按钮返回"票据备查簿"窗口，系统显示新增的票据，如图 7-53 所示。

（2）审核。以"陈静"的身份登录本账套，进入"票据备查簿"窗口，选中要审核的票据（如"123456"号票据）。单击工具栏上的"查看"按钮，系统弹出"查看"窗口，单击工具栏上的"审核"按钮，这时窗口下"审核"处显示审核人的名字，表示审核成功。若取消审核，单击菜单【编辑】→【反审核】，如图 7-54 所示。

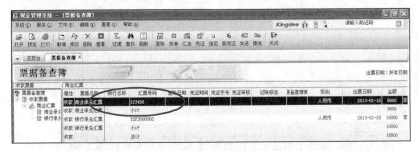

图 7-53

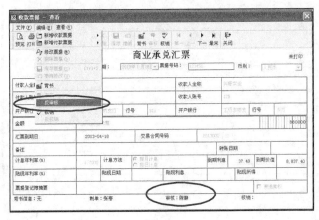

图 7-54

— 239 —

(3) 贴现、背书、删除。

在"票据备查簿"窗口中选中要贴现、背书的票据(如"123456"号票据),单击工具栏上的"修改"按钮,系统弹出"修改"窗口,在"贴现年利率"和"贴现日期"处录入相应内容,系统会自动算出贴现所得;在"修改"窗口中单击工具栏上的"背书"按钮,系统会切换到"背书"信息录入窗口,如图 7-55 所示。

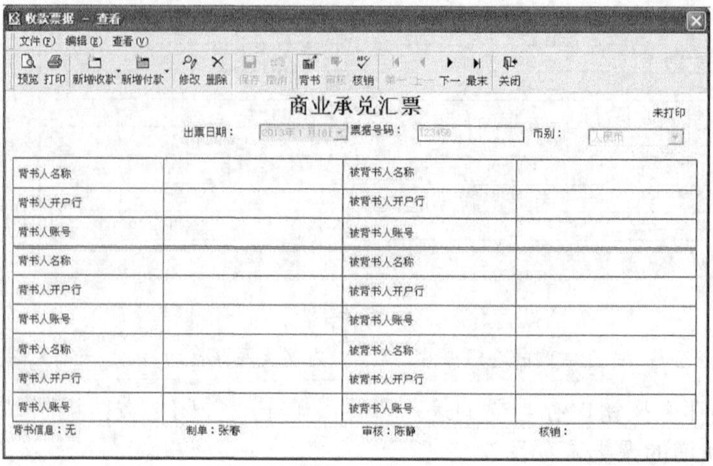

图 7-55

背书信息录入完成,单击"保存"按钮保存录入资料,单击"背书"按钮,系统切换到票据查看窗口。

若要删除新增的票据,在"票据备查簿"窗口中选中相应票据后,单击工具栏上的"删除"按钮即可。只有未审核的票据才能删除。

(4) 核销。

在"票据备查簿"窗口中选中要核销的票据(如"123456"号票据),单击工具栏上的"查看"按钮,系统弹出"查看"窗口,单击工具栏上的"核销"按钮,窗口下部的"核销"处显示核销人的名字,表示核销成功。若要取消核销工作,单击菜单【编辑】→【反核销】,如图 7-56 所示。

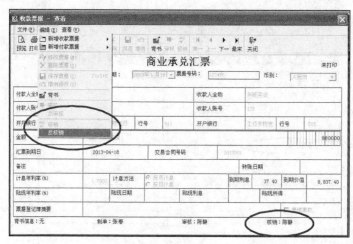

图 7-56

(5)凭证管理。

若要生成凭证,在"票据备查簿"窗口中选中要生成凭证的票据,单击工具栏上的"按单"按钮,系统根据选中票据的金额弹出"记账凭证"窗口,录入后单击"保存"按钮完成凭证的生成工作。

在"票据备查簿"窗口中选中多张要生成凭证的票据,单击工具栏上的"汇总"按钮,系统将生成汇总凭证。

单击凭证、删除按钮,可以查看或删除选中票据所生成的凭证。

单击"指定"按钮,可以指定其他业务系统生成的凭证(如在应收应付系统、固定资产系统已经生成的凭证),如图7-57所示。

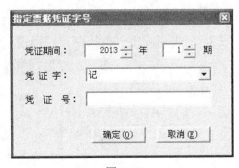

图 7-57

> **注意**
> 1. 凭证管理只有具有凭证操作权限的用户才能操作。
> 2. 对于商业承兑汇票和银行承兑汇票,现金管理系统与应收款、应付款管理系统完全数据共享。票据最好在一个系统录入(如现金管理系统),这有利于管理。初始化的信息必须在两个系统中分别建立。

## 7.3 报表

报表包含现金日报表、银行存款日报表、余额调节表、长期未达账、资金头寸表和到期预警表。

### 7.3.1 现金日报表

现金日报表用于查询某日的现金收支情况。

(1)选择【财务会计】→【现金管理】→【现金】→【现金日报表】,双击后弹出"现金日报表"窗口,如图7-58所示。

(2)日期修改为要查看的日期(例如修改为"2013-01-05"),单击"确定"按钮,系统弹出"现金日报表"窗口,如图7-59所示。

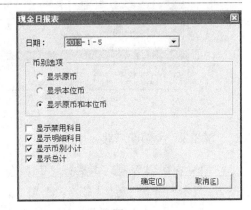

图 7-58

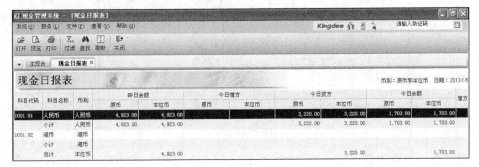

图 7-59

### 7.3.2 银行存款日报表

在主界面窗口中选择【财务会计】→【现金管理】→【银行存款】→【银行存款日报表】，双击后弹出"银行存款日报表"过滤窗口，如图 7-60 所示。

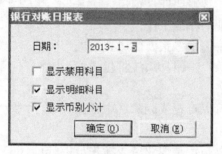

图 7-60

修改要查询的日期和币别选项，单击"确定"按钮，系统弹出"银行存款日报表"窗口，如图 7-61 所示。

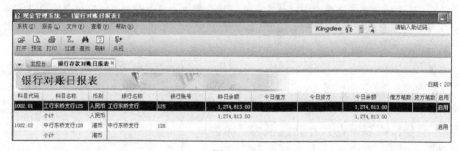

图 7-61

### 7.3.3 余额调节表

（1）在主界面窗口中选择【财务会计】→【现金管理】→【银行存款】→【余额调节表】，双击后弹出"余额调节表"窗口，如图 7-62 所示。

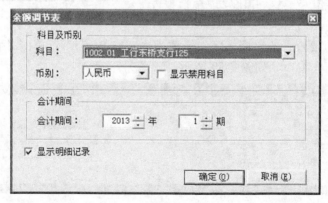

图 7-62

（2）保持默认查询条件，单击"确定"按钮，系统弹出"余额调节表"窗口，如图 7-63 所示。

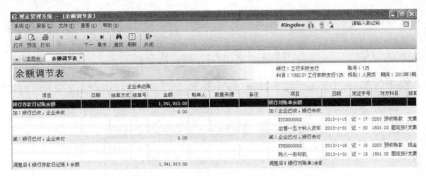

图 7-63

单击"第一、上一、下一、最末"按钮,可切换不同科目。

### 7.3.4 长期未达账

长期未达账可协助操作员查询长期未达账项,辅助财会人员分析查找造成长期未达的原因,避免资金丢失。

选择【财务会计】→【现金管理】→【银行存款】→【长期未达账】,双击后弹出"长期未达账"窗口,如图 7-64 所示。

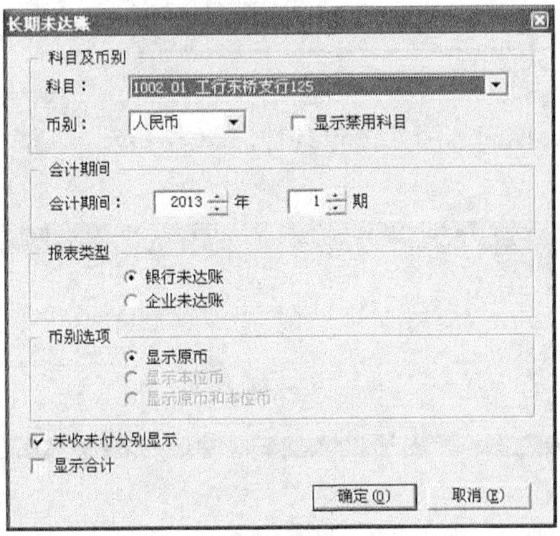

图 7-64

在窗口中可选择要查询的科目、会计期间和报表类型等内容。

长期未达账分为企业未达账和银行未达账,凡是上月末存在的未达账全部形成本月的长期未达账。企业未达账是根据未勾对的银行对账单生成的,银行未达账是根据未勾对的银行存款日记账生成的。

单击"确定"按钮,弹出"长期未达账"查询窗口,如图 7-65 所示。

图 7-65

> **注意** 账套中当期有未勾对的银行存款日记账记录,到下期可以看到"长期未达账"报表。

### 7.3.5 资金头寸表

选择【财务会计】→【现金管理】→【报表】→【资金头寸表】,双击后弹出"资金头寸表"窗口,如图 7-66 所示。

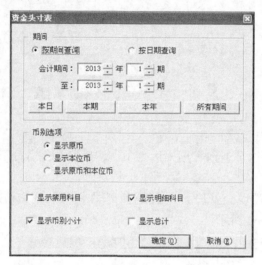

图 7-66

在窗口中可以选择会计期间范围并设置条件,单击"确定"按钮,系统弹出"资金头寸表",如图 7-67 所示。

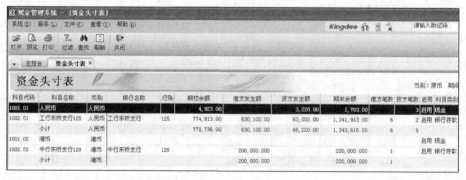

图 7-67

### 7.3.6 到期预警表

到期预警表显示应收商业票据及应付商业票据的到期情况。

选择【财务会计】→【现金管理】→【报表】→【到期预警表】,双击后弹出"到期预警表"窗口,如图 7-68 所示。

在窗口中可以设置查询的条件。例如:取消选中"显示所有到期日期的票据"选项,修改当前日期为"2013-4-27",核销情况选择"未核销和已核销",票据属性选择"收款商业汇票和付款商业汇票",单击"确定"按钮,系统弹出"到期预警表"窗口,如图 7-69 所示。

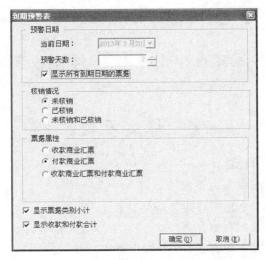

图 7-68

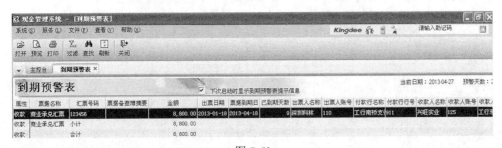

图 7-69

勾选"下次启动时显示到期预警表提示信息"选项,则每次打开现金管理系统后,系统都会弹出"预警表信息",反之不显示。

## 7.4 期末结账

选择【财务会计】→【现金管理】→【期末处理】→【期末结账】,双击后弹出"期末结账"窗口,如图 7-70 所示。

选中"结账"项,单击"开始"按钮,系统弹出提示对话框,单击"确定"按钮,稍后"期末结账"窗口中显示结账成功。

"结转未达账"是将本期(包括前期转本期的)未勾对的银行存款日记账和未勾对的银行对账单结转到下期。结转未达账的选项必须勾选,否则将造成下期余额调节表不平衡。

系统同时提供反结账功能,操作方法与结账类似,在"期末结账"窗口中选中"反结账"即可,只有系统管理员才能反结账。

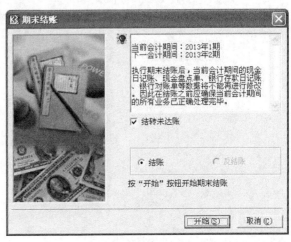

图 7-70

> **注意** 进行反结账后，银日记账与银行对账单的勾对标志将被取消，需要重新进行勾对。

会计分录序时簿操作方法与总账中凭证处理类似。本教程中现金管理系统没有生成凭证，在此不讲解该功能。

## 7.5 课后习题

（1）现金日记账新增方式有几种？
（2）现金日记账有几种录入方式？
（3）现金日记账通过哪个功能处理生成凭证？
（4）银行对账单录入方式有哪几种？
（5）银行存款对账有哪几种方式？
（6）付款票据下的现金支票、转账支票和普通支票在哪个模块中管理？

# 第 8 章　工资管理系统

**学习重点**

- 工资类别管理
- 部门、职员管理
- 工资项目设置
- 项目公式定义
- 工资核算
- 工资报表
- 基金管理

## 8.1　系统概述

金蝶 K/3 工资管理系统可进行多类别管理，处理多种工资类型以及完成各类企业的工资计算、工资发放、工资费用分配和银行代发等功能。工资管理系统能及时反映工资的动态变化，实现个人所得税计算与申报功能，并提供各类管理报表。工资管理系统还可以根据职员工资项目数据和比例计提基金（包括社会保险、医疗保险等社会保障基金的计提），并对工资职员的基金转入、转出进行管理。

### 1. 系统结构

工资管理系统与其他系统的关系如图 8-1 所示。

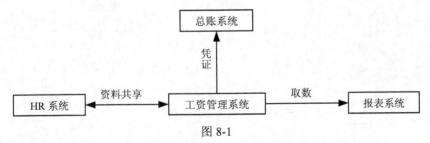

图 8-1

- **总账系统**：接收工资管理系统生成的费用分配凭证。
- **报表系统**：利用公式向导可以从工资管理系统中提取数据。
- **HR 系统**：金蝶人力资源管理系统与工资管理系统可共享基础资料，并可将绩效考核、考勤记录导入工资管理系统中，作为工资发放的依据。

### 2. 工资管理系统功能

系统功能如表 8-1 所示。

表 8-1　　　　　　　　　　　　　　　　　系统功能

| 大　类 | 明　细　功　能 |
|---|---|
| 类别管理 | 选择类别、新建类别、类别管理 |
| 设置 | 部门管理、职员管理、币别管理、银行管理、项目设置、公式设置、扣零设置、所得税设置、辅助属性、人力资源设置、人力资源数据导入、人力资源基础资料匹配、部门信息同步、职员基本信息同步、初始数据删除、基础资料引出、基础资料引入 |
| 工资业务 | 工资录入、工资计算、所得税计算、费用分配、工资凭证管理、工资审核、期末结账 |
| 人员变动 | 人员变动一览表、人员变动处理、人力资源异动查询 |
| 工资报表 | 工资条、工资发放表、工资汇总表、工资统计表、银行代发表、职员台账表、职员台账汇总表、个人所得税报表、工资费用分配表、工资配款表、人员结构分析、年龄工龄分析 |
| 基金设置 | 基金类型设置、职员过滤方案设置、基金计提标准设置、基金计提方案设置、基金初始数据录入 |
| 基金计算 | 基金计算、基金转入、基金转出 |
| 基金报表 | 职员基金台账、基金汇总表、基金计提变动情况表 |

### 3．应用流程

应用流程如下图所示。

1．新用户操作流程　　　　　　　　　2．日常操作流程

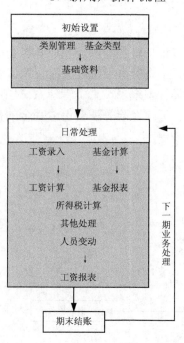
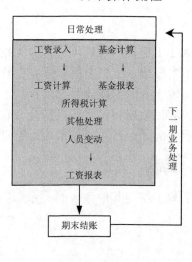

## 8.2　初始设置

初始设置主要包括类别管理和基础设置。为了方便工资管理，可以将工资分成几种类别进行管理，如外籍人员、国内人员、管理人员和计件工资等。类别管理包括类别新增、编辑及删除等操作，类别管理的操作方法请参照第 3 章"工资管理参数"一节。

> 注意　账套中至少存在 1 个工资类别。

基础设置主要设置部门、职员、工资项目和公式定义等基础资料。下面以设置"管理

人员工资"类别为例，介绍基础资料的设置方法。

**1. 部门管理**

以"吴晓英"的身份登录账套，在"未显示分类"图标中找到"人力资源"，切换到"人力资源"功能列表，选择【人力资源】→【工资管理】→【设置】→【部门管理】，双击后弹出"打开工资类别"窗口，如图 8-2 所示。

图 8-2

选中"管理人员工资"类别，单击"选择"按钮，系统弹出"部门"管理窗口，同时在主界面窗口右下部显示当前工资类别，如图 8-3 所示。

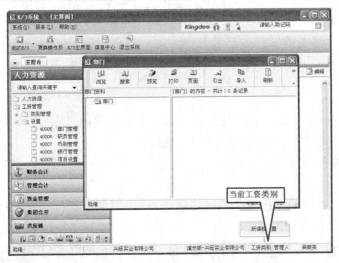

图 8-3

在"部门"窗口中可以直接新增或从外部引入部门资料。

单击工具栏上的"导入"按钮，系统切换为"导入"状态，导入数据源选择"总账数据"，系统会显示基础资料中的部门信息，按住键盘上的 **Shift** 键或 **Ctrl** 键选中 01 至 05 部门，如图 8-4 所示。

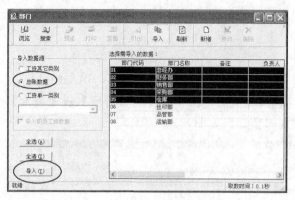

图 8-4

单击窗口左下角的"导入"按钮,稍后系统将选中的部门资料隐藏,表示导入成功。

> **注意** 导入数据源中的"工资其它类别"是指从其他工资类别中导入部门信息,"工资单一类别"是指从某一个类别下导入部门信息。"全选"是选中窗口右侧显示的全部部门资料,"全清"是取消全部部门资料的选中。

单击工具栏上的"浏览"按钮,系统切换到部门信息查看状态,如图 8-5 所示。

在窗口中可以对部门资料进行修改、删除,选中记录后单击相应按钮即可。单击"引出"按钮,可将部门资料引出为其他类型的文件,单击"导入"按钮将从系统外引入部门资料。

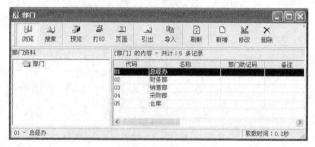

图 8-5

### 2. 币别管理

币别管理是对工资系统所涉及的币别进行管理。具体请参看第 3 章。

### 3. 银行管理

若企业采用银行代发工资,在银行管理中要录入银行名称,在职员管理中录入每位职员的"银行账号",方便输出相应的银行代发工资表。

选择【人力资源】→【工资管理】→【设置】→【银行管理】,双击后弹出"银行"窗口,如图 8-6 所示。

单击工具栏上的"新增"按钮,系统弹出"银行-新增"窗口。录入代码"1"、名称"招行",账号长度录入"6",如图 8-7 所示。

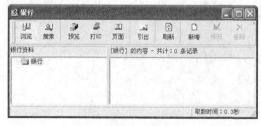

图 8-6

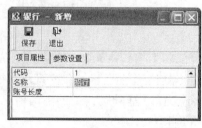

图 8-7

单击"保存"按钮保存当前的录入资料,单击"退出"按钮返回"银行"窗口,系统会显示新增的资料,单击工具栏上的相应按钮,可以完成银行的新增、修改或删除等操作。

#### 4. 职员管理

选择【人力资源】→【工资管理】→【设置】→【职员管理】,双击后弹出"职员"管理窗口,单击"导入"按钮,系统切换为"导入数据"状态。选中"总账数据",系统会显示总账基础资料中的部门资料,按住键盘上的 Shift 或 Ctrl 键选中 01 至 08 号职员,如图 8-8 所示。

单击"导入"按钮,稍后系统将隐藏导入的职员资料,表示导入成功。

修改"何陈钰"和"陈静"的银行账号。单击"浏览"按钮,窗口切换到"职员"资料查看窗口,选中"何陈钰",单击工具栏上的"修改"按钮,系统弹出"职员-修改"窗口,在银行名称处选择"招行",录入个人账号"123456",如图 8-9 所示。

单击"保存"按钮保存当前修改,单击"退出"按钮返回"职员"查看窗口。以同样的方法修改"陈静"的个人资料,在银行名称处选择"招行",录入个人账号"147789"。

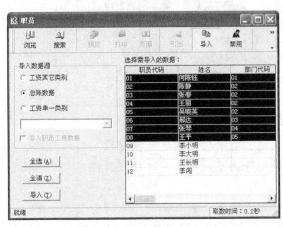

图 8-8

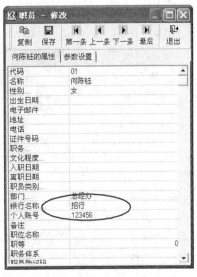

图 8-9

#### 5. 项目设置

项目是工资管理系统中的重要组成部分,它是工资计算时的计算和判断依据,下面以表 8-2 中的数据为例,介绍项目设置方法。

表 8-2　　　　　　　　　　　　　　新增项目

| 扣零实发 | 应税所得额 | 税率 | 扣除 | 计件工资 |
| --- | --- | --- | --- | --- |

(1) 选择【人力资源】→【工资管理】→【设置】→【项目设置】,双击后弹出"工资核算项目设置"窗口,如图 8-10 所示。

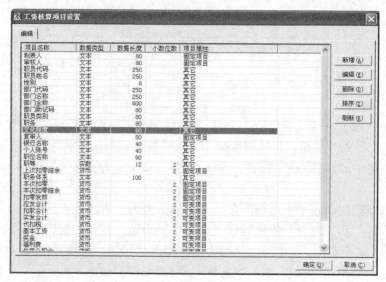

图 8-10

（2）窗口中预设有部分项目，选中后可以对其进行编辑或删除。选中"基本工资"项目，单击"编辑"按钮，系统弹出该项目的"修改"窗口，修改项目属性为"固定项目"，如图 8-11 所示。单击"确定"按钮保存修改。

（3）单击"新增"按钮，系统弹出"工资项目-新增"窗口，如图 8-12 所示。

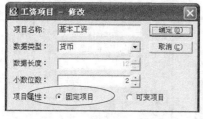

图 8-11

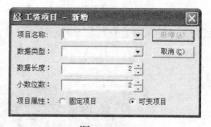

图 8-12

- **项目名称**：单击下拉按钮可选择系统已有的项目，也可直接录入新的项目名称。
- **数据类型**：系统预设日期型、实数型等类型，单击下拉按钮选择。
- **数据长度**：设置当前项目的最大长度。
- **项目属性**：固定项目为一般工资计算所需要的基本要素，不需要经常改变，其内容可以直接带入到下一次工资计算（如预设的职员姓名项）；可变项目的内容随工资计算发生改变（如预设的应发合计项）。

（4）录入项目名称"扣零实发"，选择数据类型"实数"，输入数据长度"18"、小数位数"2"，选择项目属性"可变项目"，如图 8-13 所示。

（5）单击"新增"按钮，系统保存新增项目并返回"工资核算项目设置"窗口，以同样方法新增表格中的其余数据，数据类型、长度等与扣零实发相同，结果如图 8-14 所示。

图 8-13

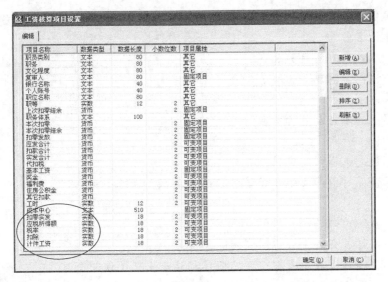

图 8-14

（6）项目新增完成后，单击"确定"按钮返回主界面窗口。

在以后的工作中需要修改、新增项目时，可以随时调出该窗口进行操作。

### 6．扣零设置

扣零设置设置扣除零钱。如实发工资为 2345.58 元，可以设置工资发到元还是角或者 5 角以上的要发、5 角以下的下次发放等。

选择【人力资源】→【工资管理】→【设置】→【扣零设置】，双击后弹出"扣零设置"窗口，选择扣

图 8-15

零项目"实发合计"，录入扣零标准"0.5"（5 角以上的要发，5 角以下的下次再发），扣零后项目选择"扣零实发"，如图 8-15 所示。

单击"确定"按钮保存当前设置。

> **注意** 扣零的标准有 5、1、0.5 和 0.1 等。

### 7．公式设置

公式设置是指建立当前工资类别下的工资计算公式。下面以表 8-3 中的公式为例，介绍公式设置的操作方法。

表 8-3       "管理人员"类别下的公式

| 公式 1 | 应发合计=基本工资+奖金+福利费 |
| --- | --- |
| 公式 2 | 扣款合计=其它扣款+代扣税 |
| 公式 3 | 实发合计=应发合计–扣款合计 |
| 公式 4 | 扣零实发=扣零实发+扣零发放 |

（1）选择【人力资源】→【工资管理】→【设置】→【公式设置】，双击后弹出"工资公式设置"窗口，如图 8-16 所示。

计算方法选项卡用于对工资计算公式进行编辑。

● **公式名称**：录入新增的名称或选择要查看、编辑的名称。

● **导入**：从外部导入计算公式。

● **计算方法**：该窗口显示所选择公式名称下的计算方法。

● **行选择**：选中当前光标所在行的所有内容。

● **选择函数**：选择系统中的函数。

● **公式检查**：对所建立的公式进行检查。

图 8-16

● **条件**：系统内部的判断条件。

● **运算符**：计算公式中经常用到的运算符号。

● **项目**：将项目设置中所有建立的项目都显示出来（供选择）。

● **项目值**：显示当前项目的内容。如选中"部门"项目，右侧会自动显示当前工资类别下的所有部门。

（2）建立公式 1。在"计算方法"窗口中单击"新增"按钮，窗口切换到可编辑状态。双击项目下的"应发合计"，单击运算符下的"="，双击项目下的"基本工资"，单击运算符下的"+"，双击项目下的"奖金"，单击运算符下的"+"，双击项目下的"福利费"。

> **注意** 公式可手工录入，也可用上面的方法录入。手工录入时一定要注意所录入的项目是否存在，录入时一定要注意光标的位置，以防公式录入错误。修改公式的方法是将光标移到要修改的位置，按键盘上的"退格"或"删除"键进行修改。

（3）建立公式 2。光标在第 1 条公式结尾，按下键盘上的"Enter（回车）"键换行，双击项目下的"扣款合计"，单击运算符下的"="，双击项目下的"其它扣款"，单击运算符下的"+"，双击项目下的"代扣税"。

（4）按照前面的设置方法将公式 3 至公式 4 录入窗口后，录入公式名称"管理人员公式"，如图 8-17 所示。

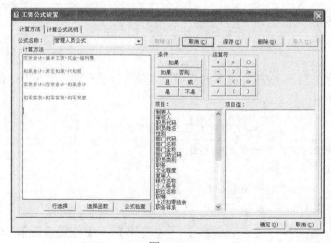

图 8-17

（5）单击"公式检查"按钮可检查公式是否正确。单击"保存"按钮保存当前公式名称和计算方法的定义。

> **注意** 要修改公式,一定要先选中"公式名称",再单击"编辑"按钮,在"计算方法"窗口下修改后单击"保存"按钮。

### 8. 其他设置

其他设置包括所得税设置、辅助属性和人力资源设置等。由于所得税已经编制了公式,在此不用操作。辅助属性和人力资源设置等在与金蝶的 HR 系统同步使用时设置,在此不介绍。

### 9. 计件工资类别设置

前面几节重点讲述在"管理人员"类别下进行基础设置,下面讲述计件工资类别设置。选择【人力资源】→【工资管理】→【类别管理】→【选择类别】,双击后弹出"类别选择"窗口,选中"计件工资",单击窗口右下角的"选择"按钮,表示当前要处理"计件工资"类别下的业务。

参照前几节的方法导入部门和职员信息,录入表 8-4 中的计算公式,公式名称为"计件人员公式",如图 8-18 所示。

表 8-4　　　　　　"计件工资"类别下的计算公式

| 公式 1 | 应发合计=基本工资+奖金+福利费+计件工资 |
|---|---|
| 公式 2 | 扣款合计=其它扣款+代扣税 |
| 公式 3 | 实发合计=应发合计−扣款合计 |
| 公式 4 | 扣零实发=扣零实发+扣零发放 |

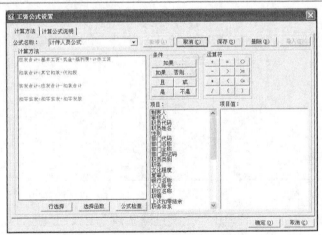

图 8-18

## 8.3　日常处理

日常处理包括工资的录入、计算以及工资报表的查看和输出等操作。下面以"管理人员"类别的工资为例,介绍工资的日常处理工作。

选择【人力资源】→【工资管理】→【类别管理】→【选择类别】,双击后弹出"类别选择"窗口,选中"管理人员",单击窗口右下角的"选择"按钮,表示当前要处理"管理人员"类别下的业务。

### 8.3.1 工资业务

工资业务主要包括工资的录入、计算和费用分配等操作。

#### 1. 工资录入

下面以表 8-5 中的数据为例,介绍工资录入的方法。

表 8-5　　　　　　　　　　　要录入的工资数据

| 职员代码 | 职员姓名 | 基本工资 | 奖金 | 福利费 | 其它扣款 |
|---|---|---|---|---|---|
| 01 | 何陈钰 | 8000 | 200 | 50 | 50.23 |
| 02 | 陈静 | 5000 | 150 | 50 | 45.78 |
| 03 | 张春 | 3500 | 100 | 50 | 23.18 |
| 04 | 王丽 | 3000 | 100 | 50 | 41.91 |
| 05 | 吴晓英 | 3000 | 100 | 50 | 42.87 |
| 06 | 郝达 | 6000 | 100 | 50 | 45 |
| 07 | 张琴 | 4800 | 100 | 50 | 12.98 |
| 08 | 王平 | 3500 | 100 | 50 | 24.5 |

(1)选择【人力资源】→【工资管理】→【工资业务】→【工资录入】,双击后弹出"过滤器"窗口,如图 8-19 所示。

在窗口中可以新增、编辑、删除和导入过滤方案。第一次使用该功能时要建立一个"过滤方案"。

图 8-19　　　　　　　　　　　图 8-20

(2)单击"增加"按钮,系统弹出"定义过滤条件"窗口,录入过滤名称"1",选择计算公式"管理人员公式",在工资项目中选择以下项目:职员代码、职员姓名、部门名称、银行名称、个人账号、上次扣零结余、本次扣零、本次扣零结余、扣零发放、应发合计扣款合计、实发合计、代扣税、基本工资、奖金、福利费、其它扣款、扣零实发、审核人和制表人,如图 8-20 所示。

窗口中的"序号"是当前项目显示的列号,单击"上移、下移"按钮,可以将所选中的项目移动,选中制表人、审核人项目,单击"下移"按钮,将此两项移到最后位置。

(3)单击"确定"按钮,系统弹出提示,单击"确定"按钮,系统返回"过滤器"窗口，显示刚才增加的方案，如图 8-21 所示。

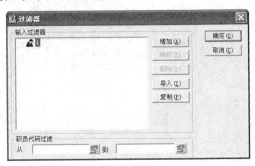

图 8-21

（4）选中"1"方案，单击"确定"按钮，系统弹出"工资数据录入"窗口，如图 8-22 所示。

窗口中的项目有两种颜色数据，黄色表示是由系统生成的（如职员代码、实发合计等），白色是可修改选项。

（5）依次选中菜单"选项"下的"自动计算合计行"和"自动应用公式计算"。

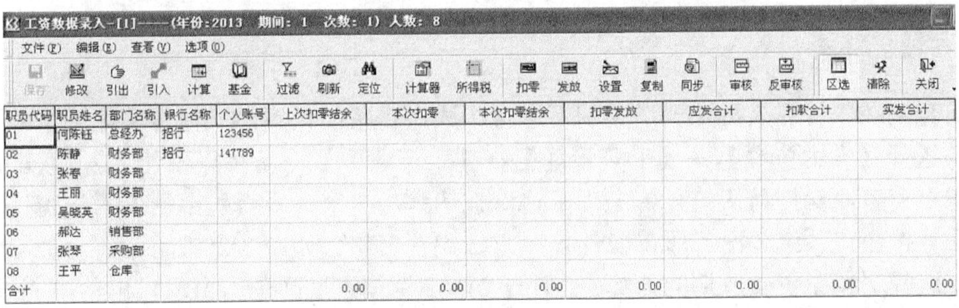

图 8-22

（6）录入表 8-5 中的数据。移动窗口下部的"滚动条"，移到相关项目并录入数据，录入完成的窗口如图 8-23 所示。

图 8-23

（7）单击"保存"按钮保存工资。单击菜单【编辑】→【重新计算】，系统会根据所设置的公式在相应项目下计算出新的结果。单击工具栏上的"扣零"按钮，系统进入扣零处理工作，请注意"扣零实发"与"实发合计"之间的对比，如图 8-24 所示。

| 职员代码 | 职员姓名 | 扣款合计 | 实发合计 | 代扣税 | 基本工资 | 奖金 | 福利费 | 其它扣款 | 扣零实发 | 制表人 | 审核人 |
|---|---|---|---|---|---|---|---|---|---|---|---|
| 01 | 何陈钰 | 50.23 | 8,199.77 | | 8,000.00 | 200.00 | 50.00 | 50.23 | 8199.50 | 吴晓英 | |
| 02 | 陈静 | 45.78 | 5,154.22 | | 5,000.00 | 150.00 | 50.00 | 45.78 | 5154.00 | 吴晓英 | |
| 03 | 张春 | 23.18 | 3,626.82 | | 3,500.00 | 100.00 | 50.00 | 23.18 | 3626.50 | 吴晓英 | |
| 04 | 王丽 | 41.91 | 3,108.09 | | 3,000.00 | 100.00 | 50.00 | 41.91 | 3108.00 | 吴晓英 | |
| 05 | 吴晓英 | 42.87 | 3,107.13 | | 3,000.00 | 100.00 | 50.00 | 42.87 | 3107.00 | 吴晓英 | |
| 06 | 郝达 | 45.00 | 6,105.00 | | 6,000.00 | 100.00 | 50.00 | 45.00 | 6105.00 | 吴晓英 | |
| 07 | 张琴 | 12.98 | 4,937.02 | | 4,800.00 | 100.00 | 50.00 | 12.98 | 4937.00 | 吴晓英 | |
| 08 | 王平 | 24.50 | 3,625.50 | | 3,500.00 | 100.00 | 50.00 | 24.50 | 3625.50 | 吴晓英 | |
| 合计 | | 286.45 | 37,863.55 | 0.00 | 36,800.00 | 950.00 | 400.00 | 286.45 | 0.00 | | |

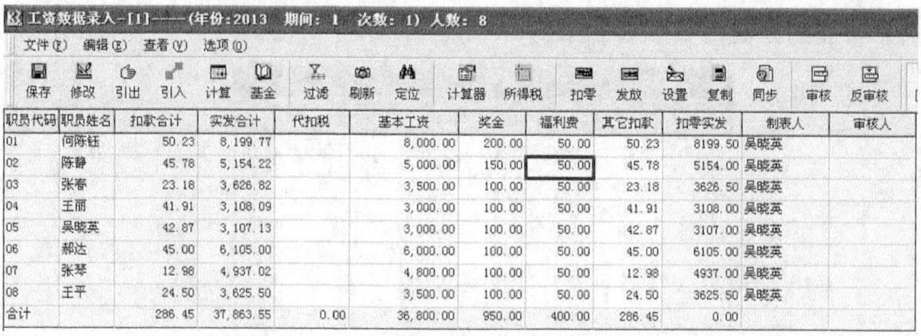

图 8-24

为确保工资的正确，需要对工资数据进行审核，审核后的工资数据不能修改，只有反审核后才能修改。工资审核通常是在“期末结账”前才处理。

审核功能项位于“工资数据录入”窗口中的“编辑”菜单下。

**注意**　审核是在“期末结账”前必须要做的工作，只有审核完成才能结账。审核前一定要检查数据是否正确，以免再反审核后修改。

由于个人所得税还未计算，所以在此暂时不用审核。

### 2．所得税计算

下面介绍在“管理人员工资”类别下进行个人所得税的设置，操作步骤如下。

（1）选择【人力资源】→【工资管理】→【工资业务】→【所得税计算】，双击后弹出“过滤”窗口，保持默认值，单击“确定”按钮弹出“个人所得税数据录入”窗口，单击“方法”按钮，系统弹出“所得税计算”方法设置窗口，如图 8-25 所示。

（2）选择“按工资发放期间计算”，单击“确定”按钮返回录入窗口，再单击“设置”按钮，系统弹出“个人所得税初始设置”窗口，切换到“编辑”选项页，如图 8-26 所示。

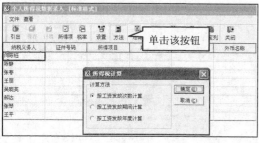

图 8-25

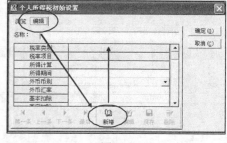

图 8-26

（3）单击“新增”按钮，再单击“税率类别”右侧按钮，系统弹出“个人所得税税率设置”窗口，切换到“编辑”窗口，单击“新增”按钮，系统弹出提示窗口，单击“是”按钮，系统将显示税率设置，名称录入“税率”，如图 8-27 所示。

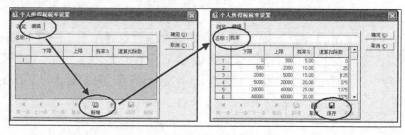

图 8-27

（4）单击"保存"按钮保存设置，单击"确定"按钮返回"个人所得税初始设置"窗口，请注意"税率类别"旁的按钮变化。单击"税率项目"旁按钮，系统弹出"所得项目计算"窗口，切换到"编辑"窗口，单击"新增"按钮，在所得项目1选择"实发合计"，并选择"增项"，所得项2选择"住房公积金"，并选择"减项"，名称录入"税项目"，如图8-28所示。

"增项"表示计算所得税的增项，而"减项"作为计算基础的减项，如住房公积金和社保费用等。

图 8-28

（5）单击"保存"按钮保存设置，单击"确定"按钮返回"个人所得税初始设置"窗口，请注意"税率项目"旁的按钮变化。单击"所得计算"旁按钮，系统弹出"所得项目计算"窗口，双击"税项目"，并返回"个人所得税初始设置"，所得期间录入"1-12"，币别选择"人民币"，基本扣除录入"3500"，名称录入"个人所得税"，如图8-29所示。

（6）单击"保存"按钮保存设置，单击"确定"返回"个人所得税数据录入"窗口，系统弹出提示窗口，单击"确定"按钮，系统获取数据成功后，再次弹出提示窗口，单击"确定"按钮，系统开始计算所得税，计算后的窗口，如图8-30所示。

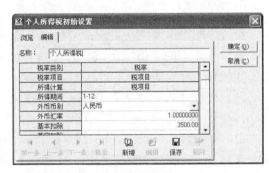

图 8-29

图 8-30

（7）单击"保存"按钮保存所得税计算结果。

单击"引出"按钮可以引出其他类型文件。

个人所得税计算后，并未直接使用在工资表中，只有在"工资录入"窗口，引入个人所得税数据，然后再进行工资计算，才是正确的工资数据。下面将刚才所计算的个人所得税数据引入工资表中，操作步骤如下。

双击【人力资源】→【工资管理】→【工资业务】→【工资录入】后弹出"过滤"窗口，选中"1"方案，单击"确定"按钮进入"工资数据录入"窗口，注意此时"代扣税"列为空白无数据，光标放置该列，单击工具栏上"区选"按钮，再单击"代扣税"列头，选中整列并反黑显示，单击"所得税"按钮，系统弹出提示窗口，选择"引入本期所得税"，单击"确定"按钮，引入所有职员个人所得税数据，如图8-31所示。单击"保存"按钮保存个人所得税数据的引入。

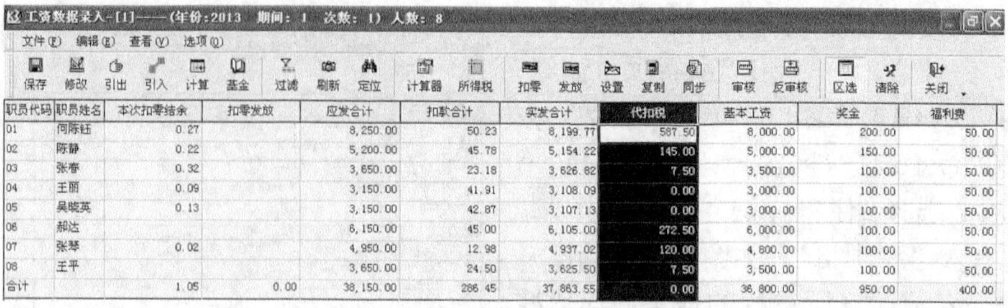

图 8-31

### 3. 费用分配

费用分配根据系统所设置的分配方案或计提方案生成凭证。例如可将总经办、财务部、采购部和仓库下的"扣零实发"分配到"管理费用-工资"科目，将销售部下的"扣零实发"分配到"营业费用-员工工资"科目。

（1）选择【人力资源】→【工资管理】→【工资业务】→【费用分配】，双击后弹出"费用分配"窗口，如图 8-32 所示。

窗口分为两个选项卡，在"浏览"选项卡中可以查看系统中已有的分配方案，生成凭证或查询凭证；在"编辑"选项卡中可以对分配方案进行新增、编辑和删除等操作。

（2）单击"编辑"选项卡，窗口切换到"编辑"窗口，单击窗口下部的"新增"按钮，切换到编辑状态，录入分配名称"工资分配"、摘要内容"工资分配"，单击第 1 行部门项的"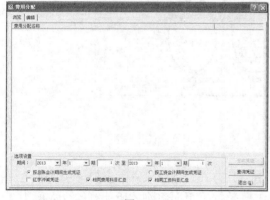（获取）"按钮选择"总经办"，工资项目处选择"扣零实发"，费用科目选择"6602.06-工资"，工资科目选择"2211 应付职工薪酬"；在第 2 行部门处选择"财务部"，其他同第 1 行；第 3 行部门选择"销售部"，费用科目选择"6601.05-员工工资"，其他同第 1 行；第 4 行、第 5 行除部门外同第 1 行，设置完成后窗口如图 8-33 所示。

图 8-32 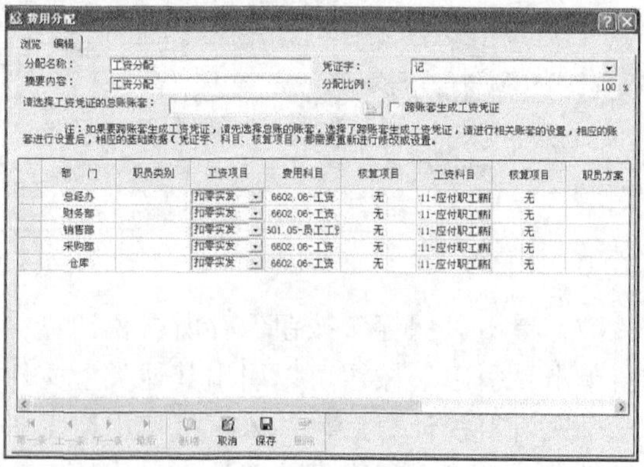　　　　　　　　　图 8-33

（3）单击"保存"按钮保存当前设置。若修改、删除该方案，单击工具栏上的"编辑"或"删除"按钮即可。

> **注意**　若勾选"跨账套生成工资凭证"选项，则需选择总账账套，设置后系统生成的凭证会自动传递到所选择的账套中。

（4）将设定的方案生成凭证。单击"浏览"选项卡，切换到浏览窗口，勾选"工资分配"，勾选"按工资会计期间生成凭证"，单击"生成凭证"按钮，系统弹出提示，单击"确定"按钮。稍后系统弹出"信息"窗口，单击"关闭"按钮，单击"查询凭证"按钮，系统进入"凭证处理"窗口，如图8-34所示。

图 8-34

双击该记录，系统弹出该凭证的查看窗口，如图8-35所示。

 **注意**　按总账会计期间生成凭证：表示分配工资生成的凭证的会计期间为总账系统所在的会计期间。按工资会计期间生成凭证：表示分配工资生成的凭证的会计期间为工资管理系统所在的会计期间。

### 4．凭证管理

凭证管理用于对工资管理系统生成的凭证进行处理，如查看、打印和删除等操作。

### 5．工资审核

为确保工资数据的正确，需要对工资数据进行审核，审核后的工资数据不能修改，只有反审核后才能修改。

选择【人力资源】→【工资管理】→【工资业务】→【工资审核】，双击后弹出"工资审核"窗口，如图8-36所示。

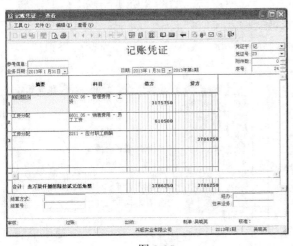

图 8-35

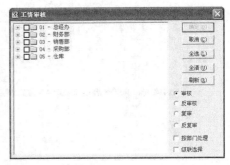

图 8-36

由于工资数据已经"审核"，所以要选中"反审核"后才能显示内容。窗口左侧显示系统中已有的部门信息，单击"+"可展开该部门下的职员信息，职员前面方框打上勾表示选中。

● **审核**：选中该项，窗口左侧显示未审核过的职员信息。选中要审核的职员，单击

"确定"按钮,如果稍后该职员记录隐藏,表示审核成功。
- **反审核**:选中该项,窗口左侧显示审核过的职员信息。选中要反审核的职员,单击"确定"按钮,如果稍后该职员记录隐藏,表示反审核成功。
- **复审**:工资复审必须在工资审核的基础上进行。选中该项,窗口左侧显示未复审过的职员信息。选中要复审的职员,单击"确定"按钮,如果稍后该职员记录隐藏,表示复审成功。
- **反复审**:选中该项,窗口左侧显示复审过的职员信息。选中要反复审的职员,单击"确定"按钮,如果稍后该职员记录隐藏,表示反复审成功。
- **按部门处理**:勾选此选项,则在左侧窗口只能看到部门信息,不能看到职员信息。
- **级联选择**:勾选此选项,按层级关系选择。

> **注意** 反审核人和审核人应是同一人。反复审人和复审人应是同一人。

### 8.3.2 人员变动

人员变动处理企业中职员的信息变动(如部门更换、职位变动等),保障财务人员核算工资时的准确性。

#### 1. 人员变动处理

下面将"王丽"的"部门"变动为"总经办",操作步骤如下。

(1)选择【人力资源】→【工资管理】→【人员变动】→【人员变动处理】,双击后弹出"职员变动"窗口,如图 8-37 所示。

图 8-37

(2)单击"新增"按钮,系统弹出"职员"管理窗口,如图 8-38 所示。

(3)双击"王丽"记录,系统返回"职员变动"窗口。选中"王丽",单击"下一步"按钮,系统弹出变动信息处理窗口,职员项目选择"部门",按 F7 键选择变动参数"总经办",如图 8-39 所示。

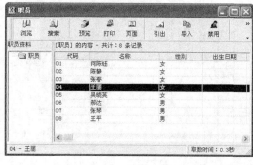

图 8-38

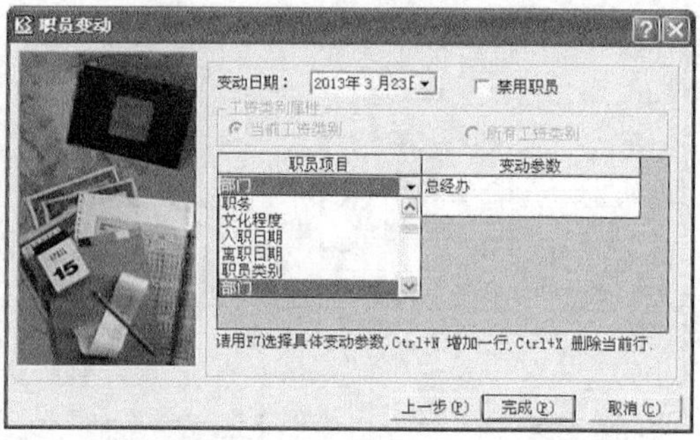

图 8-39

> **注意** 如果选中"禁用职员",表示该职员以后不再参加工资业务的处理。

(4)单击"完成"按钮,系统弹出变动成功提示,单击"确定"按钮返回主界面。

### 2．人员变动一览表

选择【人力资源】→【工资管理】→【人员变动】→【人员变动一览表】，双击后弹出"请选择过滤条件"窗口，如图 8-40 所示。

在窗口中可以设置查询的职员代码范围，单击"确定"按钮，系统弹出"人员变动一览表"窗口，如图 8-41 所示。

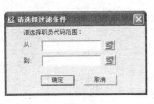

图 8-40

图 8-41

### 3．人力资源异动查询

人力资源管理系统中职员发生了变动后（如入职、转正、离职等），不同变动情况对应的工资计算起止时间不同。在工资管理系统中查询人力资源变动可以查询到用户人事管理系统的内部变动和离职审批通过的结果（包括生效日期）。用户可通过实时查看变动和离职的变动记录表，自主选择在哪个期间更新工资管理系统中的职员资料，从而灵活确定变动或离职人员的工资处理时间。

## 8.4  工资报表

工资报表的应用重点是过滤方案的设置和打印输出时纸张大小及方向的调整。

### 8.4.1  工资条

下面以输出"管理人员"类别下的工资条以及表 8-6 中的数据为例，介绍工资条的操作。

表 8-6　　　　　　　　　　工资条项目排列顺序

| 1 | 2 | 3 | 4 | 5 | 6 | 7 | 8 | 9 | 10 | 11 | 12 | 13 | 14 | 15 | 16 |
|---|---|---|---|---|---|---|---|---|---|---|---|---|---|---|---|
| 职员代码 | 职员姓名 | 部门名称 | 上次扣零结余 | 本次扣零 | 本次扣零结余 | 扣零发放 | 基本工资 | 奖金 | 福利费 | 应发合计 | 代扣税 | 其它扣款 | 扣款合计 | 实发合计 | 扣零实发 |

（1）选择【人力资源】→【工资管理】→【工资报表】→【工资条】，双击后弹出"过滤器"窗口，如图 8-42 所示。

- 标准格式：系统预设的标准过滤方案。
- 当期查询：查询当前工资会计期间的工资条。

（2）新增一个过滤方案。单击"增加"按钮，系统弹出"定义过滤条件"窗口，录入过滤名称"工资条 1"，按表 8-6 所示选中工资项目，并单击"上移、下移"按钮，按表中序号进行排列，设置完成的窗口如图 8-43 所示。

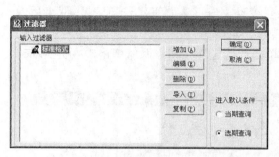

图 8-42　　　　　　　　　　　　　　图 8-43

在"条件"选项卡中设置过滤方案,在"排序"选项卡中设置排序字段。

(3) 单击"确定"按钮,系统弹出提示,单击"确定"按钮。新增"工资条 1"过滤方案并返回"过滤器"窗口。选中"工资条 1"方案,单击"确定"按钮,系统弹出"工资条打印"窗口,如图 8-44 所示。

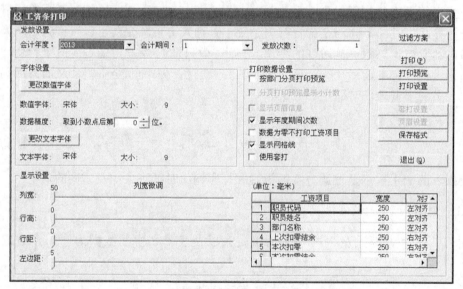

图 8-44

- **发放设置**:选择工资条的会计年度、会计期间和发放次数。
- **字体设置**:单击更改按钮可以进行数值和文本字体的修改,数据精度可以设置小数位。
- **显示设置**:微调选中右下角项目的列宽和行高等。
- **过滤方案**:重新选择过滤方案。
- **打印设置**:设置打印时的打印机、纸张大小和方向等内容。
- **使用套打、套打设置**:勾选"使用套打"选项,则可以进行套打设置。
- **数据为零不打印工资项目**:勾选此选项,数据为零的项目不打印,反之打印出来。

(4) 单击"打印预览"按钮,系统弹出"打印预览"窗口,如图 8-45 所示。

图 8-45

通过预览发现打印格式不美观，更改方法有 3 种，第 1 种是纸张方向选择"横向"，第 2 种是选择尽量大的纸张（如 A3 纸张），第 3 种是修改列的宽度。在此采用第 1 种和第 3 种方法。

（5）单击"退出"按钮返回"工资条打印"窗口，单击"打印设置"按钮，系统弹出"打印设置"窗口，修改方向为"横向"，如图 8-46 所示。

图 8-46

（6）单击"确定"按钮返回"工资条打印"窗口，再单击"打印预览"按钮，系统弹出"打印预览"窗口，如图 8-47 所示。

图 8-47

通过预览窗口发现，格式虽有所改观，但还没达到要求，下一步可以修改每一个项目的列宽。

（7）单击"关闭"按钮返回"工资条打印"窗口，所有项目列宽修改为 140，如图 8-48 所示。

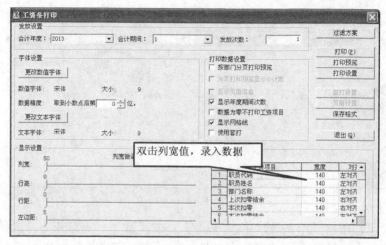

图 8-48

（8）单击"打印预览"按钮，系统弹出"打印预览"窗口，打印格式基本达到要求后，单击工具栏上的"打印"按钮即可输出工资条内容。

> **注意** 调整打印格式时，先使用"打印预览"，随时查看输出效果供参考调整，并且注意"保存格式"。

### 8.4.2 工资配款表

工资配款表可以按照货币面值大小进行不同的配款，方便一些未通过银行代发的公司组织发放工资。

选择【人力资源】→【工资管理】→【工资报表】→【工资配款表】，双击后弹出"工资配款表"窗口并弹出提示，如图 8-49 所示。

第一次使用该功能必须建立配款方案。

单击"确定"按钮，弹出"工资配款表"窗口，单击工具栏上的"设置"按钮，系统弹出"配款设置"窗口。单击"编辑"选项卡，单击窗口下部的"编辑"按钮，窗口切换到编辑状态，录入代码"1"，选择币别"人民币"，名称和面值按图 8-50 所示录入。

图 8-49

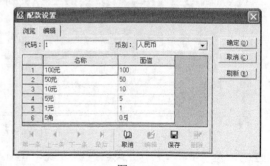

图 8-50

单击"保存"按钮保存配款方案，单击"确定"按钮返回"工资配款表"窗口，请注意窗口中的变化。选择工资项目下的"扣零实发"选项，系统计算出"扣零实发"所需面值的数量，如图 8-51 所示。

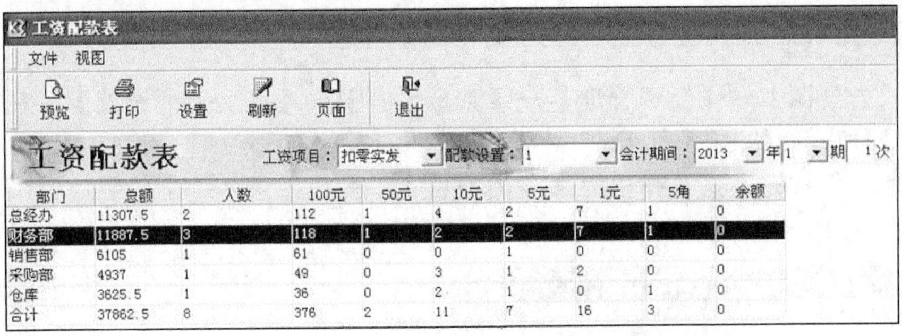

图 8-51

在窗口中可以选择核算工资项目、配款设置和会计期间以查询配款。

### 8.4.3 人员结构分析

人员结构分析主要是对不同的工资项目（如应发合计等）按不同的标准（如部门）进行数据分析，输出数据与图表，形象地分析企业的工资分布情况。

选择【人力资源】→【工资管理】→【工资报表】→【人员结构分析】，双击后弹出"人员工资结构分析"窗口，选择要分析的工资项目，选择分类标准，设置分析的期间范围，如图 8-52 所示。

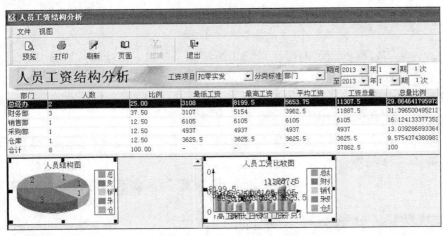

图 8-52

工资发放表、工资汇总表和工资统计表等报表的使用方法与工资条报表类似，请自行练习。

## 8.5 基金处理

基金处理功能包括计提住房公积金、社保费等处理。

### 8.5.1 基金设置

基金设置主要是对基金类型、基金计提标准、基金计提方案和基金初始数据等进行设定，只有设置好这些相关的资料，才能进行基金的计提和计算。

1. 基金类型设置

选择【人力资源】→【工资管理】→【基金设置】→【基金类型设置】，双击后弹出"基金类型"窗口，如图 8-53 所示。

单击"增加"按钮，系统弹出"基金类型设置"窗口，录入基金代码"01"、基金名称"提社保"，如图 8-54 所示。

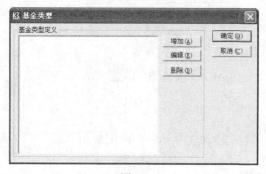
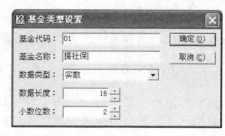

图 8-53　　　　　　　　　　　　　图 8-54

单击"确定"按钮，保存当前设置并返回"基金类型"窗口。若要修改、删除基金类型，选中后单击相应按钮即可。

2. 职员过滤方案设置

职员过滤方案可以根据职员的属性（如职员类别、部门、文化程度以及其他一些辅助属性信息等）来进行设置。

选择【人力资源】→【工资管理】→【基金设置】→【职员过滤方案设置】，双击后弹出"基金职员方案过滤器"窗口，如图 8-55 所示。

单击"增加"按钮，系统弹出"定义过滤条件"窗口，过滤名称录入"全部职员"，其他不变，如图 8-56 所示。

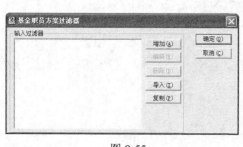
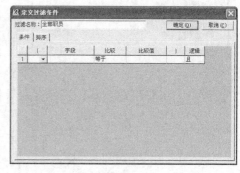

图 8-55　　　　　　　　　　　　　图 8-56

该过滤方案筛选出该类别下的全部职员。单击"确定"按钮，系统弹出提示，单击"确定"按钮保存该过滤方案，返回"过滤器"窗口。要修改、删除过滤方案，选中后单击相应按钮即可。

3. 基金计提标准设置

基金计提标准设置包括处理基金计提开始时间、计提的比例以及计提工资等项目。

选择【人力资源】→【工资管理】→【基金设置】→【基金计提标准设置】,双击后弹出"基金计提标准"窗口,如图 8-57 所示。

单击"增加"按钮弹出"基金计提标准设置",录入名称"社保费",计提开始日期修改为"2013-01-01",选择计提工资项目"实发合计",录入基金计提比例"5",在对应职员方案处选择"全部职员",如图 8-58 所示。

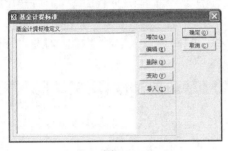
图 8-57

图 8-58

单击"确定"按钮,保存当前设置并返回"基金计提标准"窗口。若要修改、删除计提标准,单击相应按钮即可。

直接编辑基金计提标准是不会反映在基金计提变动情况表中的,如果想在基金计提变动情况表中反映基金计提标准的修改变更记录,则必须通过基金计提标准变动来实现,每个变动均产生 1 条变动记录。

### 4.基金计提方案设置

基金计提方案对不同的基金类型设置一种或多种基金计提标准。

选择【人力资源】→【工资管理】→【基金设置】→【基金计提方案设置】,双击后弹出"基金计提方案"窗口,如图 8-59 所示。

单击"增加"按钮,系统弹出"基金计提方案设置"窗口,录入基金计提方案名称"社保计提方案",选择方案对应基金类型"提社保",勾选"社保费",如图 8-60 所示。

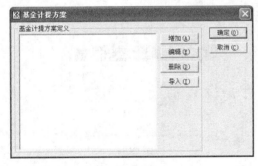
图 8-59

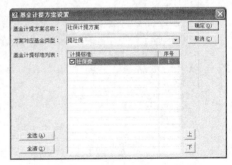
图 8-60

单击"确定"按钮,保存当前设置并返回"基金计提方案"窗口。若要修改、删除计提方案,单击相应按钮即可。

### 5.基金初始数据录入

基金初始数据录入可以将启用工资基金模块前已计提的原始基金数据引入并进行处理。

### 8.5.2 基金计算

基金计算可根据不同的基金计提方案实现基金的自由转入和转出计算。

**1．基金计算**

选择【人力资源】→【工资管理】→【基金计算】→【基金计算】，双击后弹出"基金计算过滤器"窗口，如图 8-61 所示。

单击"增加"按钮，系统弹出"定义过滤条件"窗口，录入名称"1"，勾选"社保计提方案"，如图 8-62 所示。

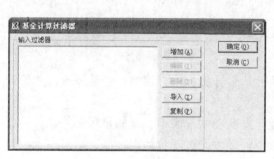
图 8-61

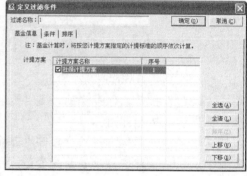
图 8-62

单击"确定"按钮，系统弹出提示，单击"确定"按钮，保存方案"1"并返回"过滤器"窗口，选中"1"方案，单击"确定"按钮，系统弹出"基金计算"窗口，如图 8-63 所示。

单击工具栏上的"方法"按钮，系统弹出"基金计提方法"窗口，如图 8-64 所示。

图 8-63

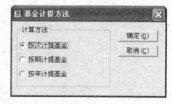
图 8-64

- **按次计提基金**：按工资发放次数计提基金。
- **按期计提基金**：按工资发放期间计提基金。
- **按年计提基金**：按工资发放的年份计提基金，计提基数是这一年全部期间所发工资之和。

选中"按期计提基金"，单击"确定"按钮，稍后系统计算出基金数据，如图 8-59 所示。

单击"保存"按钮保存当前数据。

### 2．基金的转入、转出

基金的转入、转出与工资计算不相关联，职员即使不在公司发放工资，也可以进行基金的代扣代缴。该功能一般用于职员已经离职或已被禁用，但仍然可以在原单位转入、转出基金的情况。基金转入转出的过滤方案和过滤条件以及基金转入、转出录入界面将离职或禁用的职员纳入过滤范围，不受离职或禁用的限制（与工资数据录入的过滤方案和过滤条件以及录入界面相反），只是离职或禁用以后不能再计算缴纳基金（视以后期间缴纳的基金为 0）。

选择【人力资源】→【工资管理】→【基金计算】→【基金转入】，双击后弹出“基金转入过滤器”窗口，如图 8-65 所示。

单击“增加”按钮，系统弹出“定义过滤条件”窗口，录入过滤名称“1”，勾选“提社保”（因本账套无禁用或离职员工，为了演示效果，条件中不过滤已禁用或离职的员工），如图 8-66 所示。

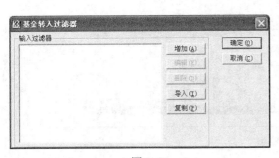

图 8-65

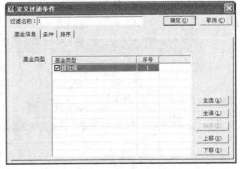

图 8-66

单击“确定”按钮，系统弹出提示，单击“确定”按钮，保存“1”方案并返回“过滤器”窗口，选中“1”方案并单击“确定”按钮，系统弹出“基金转入”窗口，如图 8-67 所示。

| 职员代码 | 职员姓名 | 性别 | 部门代码 | 部门名称 | 职员类别 | 提社保 | | |
|---|---|---|---|---|---|---|---|---|
| | | | | | | 转入时间 | 转入金额 | 转入说明 |
| 01 | 何陈钰 | 女 | 01 | 总经办 | | 2013-01-10 | | |
| 02 | 陈静 | 女 | 02 | 财务部 | | 2013-01-10 | | |
| 03 | 张春 | 女 | 02 | 财务部 | | | | |
| 04 | 王丽 | 女 | 01 | 总经办 | | | | |
| 05 | 吴晓英 | 女 | 02 | 财务部 | | | | |
| 06 | 郝达 | 男 | 03 | 销售部 | | | | |
| 07 | 张琴 | 男 | 04 | 采购部 | | | | |
| 08 | 王平 | 男 | 05 | 仓库 | | | | |

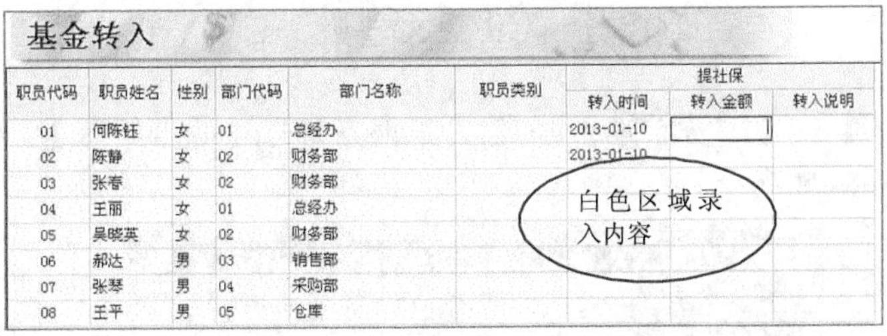

图 8-67

数据录入完成后，单击“保存”按钮保存当前资料。

基金转出的操作方法与基金转入的操作相同。

## 8.5.3　基金报表

基金报表提供 3 种报表查询。

选择【人力资源】→【工资管理】→【基金报表】→【职员基金台账】，双击后弹出“过滤器”窗口，如图 8-68 所示。

单击"增加"按钮，系统弹出"定义过滤条件"窗口，录入过滤名称"1"，勾选"提社保"选项，如图8-69所示。

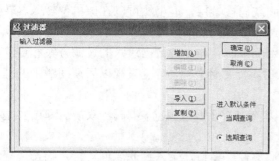
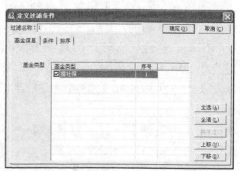

图 8-68　　　　　　　　　　　　　　　图 8-69

单击"确定"按钮，系统弹出提示，单击"确定"按钮，保存"1"方案并返回"过滤器"窗口，选中"1"方案，单击"确定"按钮，系统弹出"职员基金台账"窗口，如图8-70所示。

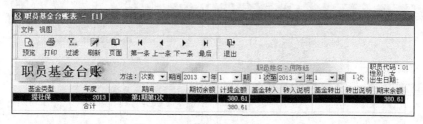

图 8-70

单击"第一条、上一条、下一条、最后"按钮，可切换不同职员的报表，还可随时查看不同次数、不同期间的台账情况。

基金汇总表、基金计提变动情况表的操作方法基本与职员台账的操作相同。

## 8.6　期末结账

选择【人力资源】→【工资管理】→【工资业务】→【期末结账】，双击后弹出"期末结账"窗口，如图8-71所示。

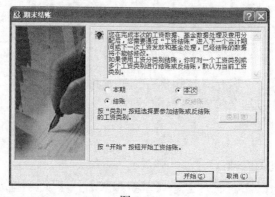

图 8-71

- **本次结账**：如果一个月多次发放工资，在分配完本次工资费用数据后，可以采用本次结账方式进入到本月下一次工资发放。
- **本期结账**：一个月内多次发放工资，要先进行本次结账，然后再进行本期转账，从而进入到下一期工资发放。
- **类别**：选择要结账的工资类别。

在此选中"本期"，单击"开始"按钮即可完成结账工作。

> **注意**
> 1. 结账时，系统会自动复制每个类别下的固定工资项目数据。当对其中一个工资类别进行反结账操作时，若选取"删除当前工资数据"功能，则自动删除当前工资数据，而且其他工资类别也同时跟着反结账并自动删除当前工资数据。
> 2. 若工资管理系统的"系统参数"中设置了工资结账前必须审核或者必须复审，则需要在结账前对工资数据进行审核或者复审，否则不能进行结账处理。

系统同时提供了反结账功能，在"期末结账"窗口中选中"反结账"，单击"开始"按钮即可。

> **注意**
> 如果未勾选"删除当前工资数据"选项，则在反结账时不删除已经存在的工资数据，这样再结账时会保留修改后的固定工资项目数据。

## 8.7 课后习题

（1）工资系统在什么时候使用选择类别？
（2）导入部门数据时有几种数据源？
（3）工资系统期末结账的基本条件是什么？

# 第 9 章　报表系统

> **学习重点**
> - 资产负债表
> - 公式向导
> - 利润表
> - 报表打印
> - 自定义报表

## 9.1　概述

　　金蝶 K/3 报表系统主要处理资产负债表、利润表等常用的财务报表，并可以根据管理需要自定义报表。报表系统还可以和合并报表系统联合使用。

　　报表系统与总账系统联合使用时，可以通过 ACCT、ACCTCASH 和 ACCTGROUP 等取数函数从总账系统的科目中取数；和工资管理系统联合使用时，可以通过函数 FOG-PA 从工资管理系统中取数；和固定资产管理系统联合使用时，可以通过函数 FOG-PA 从固定资产管理系统中取数；和工业供需链系统联合使用时，可以通过函数从工业供需链系统中取数。

　　报表的界面显示为表格，操作与 Excel 类似。

　　报表系统没有初始设置和期末结账，主要用于查询报表、修改格式和修改公式，然后输出。

　　报表系统与其他系统的关系如图 9-1 所示。

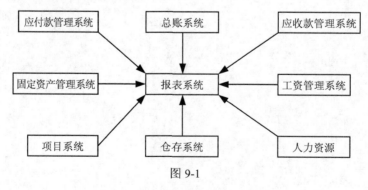

图 9-1

## 9.2　报表处理

　　报表系统为用户预设部分行业的报表模板，如资产负债表、利润表和利润分配表等。用户也可以利用公式向导更改取数公式，可以通过页面设置更改输出格式。下面以处理资产负债表为例,介绍报表的处理方法。

### 9.2.1 查看报表

(1) 以"陈静"的身份登录练习账套。在主界面窗口中选择【财务会计】→【报表】→【新企业会计准则】→【新会计准则资产负债表】,双击后弹出"报表系统"窗口,如图9-2 所示。

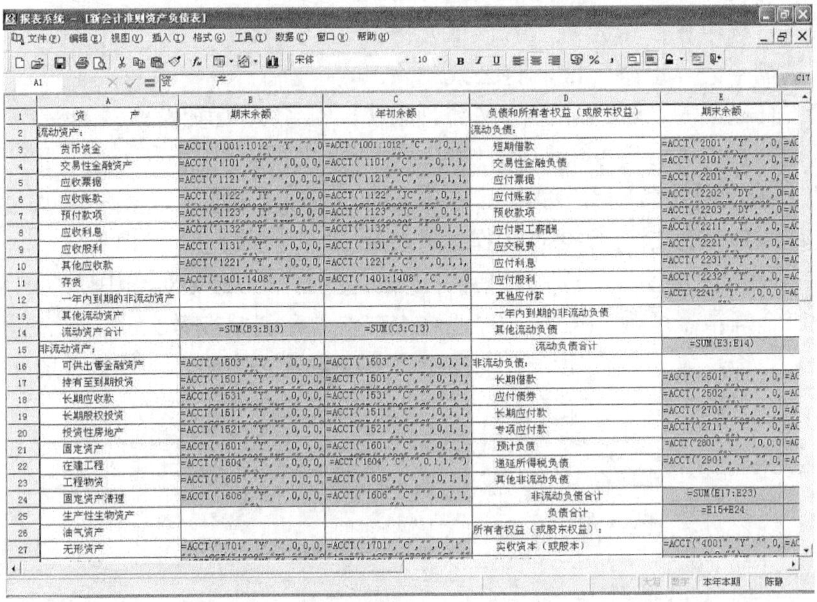

图 9-2

(2) 单击菜单【视图】→【显示数据】,窗口切换到数据状态,再单击菜单【数据】→【报表重算】,系统将计算出当前期间的数据,如图 9-3 所示。

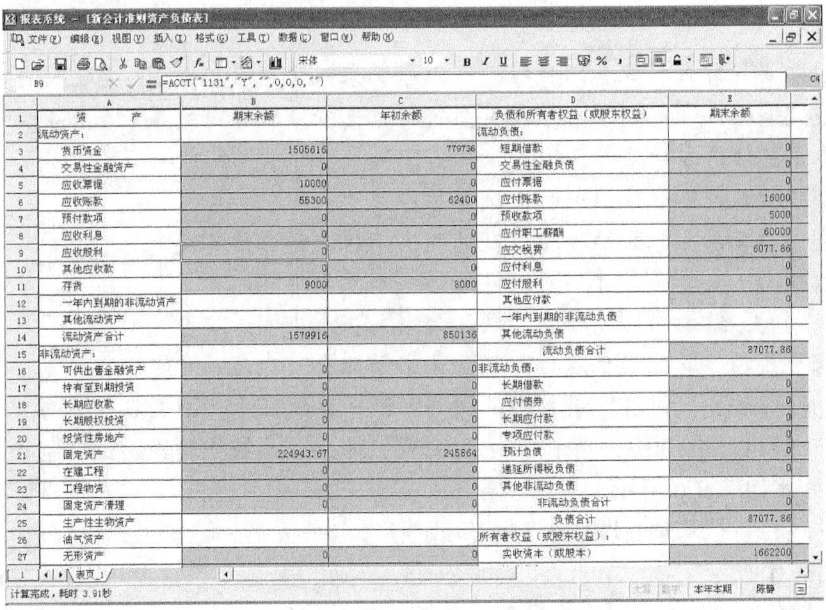

图 9-3

### 9.2.2 公式向导

在报表单元格中若显示"#科目代码错误",表示该公式设置有错误,需要删除后再修改。在单元格中设置公式的方法如下。

下面以在 B2 设置取"1001 库存现金"的期末数为例,介绍公式向导使用方法。

(1)单击菜单【视图】→【显示公式】,窗口切换到公式状态,选中 B2 单元格,若该单元格公式错误,按下键盘上的"退格"键,将公式删除。

(2)单击工具栏上的"fx(函数)"按钮,系统弹出"报表函数"窗口,如图 9-4 所示。

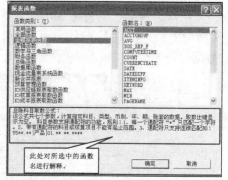

图 9-4

窗口左边显示"函数类别",如取工资数据时选择"工资取数函数",取报表数据时选择"金蝶报表函数";窗口右边显示的是该类别下的所有函数名;窗口下部是对选中函数的解释。

(3)选中"金蝶报表函数"类别下的"ACCT"(总账科目取数公式,请注意窗口下部的解释)函数,单击"确定"按钮,系统弹出"公式设置"窗口,如图 9-5 所示。

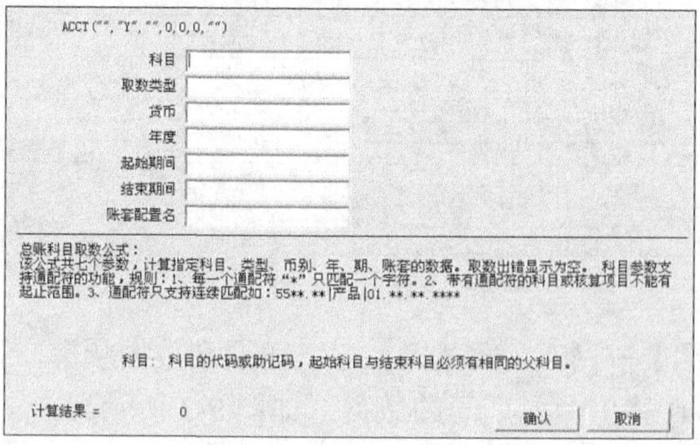

图 9-5

- **科目**:要取什么科目下的数据,可以手工录入,也可以按 F7 键进入向导设置。
- **取数类型**:按 F7 键弹出取数类型窗口,选择该科目下的期初数或期末数,或者是本年累计借方数据等。
- **币别**:若科目下有多币别时,选择币别。
- **年度**:手工录入取数的年度,默认为当前报表的会计年度。
- **起始期间**:起始的会计期间,默认为当前报表期间。
- **结束期间**:结束的会计期间,默认为当前报表期间。
- **账套配置名**:取数账套名称,默认为当前账套。

(4)将光标移动到"科目"录入框,按 F7 键,系统弹出"取数科目向导"窗口,科目代码处按 F7 键科目"1001",单击"填入公式"按钮,系统将所设定的科目范围显示在"科目参数"处,如图 9-6 所示。

若选择的科目有核算项目时,要进一步设置。

(5)科目范围设定完毕,单击"确定"按钮,返回"公式"设置窗口。在"取数类型"处按 F7 键,系统弹出取数类型选择窗口,如图 9-7 所示。

图 9-6

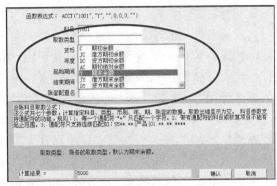
图 9-7

(6) 取数类型选择 "Y 期末余额", 其他保持默认值, 如图 9-8 所示。整个公式的解释是 "取科目 1001 当前账套年度和会计期间的期末数"。

(7) 单击 "确认" 按钮, 系统将设定的函数公式引入报表窗口, 如图 9-9 所示。

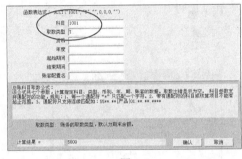
图 9-8

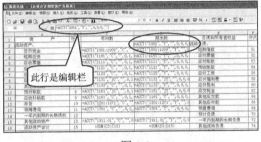
图 9-9

(8) 公式设置完成, 可以单击菜单【视图】→【显示数据】, 报表窗口切换到数据状态, 如果 B2 单元格数据是正确的, 表示公式设置正确。若不正确, 则返回按照前面步骤重新设置。

> **注意** 发现公式有错误时, 要检查公式中的科目代码是否引用正确。若科目代码引用正确, 则可能是多输入了某些字符, 如空格、逗号或文字等, 这些都不易查到, 要重新录入公式。

### 9.2.3 打印

报表输出为求美观, 要对报表格式进行设置 (如列宽、行高、字体和页眉页脚等内容)。下面以输出 "企业会计制度资产负债表" 为例, 介绍报表打印格式设置步骤。

(1) 修改列宽。方法有两种, 一种是用鼠标拖动, 如修改 C 列的宽度, 将光标移到 C、D 列之间的竖线位置, 当光标变成 "↔箭头" 时按住左键拖动, 将列宽拖动至适当位置即可; 另一种是选定要修改的列, 单击菜单【格式】→【列属性】, 系统弹出 "列属性" 窗口, 修改列宽为 250, 如图 9-10 所示。

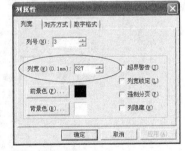
图 9-10

(2) 修改对齐方式。检查发现数值列的有些单元格对齐方式不统一, 选中要修改的数值列或单元格, 单击工具栏上的 "▤▤▤ (对齐方式)" 按钮, 有左对齐、居中对齐和右对齐等方式选择。在此选择"居中对齐"方式。

（3）设置打印时使用的纸张大小和方向。单击工具栏上的"打印预览"按钮，系统弹出"打印预览"窗口，发现该报表分两页输出，高度刚好打印完，宽度不够。单击窗口上的"打印设置"按钮，系统弹出"打印设置"窗口，将方向改为"横向"，单击"确定"按钮返回"打印预览"窗口，发现宽度满足要求而高度不够。在这种情况下，有两种方式供选择：第 1 种是在"打印设置"窗口中选择纸张大小为"A3"；第 2 种是更改文字大小、单元格高度、宽度等设置，使其能在一张 A4 纸上打印出来。

本练习采用第 2 种方式，纸张大小选择 A4，方向为"横向"打印。

图 9-11

（4）更改字体大小。单击"退出"按钮返回报表窗口。选定整个表格内容，如图 9-11 所示。

单击菜单【格式】→【单元属性】，系统弹出"单元属性"窗口，如图 9-12 所示。

单击窗口中的"字体"按钮，系统弹出"字体"设置窗口，大小选择"小五"，如图 9-13 所示。

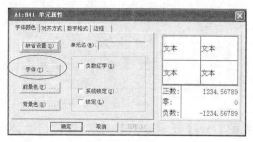

图 9-12

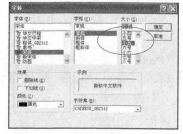

图 9-13

单击"确定"按钮返回单元属性窗口，再单击"确定"按钮返回报表，报表中的所有内容字体已变小，如图 9-14 所示。

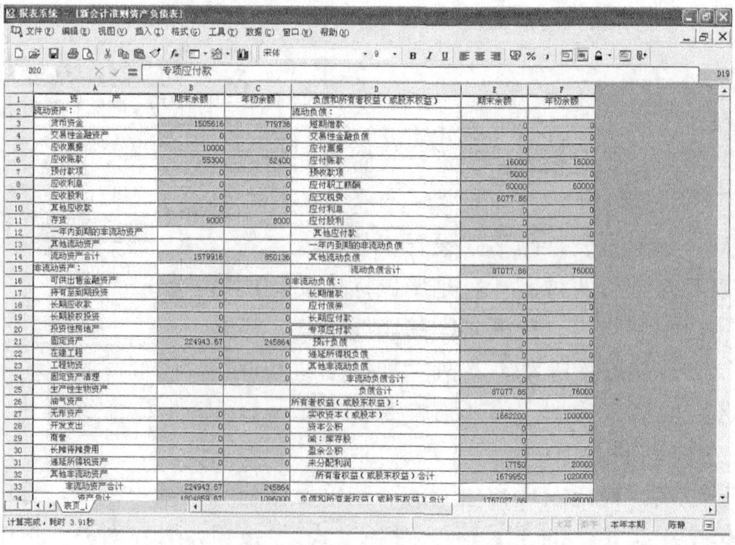

图 9-14

（5）压缩行高。全选整个表格，单击菜单【格式】→【行属性】，系统弹出“行属性”窗口，如图 9-15 所示。

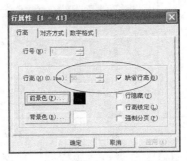

图 9-15

取消“缺省行高”的勾选，将行高修改为“45”，单击“确定”按钮返回报表窗口。

（6）单击工具栏上的“打印预览”按钮，系统进入“打印预览”窗口，如图 9-16 所示。

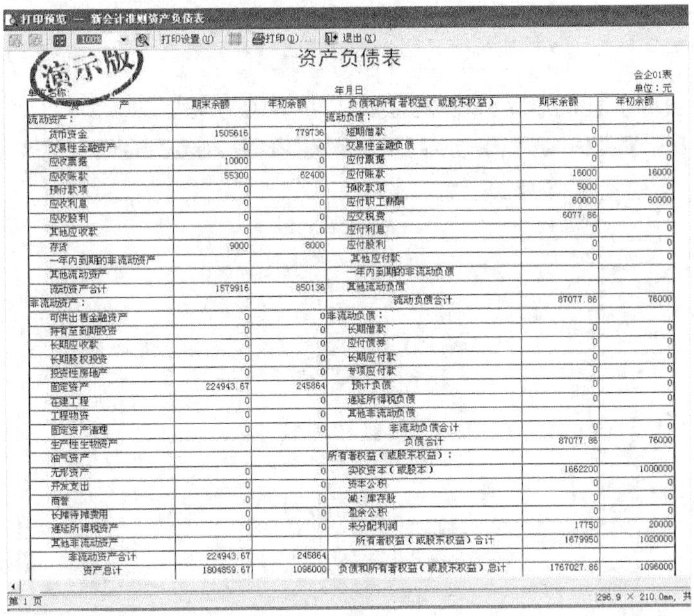


资产负债表

会企01表

单位名称：　　年月日　　单位：元

| 资　产 | 期末余额 | 年初余额 | 负债和所有者权益（或股东权益） | 期末余额 | 年初余额 |
|---|---|---|---|---|---|
| 流动资产： | | | 流动负债： | | |
| 货币资金 | 1505616 | 779736 | 短期借款 | 0 | 0 |
| 交易性金融资产 | 0 | 0 | 交易性金融负债 | 0 | 0 |
| 应收票据 | 10000 | 0 | 应付票据 | 0 | 0 |
| 应收账款 | 55300 | 62400 | 应付账款 | 16000 | 16000 |
| 预付款项 | 0 | 0 | 预收款项 | 5000 | 0 |
| 应收利息 | 0 | 0 | 应付职工薪酬 | 60000 | 60000 |
| 应收股利 | 0 | 0 | 应交税费 | 6077.86 | 0 |
| 其他应收款 | 0 | 0 | 应付利息 | 0 | 0 |
| 存货 | 9000 | 8000 | 应付股利 | 0 | 0 |
| 一年内到期的非流动资产 | | | 其他应付款 | 0 | 0 |
| 其他流动资产 | | | 一年内到期的非流动负债 | | |
| 流动资产合计 | 1579916 | 850136 | 其他流动负债 | | |
| 非流动资产： | | | 流动负债合计 | 87077.86 | 76000 |
| 可供出售金融资产 | 0 | 0 | 非流动负债： | | |
| 持有至到期投资 | 0 | 0 | 长期借款 | 0 | 0 |
| 长期应收款 | 0 | 0 | 应付债券 | 0 | 0 |
| 长期股权投资 | 0 | 0 | 长期应付款 | 0 | 0 |
| 投资性房地产 | 0 | 0 | 专项应付款 | 0 | 0 |
| 固定资产 | 224943.67 | 245864 | 预计负债 | 0 | 0 |
| 在建工程 | 0 | 0 | 递延所得税负债 | 0 | 0 |
| 工程物资 | 0 | 0 | 其他非流动负债 | | |
| 固定资产清理 | 0 | 0 | 非流动负债合计 | 0 | 0 |
| 生产性生物资产 | | | 负债合计 | 87077.86 | 76000 |
| 油气资产 | | | 所有者权益（或股东权益）： | | |
| 无形资产 | 0 | 0 | 实收资本（或股本） | 1662200 | 1000000 |
| 开发支出 | 0 | 0 | 资本公积 | 0 | 0 |
| 商誉 | 0 | 0 | 减：库存股 | 0 | 0 |
| 长摊待摊费用 | 0 | 0 | 盈余公积 | 0 | 0 |
| 递延所得税资产 | 0 | 0 | 未分配利润 | 17750 | 20000 |
| 其他非流动资产 | | | 所有者权益（或股东权益）合计 | 1679950 | 1020000 |
| 非流动资产合计 | 224943.67 | 245864 | | | |
| 资产总计 | 1804859.67 | 1096000 | 负债和所有者权益（或股东权益）总计 | 1767027.86 | 1096000 |

图 9-16

**注意** 在做格式调整时，建议多使用“打印预览”功能查看格式。若字体、行高、列宽已经设到最小还是不能满足要求，建议使用大的纸张进行打印或者分页打印。

（7）修改表头项目和页眉页脚。通过“打印预览”发现“编制单位”后面没有数据、没有报表“日期”。需在页眉页脚中修改，这样每页都可以看到。

① 单击菜单【格式】→【表属性】，系统弹出“报表属性”窗口，单击“页眉页脚”选项卡，选中第 3 行“单位名称”页眉，如图 9-17 所示。

也可以单击“预定义类型”下拉按钮选择预定义类型。

② 单击“编辑页眉页脚”按钮，系统弹出“自定义页眉页脚”窗口，在冒号后录入“兴旺实业有限公司”，再选中适当位置，单击工具栏上的“日期（D）”按钮插入日期函数，如图 9-18 所示。

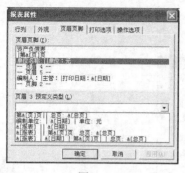

图 9-17

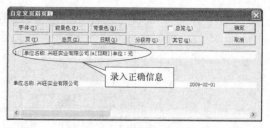

图 9-18

单击“确定”按钮，保存页眉修改并返回“报表属性”窗口，单击“确定”按钮保存所有页眉页脚的修改。

（8）单击工具栏上的“打印预览”按钮，系统进入“打印预览”窗口，如图 9-19 所示。通过预览发现当前修改已经基本符合输出要求。

**注意** 该报表的日期是计算机的当前日期，可以在出报表时更改计算机的系统日期。

请用同样的方法将“利润表”业务处理后进行格式的调整。

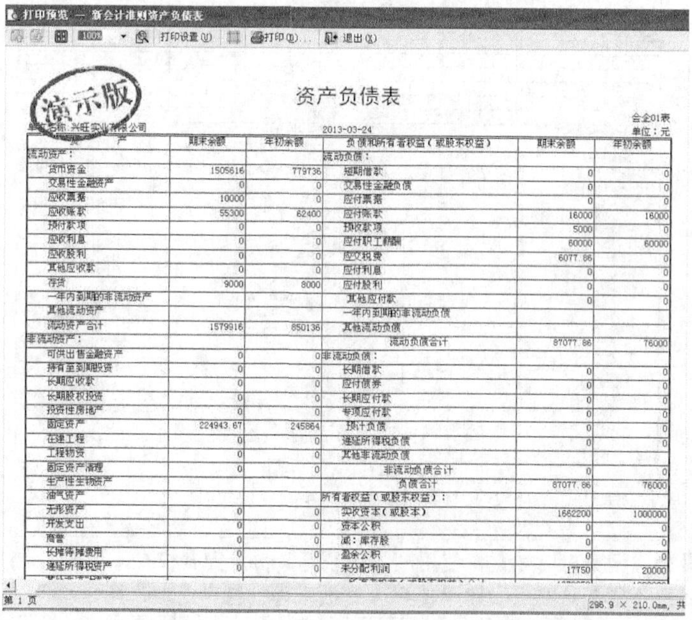


资产负债表

会企01表

单位名称：兴旺实业有限公司　2013-03-24　单位：元

| 资产 | 期末余额 | 年初余额 | 负债和所有者权益（或股东权益） | 期末余额 | 年初余额 |
|---|---|---|---|---|---|
| 流动资产： | | | 流动负债： | | |
| 货币资金 | 1505616 | 779736 | 短期借款 | 0 | 0 |
| 交易性金融资产 | 0 | 0 | 交易性金融负债 | 0 | 0 |
| 应收票据 | 10000 | 0 | 应付票据 | 0 | 0 |
| 应收账款 | 55300 | 62400 | 应付账款 | 16000 | 16000 |
| 预付款项 | 0 | 0 | 预收款项 | 5000 | 0 |
| 应收利息 | 0 | 0 | 应付职工薪酬 | 60000 | 60000 |
| 应收股利 | 0 | 0 | 应交税费 | 6077.86 | 0 |
| 其他应收款 | 0 | 0 | 应付利息 | 0 | 0 |
| 存货 | 9000 | 8000 | 应付股利 | 0 | 0 |
| 一年内到期的非流动资产 | | | 其他应付款 | 0 | 0 |
| 其他流动资产 | | | 一年内到期的非流动负债 | | |
| 流动资产合计 | 1579916 | 850136 | 其他流动负债 | | |
| 非流动资产： | | | 流动负债合计 | 87077.86 | 76000 |
| 可供出售金融资产 | 0 | 0 | 非流动负债： | | |
| 持有至到期投资 | 0 | 0 | 长期借款 | 0 | 0 |
| 长期应收款 | 0 | 0 | 应付债券 | 0 | 0 |
| 长期股权投资 | 0 | 0 | 长期应付款 | 0 | 0 |
| 投资性房地产 | 0 | 0 | 专项应付款 | 0 | 0 |
| 固定资产 | 224943.67 | 245864 | 预计负债 | 0 | 0 |
| 在建工程 | 0 | 0 | 递延所得税负债 | 0 | 0 |
| 工程物资 | 0 | 0 | 其他非流动负债 | | |
| 固定资产清理 | 0 | 0 | 非流动负债合计 | 0 | 0 |
| 生产性生物资产 | | | 负债合计 | 87077.86 | 76000 |
| 油气资产 | | | 所有者权益（或股东权益）： | | |
| 无形资产 | 0 | 0 | 实收资本（或股本） | 1662200 | 1000000 |
| 开发支出 | 0 | 0 | 资本公积 | 0 | 0 |
| 商誉 | 0 | 0 | 减：库存股 | 0 | 0 |
| 长摊待摊费用 | 0 | 0 | 盈余公积 | 0 | 0 |
| 递延所得税资产 | 0 | 0 | 未分配利润 | 17750 | 20000 |

图 9-19

### 9.2.4 自定义报表

下面以图 9-20 所示报表为例，介绍如何“自定义报表”。

（1）在主界面窗口中选择【财务会计】→【报表】→【新建报表】→【新建报表文件】，双击后弹出“报表系统”窗口。

（2）选择菜单【视图】→【显示公式】，录入文字项目。选定 A1 单元格，录入“客户名称”，以同样方法录入其他单元格的内容，如图 9-21 所示。

图 9-20　　　　　　　　　　　　　图 9-21

> **注意**　若要修改单元格内容，修改后单击"√"表示确定，不单击表示取消，此操作不能省略。修改报表内容、公式或自定义报表建议在"显示公式"状态下进行

（3）在 B2 单元格中取"应收账款"下"深圳科林"客户的本期期初数。选定 B2 单元格，单击工具栏上的"fx（函数）"按钮，系统弹出"报表函数"窗口，如图 9-22 所示。

（4）选择"常用函数"下的"ACCT（总账科目取数公式）"项，单击"确定"按钮，系统进入"公式"设置窗口，如图 9-23 所示。

 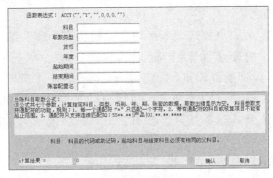

图 9-22　　　　　　　　　　　　　图 9-23

（5）在"科目"处按 F7 键，系统弹出"取数科目向导"，选择科目代码"1122"，选择核算类别"客户"，选择核算代码"01"，设置完成后单击"填入公式"按钮，将设置显示在"科目参数"栏中，如图 9-24 所示。

（6）单击"确定"按钮，保存取数设置并返回"公式"设置窗口，请注意窗口的变化。光标移到"取数类型"处按 F7 键，系统弹出"类型"窗口，如图 9-25 所示。

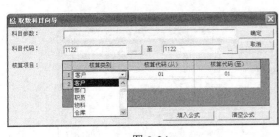 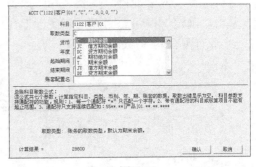

图 9-24　　　　　　　　　　　　　图 9-25

（7）选择"期初余额"类型，单击"确认"按钮保存该公式，以同样的方法录入其他单元格的公式，公式录入完成后选择【视图】→【显示数据】，系统根据所设置的公式自动计算出数据，如图 9-26 所示。

（8）隐藏多余的行和列。单击菜单【格式】→【表属性】，系统弹出"报表属性"窗口，如图9-27所示。

图9-26

图9-27

报表属性窗口主要设置报表的行列、外观和页眉页脚等。

① 行列选项卡：包含总行数、总列数、冻结行数、冻结列数和缺省行高。

② 外观选项卡：包含前景色、背景色、网格色、缺省字体、是否显示网格以及公式或变量底色。

③ 页眉页脚选项卡：包含页眉页脚内容、编辑页眉页脚、编辑附注和打印预览。

④ 打印选项选项卡：包含标题行数、标题列数、是否彩打、是否显示页眉页脚以及表格、页脚是否延伸。勾选页脚延伸，表示页脚定位于页面底部，反之页脚显示在表格后。

⑤ 操作选项选项卡：包含自动重算和人工重算。人工重算时，按F9键或单击菜单【数据】→【报表重算】时才会重算。当编辑大量单元公式并且计算较慢时，该选项较为合适。

在行列选项卡中将"总行数"修改为"5"，"总列数"修改为"5"，缺省行高修改为"55"，在外观选项卡中将字体修改为"小四"，设置完成后单击"确定"按钮，返回"报表"窗口，若部分项目没有显示或列宽过大，可以调整列宽。

（9）选中第1列，选择【格式】→【单元属性】，将前景色改为"白色"，背景色改为"黑色"，单击"确定"按钮返回"报表"窗口。

（10）选择【格式】→【表属性】，双击后弹出"报表属性"窗口，单击"页眉页脚"选项卡，选中"报表名称"页眉，单击"编辑页眉页脚"按钮，系统弹出"自定义页眉页脚"窗口，在录入框中将"报表名称"改为"应收账表"，如图9-28所示。

单击"确定"按钮返回"报表属性"窗口，以同样的方法在"单位名称"页眉后增加"兴旺实业有限公司"，如图9-29所示。

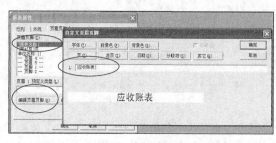

图9-28

图9-29

（11）单击“确定”按钮保存设置，单击工具栏上的“预览”按钮，系统弹出“打印预览”窗口，如图 9-30 所示。

（12）单击“关闭”按钮返回“报表”窗口，选择【文件】→【保存】，将当前自定义报表保存起来，供以后随时调用。

至此整个报表的定义工作结束。

应收账表

第1页

单位名称：兴旺实业有限公司

| 客户名称 | 本期期初 | 本期增加货款 | 本期收款 | 本期余额 |
| --- | --- | --- | --- | --- |
| 深圳科林 | 28600 | 2500 | 20000 | 11100 |
| 东莞丽明 | 8800 | 7500 | 7500 | 8800 |
| 深圳爱克 | 25000 | 12600 | 12600 | 25000 |
| 深圳永昌 | 0 | 15400 | 5000 | 10400 |

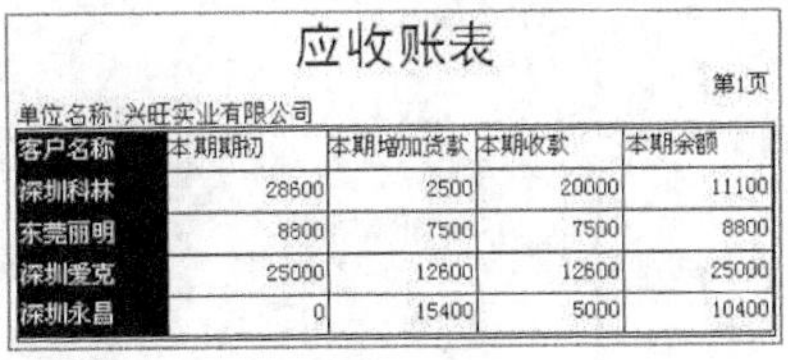

图 9-30

### 9.2.5　常用菜单

#### 1．图表

金蝶报表系统为用户提供了图表分析功能，在需要的报表中选中要建立的图表区域，可以建立柱形图、线段图和台阶图形等。

【例】在“9.2.4 应收账表”中进行图表练习。

（1）首先打开刚才所保存的自定义报表，选中整个表格，单击菜单【插入】→【图表】，系统弹出“图表向导”窗口，如图 9-31 所示。

在“图表类型”窗口中选择要生成的图表形状（如平面柱形图、立体线段图和平面区域图等）。

（2）选择“平面柱形图”，单击“下一步”按钮切换到“数据源”窗口，如图 9-32 所示。

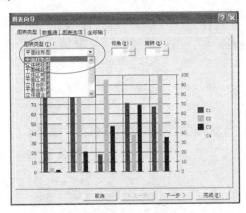

图 9-31

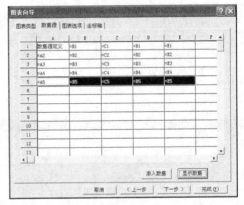

图 9-32

- **添入数据**：在显示数据状态下，单击“添入数据”，可以添入数据源。方法是单击想添入数据的单元格，再单击“添入数据”按钮。数据来源有两种，一种是来源于报表中被选中的单元格或区域；另一种是直接手工录入。
- **显示数据**：填入单元格中的坐标变为报表中相应单元格的值，同时按钮变为“显示定义”。“添入数据”变为“刷新数据”，可以对数据刷新，此时不能添入数据，必须切换为“显示数据”才可添入数据。

（3）单击“下一步”按钮，系统弹出“图表选项”窗口，图表标题录入“应收账款表”，数据系列选中“定义于行”，如图 9-33 所示。

（4）单击“下一步”按钮，系统弹出“坐标轴”窗口，X 轴标题录入“款项类型”并选中“显示刻度”，Y 轴标题录入“金额”，如图 9-34 所示。

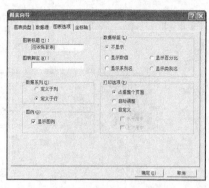
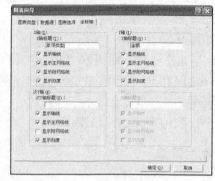

图 9-33　　　　　　　　　　　图 9-34

（5）单击"完成"按钮，系统根据图表向导中所设置的内容生成图表，如图 9-35 所示。

若对图表不满意，可以单击菜单"图表属性"下的相应子菜单进行设置。单击"保存"按钮保存当前图表。

### 2．单元融合

单元融合是对选中的两个或两个以上的单元格合并成 1 个单元格，选中的单元格必须是相邻的。该功能位于菜单"格式"下。

若取消单元合并，则单击菜单"格式"下的"解除融合"命令即可。

### 3．公式取数参数

当账套已经完成多个期间的业务处理工作，如现在是 2013 年 8 期，报表也正处于当前期间，需要返回查询一下"2013 年 2 期"的报表数据，可以通过"公式取数参数"设置实现。

单击菜单"工具"下的"公式取数参数"命令，系统弹出"设置公式取数参数"窗口，如图 9-36 所示。

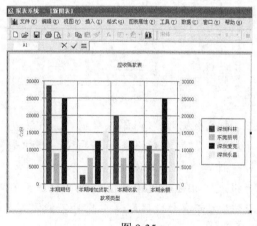
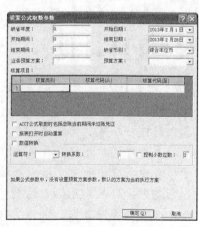

图 9-35　　　　　　　　　　　图 9-36

- **缺省年度**：默认当前期间。可以手工录入。
- **开始期间、结束期间**：默认当前期间。可以手工录入所需要的期间。
- **开始日期、结束日期**：针对按日取数的函数。

- **核算项目**：在公式取数参数中提供核算项目选择，减少定义报表取数公式的工作量。若公式中包含有核算项目参数，报表重算时以具体的核算项目取数；公式中没有核算项目参数，报表重算时以在"公式取数参数"中选择的核算项目取数。
- **ACCT 公式取数时包括总账期间未过账凭证**：勾选此选项，在 ACCT 函数进行取数计算时，会包括账套当前期间的未过账凭证。
- **报表打开时自动重算**：勾选此选项，在每次打开报表时都会自动对报表进行计算。不勾选，打开报表时将显示最后一次计算后的结果。
- **数值转换**：可以对报表的数据进行乘或除的转换。

4．报表重算

报表重算是系统根据公式重新计算数据。

报表重算功能位于菜单"数据"下。

## 9.3 课后习题

（1）报表中的公式有错误，可能的原因是什么？

（2）如何修改单元格的内容？

（3）自定义报表应在什么状态下编辑？

（4）自定义"应付账款"的报表。

# 第 10 章 财务分析系统

> **学习重点**
> - 分析方法选择
> - 财务指标分析
> - 自定义报表分析
> - 因素分析

## 10.1 系统概述

金蝶 K/3 财务分析系统提供报表分析、指标分析、因素分析和预算管理分析功能。

### 1. 系统结构

财务分析系统与总账系统的关系如图 10-1 所示。

图 10-1

财务分析系统利用公式提取总账系统中的数据。

### 2. 系统功能

（1）自定义报表分析。财务分析系统提供了对资产负债表、损益表和利润报表的分析，运用结构分析、比较分析和趋势分析 3 种分析方法。

① 结构分析：对某一指标的各组成部分占总体的比重进行分析，如应收账款中各客户余额的百分比、产品销售收入中各个产品收入占总收入的比重等。

② 比较分析：对同口径的财务指标在不同期间的比较，借以揭示其增减金额及增减幅度。系统提供了月、季、年和预算数 4 个选项。

③ 趋势分析：对事物在不同时间阶段上的变化趋势的分析，能够揭示企业财务指标或损益指标的变动规律，借以对企业未来的经济活动进行预测和规划。趋势分析又分为绝对数趋势分析和相对数趋势分析两种。

- **绝对数趋势**：是指某指标在本年各月、各季以及各年之间并行排列，借以观察其发展的动态趋势和规律。
- **相对数趋势分析**：是指某期与一个基期相比的变化趋势，由于基础的不同，又可以分为定基分析（各期与指定基期相比，变动额、变动幅度的趋势）和环比分析（各个会计期间指标分别与上期相比的发展趋势）。

（2）指标分析。指标分析是指通过计算各种财务指标的方法来了解企业的经营和收益情况（如通过计算应收账款周转率可以了解企业资金回笼的速度；通过资产负债率可以了解企业的负债总额占总资产的比重，确定企业的融资和投资方案等）。

（3）因素分析。因素分析是指选定某一个因素进行分析，可以是收入、利润，也可以是某一个产品的成本构成，因素的设定由用户自己确定。在确定了因素和因素分析的方法之后，可以对该因素进行各种分析。

## 10.2　日常处理

日常处理主要包括报表查询、项目设置和输出等内容。

### 10.2.1　报表分析

下面以查看"资产负债表"的分析情况为例，介绍报表分析的使用方法。

**1．查看分析**

选择【财务会计】→【财务分析】→【自定义报表分析】→【（报表分析）资产负债表】，双击后弹出资产负债表的"结构分析"窗口，如图10-2所示。

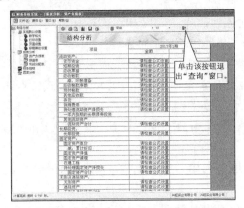

图10-2

**2．报表项目设置**

报表项目设置用于设置报表的项目名称、定义项目取数公式以及数字格式。
"资产负债表"报表项目设置步骤如下。

（1）单击工具栏上的"退出"按钮，关闭报表分析窗口，右击选中左侧的"资产负债表"，系统弹出"快捷菜单"，如图10-3所示。

图10-3

**注意** 只有"退出"报表分析状态，右键快捷菜单才能激活。

(2) 选择菜单中的"报表项目"项，系统弹出"报表设置"状态窗口，如图10-4所示。

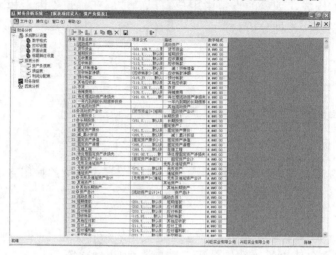

图 10-4

在窗口中可以对表的行进行插入、删除和追加操作，对文字进行剪切、复制和粘贴操作，设置完成，单击"保存"按钮保存当前设置。

(3) 在"报表项目"设置窗口中，发现该表项目公式中的科目代码是3位，而本账套引入的"企业会计制度"科目有4位，所以要修改项目公式。双击第2行的项目公式，系统弹出"公式定义向导"窗口，如图10-5所示。

① 账上取数选项卡，是指利用公式向导在默认账套上提取总账科目数据，选择账套、科目等即可。

② 表间取数选项卡，是指利用公式向导在已存有的报表中提取某个项目的数据，如图10-6所示。

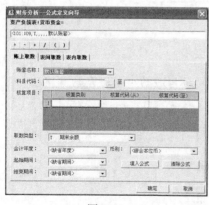

图 10-5

图 10-6

可以从本账套已有的账务分析报表中取数，选中窗口左侧的报表类型，再选中窗口右侧的项目，单击"填入公式"按钮即可。

③ 表内取数选项卡，是指利用公式在当前报表中提取某个项目的值，如图10-7所示。

(4) 录入正确公式。在"账上取数"选项卡中单击"清除公式"按钮，删除错误公式。

设置科目代码"1001至1009",选择取数类型"Y 期末余额",其他保持默认值,单击"填入公式"按钮,将所设置的公式定义填写到录入框,如图10-8所示。

 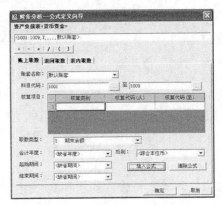

图 10-7　　　　　　　　　　　　　　　图 10-8

(5)单击"确定"按钮,保存设置并返回"报表项目"设置窗口,以同样的方法修改其他项目公式,修改完成后,单击工具栏上"保存"按钮保存当前项目设置工作,单击工具栏上的"退出"按钮退出"报表项目"设置窗口。

(6)双击窗口左侧"报表分析"下的"资产负债表",系统经过计算后弹出"资产负债表"的分析窗口,如图10-9所示。

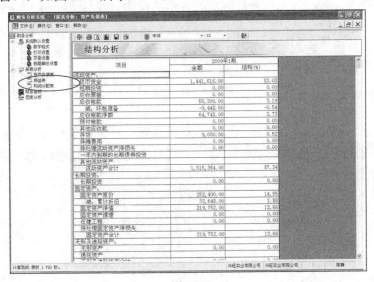

图 10-9

### 3. 分析方式

报表分析有结构分析、比较分析和趋势分析3种分析方法,不同方法有不同的选项。

在"资产负债表"报表分析窗口中单击工具栏上的"分析方式"按钮,系统弹出"报表分析方式"窗口,如图10-10所示。

在窗口中选中结构分析,设置完成后单击"确定"按钮,系统会计算出数据。

在"资产负债表"分析窗口中单击工具栏上的"图表分析"按钮,系统会根据当前的分析结果自动生成"图表",如图10-11所示。

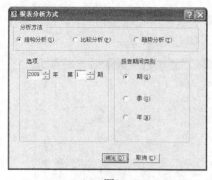
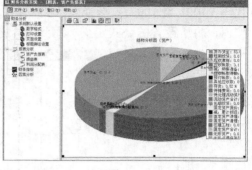

图 10-10　　　　　　　　　　图 10-11

以同样方法对"损益表"和"利润分配表"进行查看、修改。

4．自定义报表分析

若系统预设的资产负债表、损益表和利润分配表无法满足分析要求，可以自定义报表进行分析。

建立自定义报表分析有两种方法，第1种是直接从科目中取数进行分析（即自定义报表公式取数）；第2种是将系统生成的报表引入分析。下面以分析客户的欠款情况为例，介绍第1种方法的操作。

（1）在"财务分析"管理窗口中右击选中窗口左侧的"报表分析"，系统弹出快捷菜单，如图10-12所示。

图 10-12

（2）单击"新建报表"功能，系统弹出"新建报表向导"窗口，录入名称"应收账款1"，如图10-13所示。

（3）单击"下一步"按钮，系统弹出"数据源设置"窗口，如图10-14所示。

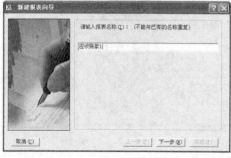

图 10-13　　　　　　　　　　图 10-14

在此选择"账套名称"中的"默认账套"，其他保持默认值，单击"下一步"按钮，系统进入"报表项目生成器"窗口，如图10-15所示。

（4）核算类别选择"客户"，请注意核算科目和核算项目的变化，选择取数类型"Y期末余额"，选中核算科目下的"1131"，选中核算代码"01"，单击"增加"按钮，核算代码选中"02"，单击"增加"按钮，核算代码选中"03"，单击"增加"按钮，核算代码选中"04"，单击"增加"按钮，新生成的项目如图10-16所示。

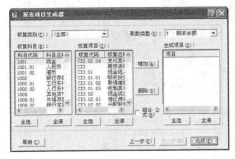
图 10-15

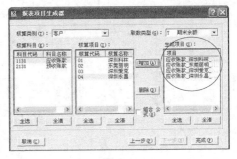
图 10-16

单击"完成"按钮，系统弹出提示窗口，如图 10-17 所示。
单击"是"按钮，系统弹出"报表项目"设置窗口，如图 10-18 所示。

图 10-17

图 10-18

（5）修改描述栏中项目多余的内容，修改"数字格式"为无格式，如图 10-19 所示。

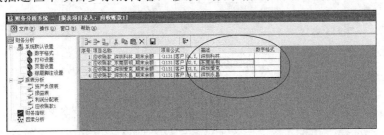
图 10-19

（6）单击工具栏上的"追加"按钮，在报表尾部新增一条空白记录，录入项目名称"合计"、描述"合计"，数字格式选择无格式，双击"项目公式"，系统弹出"公式定义向导"窗口，切换到"表内取数"窗口，依次选中第 1 至第 4 条记录，单击"填入公式"，公式为"[应收账款_深圳科林_期末余额]+[应收账款_东莞丽明_期末余额]+[应收账款_深圳爱克_期末余额]+[应收账款_深圳永昌_期末余额]"，如图 10-20 所示。

图 10-20

单击"确定"按钮，将该公式填写到"项目公式"中，单击工具栏上的"保存"按钮保存当前设置，单击"退出"按钮退出"报表项目"设置窗口。

（7）双击"报表分析"下的"应收账款 1"，系统弹出"结构分析"窗口，如图 10-21 所示。

在窗口中单击工具栏上的"分析方式"按钮，可以选择不同的分析方式进行报表分析。

图 10-21

### 10.2.2 财务指标

在"财务分析"窗口中选中"财务指标"右击,系统弹出快捷菜单,选择"指标分析"功能,系统弹出"指标分析"窗口,如图 10-22 所示。

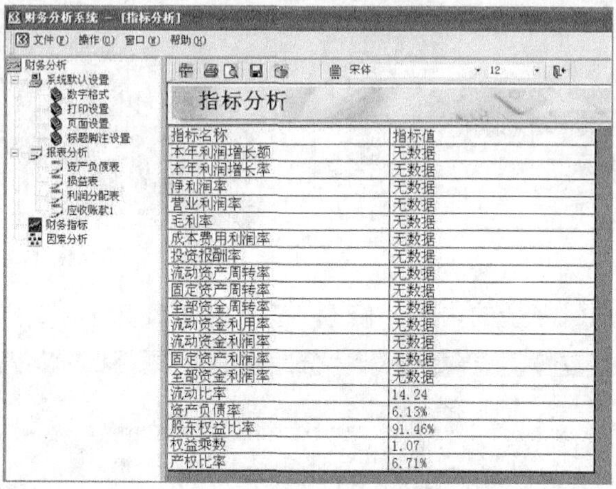

图 10-22

若要修改指标项目内容,需退出"指标分析"窗口,选中"财务指标"右键单击,系统弹出快捷菜单,选择"指标定义",系统弹出"报表项目"设置窗口,如图 10-23 所示。

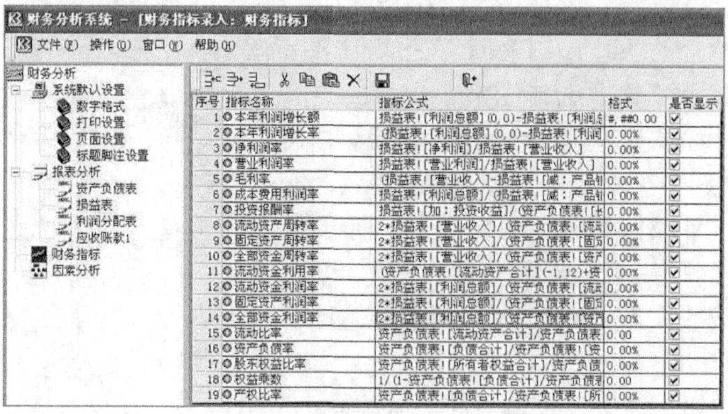

图 10-23

> **注意** 根据指标公式可知,指标分析的数据来源是"报表分析"下的"损益表"数据,所以只有"损益表"数据正确,指标分析出的数据才能正确。

根据"损益表"数据修正公式,再进行指标分析。

## 10.3　课后习题

（1）财务分析系统提供几种分析功能？
（2）报表分析有几种分析方式？
（3）报表项目功能在什么情况下被激活？
（4）公式定义向导提供几种取数方式？

# 第11章 现金流量表系统

> **学习重点**
> - 设置报表方案
> - 凭证查询
> - 提取数据
> - 指定项目
> - T形账户
> - 现金流量表查询

## 11.1 系统概述

现金流量表系统可以处理所有期间的数据,账套中所有凭证不论是否过账、是否审核、会计期间是否结账,系统均可以编制报表。

### 1. 系统结构

现金流量表系统与其他系统的关系如图 11-1 所示。

图 11-1

现金流量表系统提取总账系统凭证分录中"现金类科目"的数据,再根据指定现金流量项目生成现金流量表。

### 2. 系统功能

(1) T形账户:从现金类科目的T形账户可以确定现金的流向。
(2) 附表项目:查看附表项目数据。
(3) 现金流量表:查询提取现金数据后的流量表情况。
(4) 现金流量查询:查询涉及现金流量的凭证信息。

### 3. 应用流程

现金流量表的操作流程有两种:
(1) 凭证处理界面→指定现金流量项目→编制现金流量表
(2) 查询T形账户→指定现金流量项目→编制现金流量表

## 11.2 初始设置

初始设置的工作是选择现金、银行存款和现金等价物科目。操作是：选择【系统设置】→【基础资料】→【公共资料】→【科目】，双击后弹出"会计科目"窗口，双击"1001.01——人民币"科目，系统弹出"会计科目—修改"窗口，如图 11-2 所示。

图 11-2

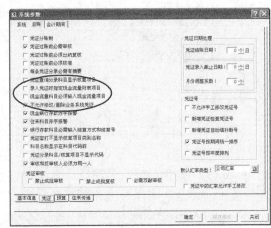

图 11-3

会计科目属性中选择有现金科目、银行科目或现金等价物其中任意一项，该会计科目就会参与现金流量表的编制。

当总账参数中选择有"现金流量科目必须输入现金流量项目""录入凭证时指定现金流量附表项目"后，如图 11-3 所示，若录入凭证中的现金流量科目没有指定现金流量项目或附表项目，凭证无法保存。

## 11.3 日常处理

日常处理主要是进行现金流量项目的指定，以及查询现金流量表等操作。

### 11.3.1 通过凭证指定现金流量项目

（1）以"陈静"的身份登录本账套。选择【财务会计】→【总账】→【凭证处理】→【凭证查询】，双击后弹出"会计分录序时簿"窗口，选中"记-1"凭证，单击工具栏上"流量"按钮，系统弹出"现金流量项目指定"窗口，如图 11-4 所示。

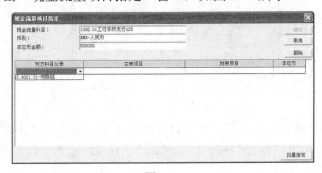

图 11-4

（2）单击"对方科目分录"下拉按钮，弹出列表，选择"4001.01-何陈钰"。

（3）光标移至"主表项目"，按 F7 键，系统弹出"现金流量项目"窗口，单击"浏览"按钮切换到浏览状态窗口，如图 11-5 所示。

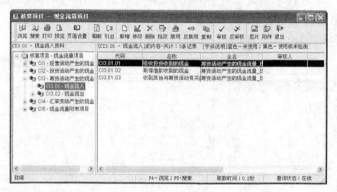

图 11-5

（4）选中"C13"下的"C13.01-现金流入"，然后双击右侧窗口"C13.01.01-吸收投资收到的现金"项目，并返回"现金流量项目指定"窗口，如图 11-6 所示。

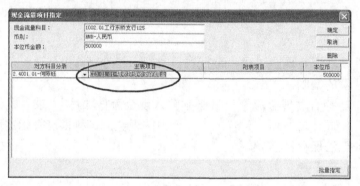

图 11-6

（5）单击"确定"按钮保存设置。

（6）查看指定后的现金流量表效果。选择【财务会计】→【现金流量表】→【现金流量表】→【现金流量表】，双击后弹出过滤窗口，如图 11-7 所示。

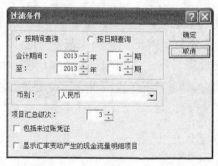

图 11-7

在过滤窗口，可以设置查询方式，可以设定查询币别、是否包括未过账凭证等设置。

（7）保持默认值，单击"确定"按钮，系统弹出"现金流量表"窗口，如图 11-8 所示。

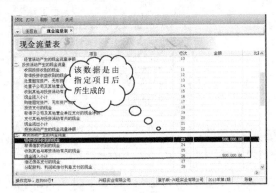

图 11-8

现金流量表中的"500000"即为刚才通过凭证方式指定流量项目后自动提取的数据。

### 11.3.2 T 形账户

选择【财务会计】→【现金流量表】→【现金流量表】→【T 形账户】，双击后弹出过滤窗口，如图 11-9 所示。

"币别"选择"综合本位币"，其他保持默认条件，单击"确定"按钮进入"T 形账户"窗口，如图 11-10 所示。

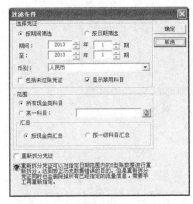

图 11-9

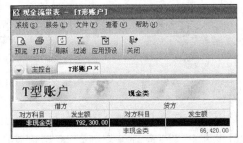

图 11-10

在窗口中选中相应记录右击，系统弹出快捷菜单，可以选择展开方式。如选中"非现金类"项右击，在弹出的菜单中选择"按下级科目展开"方式，展开后的结果如图 11-11 所示。

右击选中"1122-应收账款"记录，在弹出的菜单中选择"选择现金项目"，系统弹出提示窗口，如图 11-12 所示。

单击"是"按钮，系统弹出"现金流量项目"窗口，如图 11-13 所示。

选择"经营活动产生的现金"下的"现金流入"下的"销售商品、提供劳务收到的现金"项目，双击返回"T 形账户"，表示设置成功。

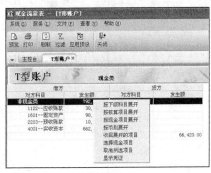

图 11-11

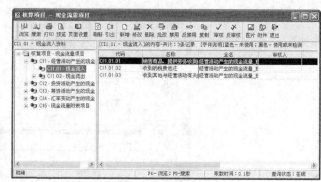

图 11-12　　　　　　　　　　　图 11-13

要查看"现金流量项目"指定是否成功,可在"现金流量表"查看窗口中进行查看。选择【财务会计】→【现金流量表】→【现金流量表】→【现金流量表】,双击后弹出过滤窗口,保持默认条件,确定后弹出"现金流量表",如图 11-14 所示。

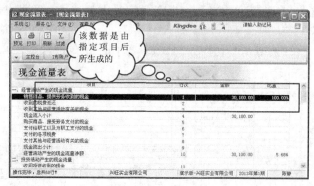

图 11-14

### 11.3.3　现金流量查询

现金流量查询是查询涉及现金流量科目的凭证,选择【财务会计】→【现金流量表】→【现金流量表】→【现金流量查询】,双击后弹出过滤窗口,如图 11-15 所示。

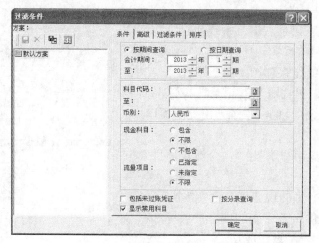

图 11-15

保持默认条件,单击"确定"按钮,弹出"现金流量查询"窗口,如图 11-16 所示。

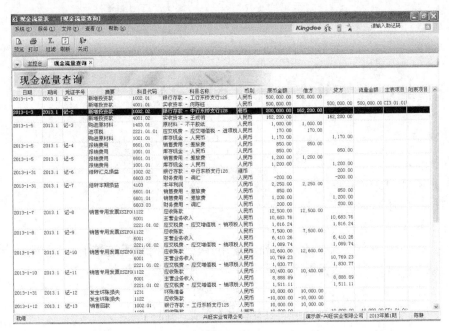

图 11-16

在窗口中可以查询到该凭证是否已指定现金流量项目,以及指定的现金流量项目信息。

# 第 12 章 高级应用

---学习重点---

- 消息中心
- 引出文件
- 网络版连接测试
- 基础数据引入引出

本章重点讲述应用金蝶 K/3 的一些高级应用技巧，如网络版连接的测试方法、利用消息中心在局域网中传递信息以及基础数据的引入引出等操作。

## 12.1 网络版连接测试

网络版是客户端连接到中间层服务器后联网运行的，不同客户端可以操作与自己业务相关的模块系统。如 A 客户端使用总账系统，B 客户端使用报表系统；若总账系统是多用户的，B 客户端也可同时操作总账系统，他们之间不会冲突。

客户端只有与服务器连接测试通过后才能正常使用金蝶 K/3 系统，测试的前提是客户端与服务器同处在一个局域网内，并且客户端上的用户有访问服务器的权限。测试步骤如下。

（1）在客户端单击【开始】→【程序】→【金蝶 K/3 WISE 创新管理平台】→【金蝶 K3 工具】→【客户端工具包】，如图 12-1 所示。

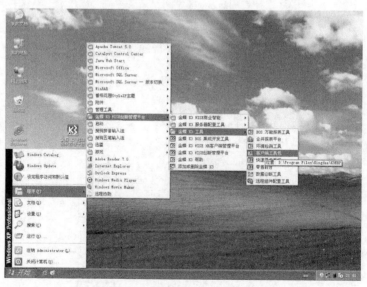

图 12-1

系统弹出"金蝶 K/3 客户端工具包"窗口，如图 12-2 所示。

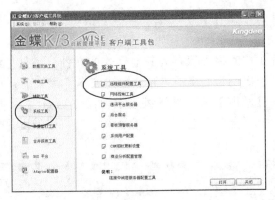

图 12-2

（2）选择"系统工具"下的"远程组件配置工具"，单击"打开"按钮，系统弹出"金蝶组件配置及测试工具"窗口，如图 12-3 所示。

图 12-3

（3）在窗口中选中"按模块设置中间层服务器"项。在"服务器"处选择正确的服务名称后单击"测试"按钮，系统开始测试，如图 12-4 所示。

测试通过后，系统弹出提示窗口，如图 12-5 所示。

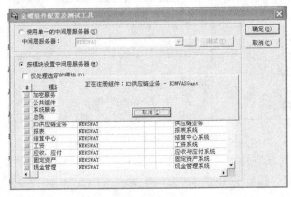

图 12-4　　　　　　　　　　图 12-5

若系统没有通过测试也会弹出提示窗口，可以查看网络是否连通，也可以请专业人员处理。

该功能适用于计算机上单独安装"金蝶客户端"程序时使用。

## 12.2 引出文件

引出文件是指将系统生成的报表保存为其他格式的文件,供其他程序调用和处理。本账套中的所有凭证引出均为 Excel 文件,具体操作步骤如下。

选择【财务会计】→【总账】→【凭证处理】→【凭证查询】,双击后弹出"过滤"窗口,选中窗口下部的两个"全部"选项,单击"确定"按钮弹出"会计分录序时簿"窗口,如图 12-6 所示。

图 12-6

单击菜单【文件】→【引出】,系统弹出"引出'会计分录序时簿'"窗口,选中"MS Excel 97-2000(*.xls)"类型,如图 12-7 所示。

单击"确定"按钮,系统弹出"选择 EXCEL 文件"窗口,选择要保存的位置和保存的文件名,如图 12-8 所示。

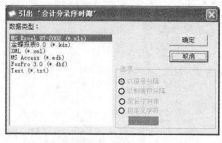
图 12-7

图 12-8

单击"保存"按钮,系统后台处理后弹出"数据引出"窗口,设置表名,如图 12-9 所示。在此采用默认值,单击"确定"按钮,稍后系统弹出提示窗口,如图 12-10 所示。

图 12-9

图 12-10

单击"确定"按钮,全部引出工作完成。

## 12.3 数据引入引出

基础资料中的客户、部门和职员等内容可能已有 EXCEL 格式文件,只要简单修改该文件的各列项目,就可以引入账套中。该功能应用较多的地方是初始化设置工作,如基础工作的物料设置非常复杂,需要逐一录入,而公司已有 Excel 文件,只要简单修改格式即可导入系统。

能引入的数据包括工业数据(各种出入库单据和 BOM 资料)、固定资产数据、基础资料、(币别、部门和职员等)、商业数据和增值税发票。

> **注意** 数据引入引出与前面所讲的"引出"功能不同,前面讲的引出是将报表引出为其他格式文件的过程,数据引入引出主要是针对账套中基础数据的操作(如出、入库单据)。

下面以引入"基础资料"中的"客户"信息为例,介绍引入引出的操作方法。

(1)引入一个标准格式文件作为基准文件。选择【开始】→【程序】→【金蝶 K/3 WISE 创新管理平台】→【金蝶 K3 工具】→【客户端工具包】,双击后弹出"金蝶 K3 客户端工具包"窗口,选择"BOS 平台"下的"BOS 数据交换平台"项,如图 12-11 所示。

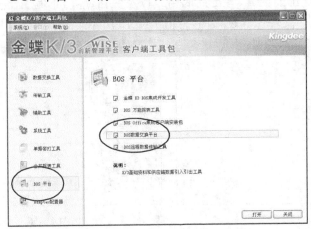

图 12-11

(2)单击"打开"按钮,系统弹出"登录"窗口,账套选择"兴旺实业有限公司",用户名为"陈静",单击"确定"按钮,系统弹出"数据交换平台"窗口,如图 12-12 所示。

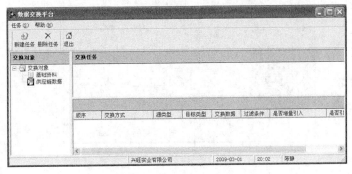

图 12-12

(3) 先选中左侧窗口下的"基础资料"项目，再单击工具栏上的"新建任务"按钮，系统弹出"基础资料数据导入导出向导"窗口，如图 12-13 所示。

(4) 单击"下一步"按钮，系统弹出"请选择要实现的操作："窗口，如图 12-14 所示。

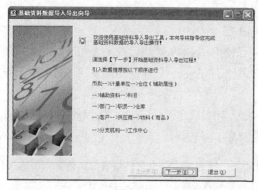
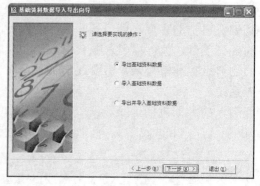

图 12-13　　　　　　　　　　图 12-14

(5) 选中"导出基础资料数据"项，单击"下一步"按钮，系统弹出"请选择导出源账套："信息窗口，如图 12-15 所示。

(6) 账套选择"001"，用户名为"陈静"，单击"下一步"按钮，系统弹出"导出设置"窗口，要求选择要导出的数据、导出后的格式以及保存位置。本例引出格式选择"Excel"，导出数据选择"客户"，文件保存在桌面，如图 12-16 所示。

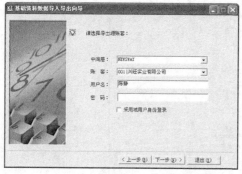

图 12-15　　　　　　　　　　图 12-16

(7) 单击"下一步"按钮，系统弹出"任务执行"窗口，如图 12-17 所示。

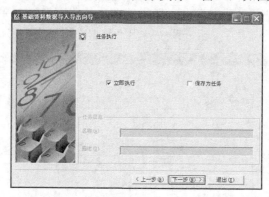

图 12-17

(8) 勾选"立即执行"选项，单击"下一步"按钮，稍后系统提示导出成功，单击"退出"按钮结束"导出"工作。

（9）打开桌面上的"客户.xls"文件，如图12-18所示。

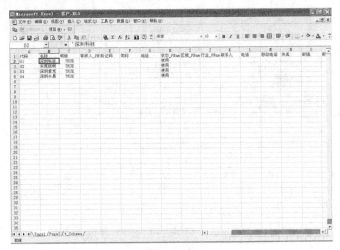

图12-18

（10）将第5行整行内容复制到第6行，然后删除第2～5行的数据，将代码修改为"05"（在编辑栏中修改），名称修改为"小太阳"，其他保持默认值，如图12-19所示。保存当前文件并退出。

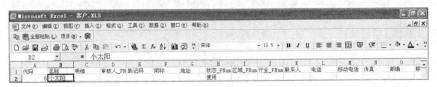

图12-19

（11）切换回"数据交换平台"窗口，选中"基础资料"，单击"新建任务"按钮，系统弹出向导窗口，单击"下一步"按钮，选择"导入基础资料数据"项，如图12-20所示。

（12）单击"下一步"按钮，系统弹出"请选择导入目标账套："窗口，如图12-21所示。

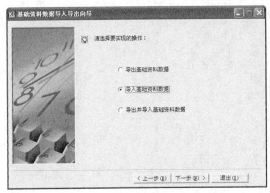          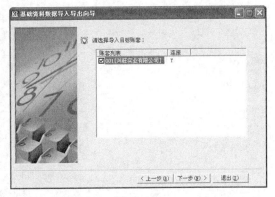

图12-20                  图12-21

（13）选中"001"账套，单击"下一步"按钮，系统弹出导入设置窗口，在导入格式处选择"EXCEL"，导入类别选择"客户"，导入模式选择"追加模式"，引入文件存放路径指定桌面，如图12-22所示。

－305－

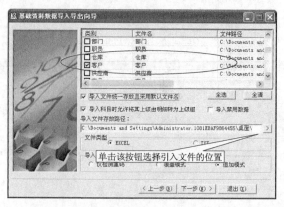

图 12-22

（14）单击"下一步"按钮，弹出"任务执行"窗口，选择"立即执行"，单击"下一步"按钮，系统开始导入，导入完成后会显示导入信息。

（15）查看是否导入成功。登录账套，进入客户档案查询窗口，05 即为刚才导入成功的客户资料，如图 12-23 所示。

图 12-23

# 附录　习题答案

## 第 1 章　答案

（1）软、硬件环境参看 1.4.1 小节。
（2）SQL Server 2000/2005/2008。
（3）客户端不用安装数据库。
（4）先安装数据库软件，再安装金蝶 K/3 软件。
（5）一定先要备份账套，以免造成损失。

## 第 2 章　答案

（1）账套是一个数据库文件，存放所有的业务数据资料，包含会计科目、凭证、账簿、报表和出入库单据等内容，所有工作都需要打开账套后才能进行。一个账套只能做一个会计主体的业务，金蝶软件对账套的数量没有限制，也就是说一套金蝶 K/3 可以做多家公司的账。

（2）公司名称，以确定账套名；模块，以选择合适功能；启用日期，要确定启用之前的数据是否完整；币别，以确定本位币。

（3）金蝶 K/3 提供两种备份方法：一种是单次备份一个账套；第一种是自动批量备份，即一次备份多个账套，而且备份工作在后台定时执行，不用人工干预。

备份方式有 3 种。

① 完全备份：将完整的数据库备份，也就是为账套中的所有数据建立一个副本。备份后，生成完全备份文件。

② 增量备份：为上次完整数据库备份后发生变动的数据建立一个副本。备份后，生成增量备份文件。

增量备份比完全备份工作量小而且备份速度快，可以经常备份，以减少丢失数据的危险。

③ 日志备份：是对数据库执行的所有操作的记录。一般情况下，事务日志备份比数据库备份使用的资源少。可以经常创建日志备份以减少丢失数据的危险。

## 第 3 章　答案

（1）初始化准备→基础资料设置→系统参数设置→初始数据录入→结束初始化。
（2）2012 年 5 月启用账套，期初数据是 2012 年 4 月底的期末余额和本年累计借方发生额、本年贷方发生额。

(3) 不一定。例如总账 3 月启用，应收、应付等模块可在 3 月或 3 月以后的任意一月启用。

(4) 注意折算方式、小数位数、固定汇率、浮动汇率这几项要设置正确。

(5) 在金蝶 K/3 中，核算项目是操作相同、作用类似的一类基础数据的统称。把具有这些特征的数据统一归到核算项目中进行管理，以方便操作。

核算项目的共同特点有：

- 具有相同的操作，如新增、删改、禁用、条形码管理、保存附件、审核等，并可以在单据中通过 F7 键进行调用等。
- 是构成单据的必要信息，如录入单据时需要录入客户、供应商、商品、部门、职员等信息。
- 本身可以包含多个数据，并且这些数据以层级关系保存和显示。

(6) 附件是金蝶 K/3 的一大特色。当项目中的基本属性不能完整描述该项目时，可以通过附件进行解释，如客户属性中没有"工厂照片"，可以以附件形式将该照片文件附加给该客户。它的功能类似 E-mail 中的"附件"功能。

(7) 不能。

(8) 选择正确的"币别"即可。

(9) 双击该科目下"核算项目"的"√"即可弹出"核算项目"窗口。

(10) 一定要选择"币别"为"综合本位币"状态下试算平衡。

(11) 试算平衡后。

(12) 现金管理初始数据包含单位的现金和银行存款科目的期初余额、累计发生额、银行未达账、企业未达账初始数据。

(13) 在【财务会计】→【固定资产管理】系统中。

# 第 4 章　答案

(1) 审核人不能与制单人相同。

(2) 修改、删除功能是不可用，表示该凭证已审核或已过账，必须先反过账、反审核后才能进行修改、删除。

(3) 两种，一种是普通打印，另一种是套打打印，使用套打时建议购买金蝶公司的专用套打纸。

(4) 以"综合本位币"进行查询。

(5) 科目的属性必须设置"往来业务核算"。

(6) 有两种。一种是直接录入，查看相关科目下的余额，用"凭证录入"功能将余额转出；另一种是自动转账功能，定义好转账公式，选中要转账的项目，生成凭证即可。

(7) 本期所有凭证已经过账，与固定资产、应收或应付等系统联合使用时，固定资产、应收等系统一定要先结账。

# 第 5 章　答案

(1) 新增单据时，在单据序时簿或单据新增界面即时生成凭证；采用凭证模板，凭证处理中根据模板生成凭证；采用凭证处理时以定义凭证科目的方式生成凭证。

（2）收款计划日期是系统根据该客户的收款条件计算而得的，可以修改。

（3）只有未审核的合同才能修改，已审核的合同只有在取消审核后方能修改。

（4）核销类型有 7 种：到款结算、预收款冲应收款、应收款冲应付款、应收款转销、预收款转销、预收款冲预付款和收款冲付款。核销方式有 3 种：单据、存货数量和关联关系。

（5）在总账系统中。

（6）一定要有该客户的收款单，只有已审核但未生成凭证的收款单才可以参与坏账收回处理。

## 第 6 章　答案

（1）当期变动的资产不能清理。

（2）在"卡片管理"窗口中选中清理记录，单击工具栏上的"清理"按钮，系统弹出提示窗口。单击"是"，系统弹出"固定资产清理–编辑"窗口，在窗口可以修改清理内容，单击"删除"按钮，可以取消该固定资产的清理工作。

（3）未设置折旧方法为"工作量法"的固定资产用不到。

（4）在期末处理模块，按住 Shift 键并双击"期末结账"，系统弹出"期末结账"窗口，选择"反结账"并单击"开始"按钮即可完成反结账。反结账必须由系统管理员操作。

## 第 7 章　答案

（1）3 种。第 1 种是"总账数据"下的"复核记账"；第 2 种是单击工具栏上"引入"按钮，从总账系统引入现金日记账，该方式与"总账数据"下的"引入日记账"相同；第 3 种是单击工具栏上"新增"按钮。

（2）有两种，一种是多行输入，一种是单张输入。单击菜单【编辑】→【多行输入】进行多行输入。

（3）通过"现金收付流水账"。

（4）两种。一种是根据银行对账单的打印文本手工录入，另一种是从银行取得对账单数据文件（要求必须转化成文本文件，即扩展名为 TXT 的文件）后引入。

（5）两种。有自动对账和手工对账。

（6）在票据下的"支票管理"中管理。

## 第 8 章　答案

（1）每次进入工资系统时都要求选择类别。在不同工资类别切换时使用。

（2）3 种：从其他工资类别中导入部门信息；从"总账"模块中导入部门信息的；从某一个类别下导入部门信息。

（3）所有工资数据要审核通过。

## 第 9 章  答案

（1）科目代码是否引用正确，是否多输入了某些字符（如空格、逗号、文字等）。
（2）修改后的数据，一定要单击编辑框前面的"√"，反之单击"×"按钮。
（3）建议自定义报表在"显示公式"状态下编辑。

## 第 10 章  答案

（1）报表分析、指标分析和因素分析三种分析功能。
（2）结构分析、比较分析和趋势分析 3 种分析方式。
（3）只有退出报表分析窗口，报表项目功能才可用。
（4）账上取数、表间取数和表内取数 3 种取数方式。